智元微库
OPEN MIND

成长也是一种美好

第一性原理

李善友 著

人民邮电出版社
北京

图书在版编目（CIP）数据

第一性原理 / 李善友著. -- 北京 : 人民邮电出版社, 2021.7
ISBN 978-7-115-56738-3

Ⅰ. ①第… Ⅱ. ①李… Ⅲ. ①问题解决(心理学) Ⅳ. ①B842.5

中国版本图书馆CIP数据核字(2021)第115319号

◆ 著　　　李善友
责任编辑　张渝涓
责任印制　周昇亮

◆ 人民邮电出版社出版发行　　北京市丰台区成寿寺路 11 号
邮编　100164　　电子邮件　315@ptpress.com.cn
网址　https://www.ptpress.com.cn
涿州市京南印刷厂印刷

◆ 开本：880×1230　1/32
印张：7.75　　2021 年 7 月第 1 版
字数：150 千字　　2025 年 8 月河北第 20 次印刷

定价：69.00 元

读者服务热线：（010）67630125　印装质量热线：（010）81055316

反盗版热线：（010）81055315

自序

2020 年，突如其来的疫情是一场灾难，身处其中的每个人都需要反思：我们应该在此时此刻做些什么，才能迎来完全不同的未来？于我而言，这是一个暂停键，让我停下来反思：混沌学园应该做什么，才能更好地帮助中国广大的创业者？

9 年前，我弃商从教，起初在中欧国际工商学院讲课，后来创办了混沌学园。这些年里，我主持了 7 期创业营、4 期创投营、3 期创新院，听起来做了很多事，其实只做了一件事。我是一个讲课的手艺人，我的理想就是做一门世界级的课程，我将所有的时间、精力都用在讲课这件事上。

创新式生存

疫情之后，每个人、每个组织都回不到过去，所有人都将面临挑战和选择。此时，有一个词非常打动我——创新式生存。

我们突然发现，已经适应的环境突然改变，脚下赖以生存的根基正在坍塌，要想生存下来，只有两条路可以选：一是在原有的基础上，加固即将坍塌的根基，这一条路相对容易一些，这也是大多数人的选择；二是找到新地基。

此时，我想起了英国前首相丘吉尔的一句话："永远不要浪费一场好危机。"也许脚底的根基坍塌了未必是件坏事，我们可以找到一个更加稳固的新地基，并在新地基上盖起高楼，所以我称它为"创新式生存"。当然，这可能是一条正确但艰难的路。

在过去，创新是一种奢侈品，只要管理做得足够好，第一曲线足够扎实，就可以从容地开始第二曲线创新。如今，行走在刀刃上的危机感从脚底向上蹿升，创新变成必需品，只有创新才能活下来，面对快速变化的环境以及巨大的不确定性，唯有创新才能帮助我们打赢这场必须打赢的仗。

用哲科思维点亮创新

在过去，我无时无刻不在思考以下两个问题："什么是创新？""我们应该如何创新？"寻找这两个问题的答案，已经成为我余生最大的使命。

当你不知道自己是谁的时候，想一想你的偶像是谁。我的偶像是柏拉图，他说真正的教育不是传授知识，而是唤醒，把大家带到洞穴之外。

公元前387年，40岁的柏拉图失意地回到雅典，建立了柏拉图学园，专门讲授哲学、科学、数学等看似无用的学问。这个学园历时900年，可以说是西方第一所真正意义上的大学。

公元1440年，希腊人普勒托在佛罗伦萨重建柏拉图学园。在黑暗的中世纪，柏拉图的哲学点亮了达·芬奇、米开朗琪罗、拉斐尔，点亮了欧洲，引发了伟大的文艺复兴、科学革命、工业革命，以及后世数不清的变革与发展。

如果再往后看千年，我们不禁要问：哲科思维在今天还重要吗？当代高速的社会发展是否仍然与哲科思维有关？苹果联合创始人史蒂夫·乔布斯（Steve Jobs）说过："我愿意用我所拥有的科技，去换取与苏格拉底相处的一个下午。"这句话也道出了我的心中所愿——学习哲学与科学先哲的智慧在当代社会依然非常重要，尤其是在创新创业领域，而用哲科思维点亮创新，也将是我未来奋斗的主场。

英雄之旅

柏拉图把人类的认识分为4个等级，由低到高依次为：想象、信念、理智和知识。类似地，我将人类的思维分为4层，由低到高依次为：感性思维、理性思维、哲科思维和觉性智慧。我们所学习的一切内容，都是帮助我们从较低的楼层上升到较高的楼层。这种攀登的过程，也是进阶的过程（见图0-1）。

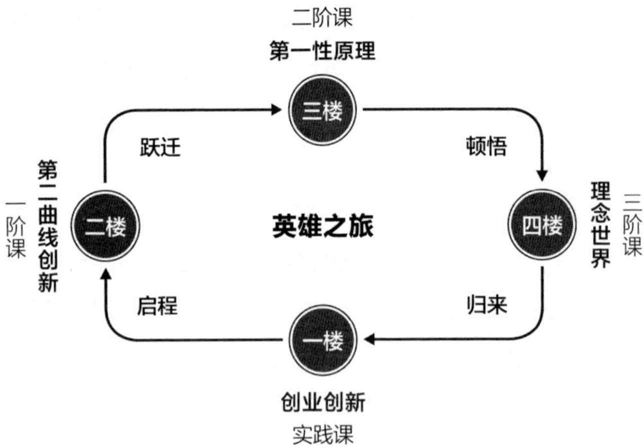

图 0-1　英雄之旅

一阶课

在图 0-1 中，一楼是实践课，混沌学园的一阶课就是二楼，我们称之为“第二曲线创新”。这是混沌学园的基础课“创新”，理论源自熊彼特的“创造性破坏”和克里斯坦森的“颠覆式创新”。

熊彼特有一句名言：“你无论把多少辆马车连续相加，也绝无可能出现一辆火车。”他坚信，只有从一条曲线到另外一条曲线的非连续性创新，才能产生经济的十倍速增长。

主流商学院教授的是在同一条曲线之内的管理和运营，但是混沌学园从成立的第一天就专注研究曲线转换的创新方法论。历时 9 年的研究，我们摘取 8 个创新思维模型，努力把创新变成一套通用的语言体系，变成可练习、可实践的能力。

“让创新助力每一个人，每一个组织成就不凡。”这是我们的使命之一。

二阶课

三楼是二阶课，我们称之为“第一性原理”，这是混沌学园的核心课：哲科思维。课程根基是亚里士多德的“第一性原理”和欧几里得的“公理化思维”。

欧几里得用几条公理和公设，演绎推导出了整个几何学，这是人类思维的奇迹。他影响了西方许多哲学家、科学家、企业家的思考方式。甚至可以说，哲科思维就是工商业文明的底层算法语言。混沌学园是第一个，到目前为止可能还是唯一一个，把哲科思维推荐给中国创新者的学校。

“把哲科思维灯火传薪给中国的创新者。”这是我们的使命之二。

三阶课

四楼是三阶课，我们称之为“理念世界”，这是混沌学园的前沿课：根智慧。它还在疯狂生长中，扎根于柏拉图的“理念世界”和乔达摩的“觉性智慧”。

科学时代的根本问题：它成立于一个巨大的黑洞之上，却无人关心这个黑洞到底是什么，每个人只顾快速向前奔跑。今天人类面临的各种问题，都是这个结构性缺陷的表现而已。

人类正在进行一场生死攸关的大竞赛，是奇点临近的速度和人类意识进化速度之间的一场大竞赛。我认为，这是文艺复兴之后最重要的一件事情。

“用智慧铺就一条通往至善的路。”这是我们的使命之三。

从一阶课到三阶课完美地构成了《千面英雄》中所描绘的英雄之旅，从启程开始，经历跃迁、顿悟，最终回到实践，并帮助更多的人一起看到更大的未来。

人人都是创造者

9 年中，混沌的同学群体越来越大，我们欣喜地发现，“90 后”乃至“95 后”等越来越多的年轻人加入其中。关于创新的话题也越来越深入本质、融入日常：

如何找到个人事业的第二曲线？

第一性原理式的思考，如何帮助我突破职场晋升瓶颈？

个人使命如何与组织使命同频共振形成合力？

……

创新学科如同具有能量的春雨，不仅滋养着千万个商业组织，同时也滋润着极富生命力的个体！逐渐地，“创造”这个词从“创新”中生长而来。

如果你是组织的领导者和管理者，你会非常渴望与组织中的每个个体分享创新的心法，让每个个体都成为组织前进的创造者。从“创新”到“创造”，赋能每个人，使之成就不凡。

“人人都是创造者”，正是创新学科走到当下，我们对每个混沌人内心力量的呼应，而混沌学园的创新学科也正基于每个个体都是拥有与生俱来的创造力这一基石假设之上。生逢其时，与你共振，探寻使命。

人，生而追寻意义。疫情过后，尤其如此，此刻，或许大部分人的心中，既心怀劫难后的幸运，又略带惶恐，渴望走向未来的笃定。欢迎你和我们一起走进混沌学园，找到你内在的力量，创造出一个全新的世界。

目录

章五

章六

章

一

第一性原理：任何理性系统的根基性命题

归纳法是通过实践推导结论，把连续性的经验推广到一切时空。然而，并非所有事物都有连续性，固有的思维会让你陷入“归纳法谬误”。打破认知边界，实现第二曲线创新，你需要全新的思维模式——演绎法。但是演绎法必须有一个基石，一个来自系统之外、能够逻辑自洽的元起点。这个元起点既可以称为第一前提、逻辑奇点，也可以称为第一性原理。

在具体讲解第一性原理之前，我们需要先了解一下人类日常生活中常用的两种基本逻辑方式：一种是归纳法；另一种是演绎法。

归纳法是人类最基础、最常见的用“智”形式，这是一种内置在人类基因中的思维定式。人们会从具象的经验中归纳出抽象的知识。在日常生活中，我们通常把这个规律称为“经验”。

演绎法也是我们应当很熟悉的一种思维习惯。按照清华大学吴国盛教授的说法，演绎法是理性思维的主要方式之一。它是一种很奇怪的思维，简单来说，它是一种逻辑自证的学问。只要具备元起点，人们就可以通过演绎法一步一步推演出未来。

归纳法与演绎法是人类主要的两种思维方式，只有了解了这两种思维方式，我们才能进入第一性原理的语境当中，才能知道第一性原理能够在哪些领域发挥作用。

空间性归纳与时间性归纳

在具体讲解“归纳法误区”之前，我们首先需要充分地了解这种思维模式的具体内涵。通常，人们在使用归纳法时，往往会先设定一定的参照。而从人类的思维惯性出发，这种参照往往是空间或时间。

所谓空间性归纳，简单来说，就是人们会默认在某个空间内有效的规律，在其他空间甚至全部空间中也是有效的。就好像一个创业者在某一个区域市场上获得了成功，就会想当然地认为自己在其他市场上也可以取得成功。我们可以用一个更通俗的例子来说明。

如果人们在欧洲看到的所有天鹅都是白色的，在非洲看到的所有天鹅都是白色的，在亚洲看到的所有天鹅也都是白色的，那么人们自然就会默认全世界的天鹅都是白色的。

时间性归纳，顾名思义就是人们认为某些在过去的时间里成立的规则，在当前甚至未来的时间里也同样有效。就好比在我们的认知中，太阳总是从东方升起，所以将来太阳还会继续从东方升起。

归纳法是一种把一定时空边界之内的规律推广到所有时间和空间中的思维方式。几千年来，无论是东方人还是西方人，大家默认都会使用这样的思维方式。我们甚至可以说，99%的人类日常知识、经验建立在归纳法之上。

在企业的经营中，实际上也存在很多应用归纳法的例子，尤其是在创业公司中。为什么说创业者最擅长使用归纳法？例如，所有创业公司在融资阶段中都不可避免地要制作商业计划书，而在所有的商业计划书中，必然会存在一条昂扬向上的曲线，这条曲线可能是用户数的增长、收入的增长，利润的增长，等等。这条昂扬向上的曲线背后，实际上隐含着创业者想要让投资人感知到的内容，在当前的空间和时间条件下，创业公司能够保持持续的增长，那么在未来的时间里，在更加广阔的市场上，创业公司同样会取得更加辉煌的业绩。这背后的思维方式，实际上就是归纳法。

归纳结果的可重复性

归纳法不仅被人类广泛地应用于认知层面，还在科学领域中具有重要的地位。1620 年，英国哲学家弗朗西斯·培根（Francis Bacon），在《新工具》[1]一书中首次提到了科学主义的归纳方法，该方法被称为“培根方法”。他认为“科学工作者应该像蜜蜂采蜜一样，通过搜集资料，有计划地观察、实验和比较，揭示自然界的奥秘”。迄今为止，归纳法依然是科学家在进行实验室工作时使用的主要方法之一。

既然是科学，自然要让所有人信服。在科学实验中，科学家通过系统的操作得到某种新发现，他们会通过发表论文的方式告知全世界。但是对于其他科学家来说，这种发现是否成立，还需要一个条件——实验结果的可重复性。

也就是说，这个新发现必须由其他科学家在另外的时空

[1] 弗朗西斯·培根．新工具 [M]. 许宝骙，译．北京：商务印书馆，1984.

中，按照实验步骤将结果成功重现，才能确保这种发现的有效性。独立的可重复性是科学界检验规律是否成立的重要方法论。如果不能通过验证，实验的成果就无法被学术界认可。

2016 年，某大学的基因编辑科研团队，发表了一篇标题为“DNA 指导的 NgAgo 基因组编辑”（*DNA-guided Genome editing using the Natronobacterium gregoryi Argonaute*）的学术论文，声称发现了一种新的基因编辑方法，一时间引起了学术界的广泛关注。但经过其他基因科学家的验证发现，根据该团队公布的实验过程，并不能得到相应的结果。在学术界质疑的声音中，该科研团队不得不承认实验过程存在不严谨的设计，相关论文也被撤回。

只能证伪，不能证明

虽然在科学领域中，归纳法将所谓的“独立可重复性”作为标准，从而确保实验结果的有效性，但这并不意味着，我们通过归纳法总结出来的规律就一定是真实的。

18 世纪，苏格兰哲学家大卫 · 休谟（David Hume）在《人类理解研究》[1] 一书中提到了归纳问题，该归纳问题又被称为“休谟问题”。他认为“我们不能以先验的知识证明未来就会和过去一致，因为（在逻辑上）可以思考而出的明显事实是，世界早已不是一致的了”。简单来说，休谟提出的就是所谓的“归纳法谬误”，其实是在强调未来的世界未必与过去或者现在的世界相同，所以在过去或现在有效的规律在未来却不一定依旧成立，即把一定时空边界之内的小概率事件，推而广之为整类事物超时空所共有的规律。其实，人类所犯的很多错

[1] 大卫 · 休谟 . 人类理解研究 [M]. 关文运，译 . 北京：商务印书馆，1997.

误都是源于把边界之内的规律不恰当地推到了边界之外。

还是以我们前文提到的天鹅的认知问题为例，我们在欧洲看到的天鹅是白色的，在非洲看到的天鹅是白色的，真的就意味着所有的天鹅都是白色的吗？答案当然是否定的，因为在澳大利亚，还分布着少量但确实存在的黑天鹅种群。

归纳法谬误说明了一个可怕的事实：在过去的几千年里，我们一直在使用甚至在未来会继续使用的思维模式并不能准确地诠释事物背后的规律。即使所有前提都是正确的，我们也无法确保总结得到的结果一定为真，而独立可重复性验证规则的存在，只能用来判断归纳结果是否存在问题，却无法验证结果的正确性。换句话说，归纳法的结论就是等待被推翻的假说。

就像英国哲学家卡尔·雷蒙德·波普尔（Karl Raimund Popper）所说的那样，科学理论和人类所掌握的一切知识都是推测和假想，人类在解决问题的过程中不可避免地掺入了想象和创造，从而使问题能在一定的历史、文化框架中得到解答。人们只能依靠仅有的数据提出这一科学理论，然而，又不可能有足够多的实验数据证明一条科学理论绝对无误。在此基础上，波普尔得出了科学的第一大特性——可证伪性，即有可能被证明是错误的那个学问才是科学。如果一个学问永远不可能被证明是错误的，那么这个学问就不是科学。

总而言之，归纳法只能证伪，却不能证明。

连续性假设是归纳法的隐含假设

我相信，大多数人在了解归纳法之前，都会认为在之前的生活中了解到的知识都是真理，归纳得到的规律都具有一定的指导意义。这种现象在创业者身上尤其常见，因为能够成为创业者的人，自信是必备的个人特质之一。而过于自信的人，往往会对自己的认知格外信任。

除此之外，更加真实的原因是人们总是下意识地忽略或默认推论过程中的隐含假设。所谓隐含假设，就是推论在逻辑层面的大前提。在固定的时空中，忽略已经经过验证的前提去推导结果，在某种程度上是行之有效的。但在涉及时空转换的归纳思维当中，时间性归纳法的隐含假设是未来和过去一样；空间性归纳法的隐含假设是一个地区与另一个地区的特性相同。这两种隐含假设虽然也经过验证，但是用归纳法总结出来的规律。

所以，推翻一个结论，不要从结论入手，而是要从它的隐含假设开始，如果根基的隐含假设不成立，结论自然不成立。这也是辩论高手的常用方法，从基石和结构切入，不要从内容入手。

在我们过去的经验里，太阳总是从东方升起，所以我们想当然地认为，将来太阳会继续从东方升起。这种想当然，来自我们的潜意识，默认了未来与过去一样的隐含假设。但未来与过去一定一样吗？关于这个问题，我相信大多数人的证明方式是这样的，因为今天与昨天一样，昨天与前天一样。所以，在我们的经验里，未来总是和过去一样。实际上，我们只是在使用归纳思维证明这种隐含假设是正确的。而归纳法只能证伪，不能证明，所以我们自认为合理的隐含假设，只不过是时空上的连续性假设。

在著名的科幻作品《三体》[1]中，作者刘慈欣描绘了一个地球与宇宙中其他文明斗争交流的宏大未来，其中主要的线索就是地球与想要占领地球的外来世界“三体”文明之间的战争。

在全书的第二篇章“黑暗森林”中，刘慈欣描绘了这样一个场景：作为“面壁者”（地球对抗三体人的领袖）之一的罗辑教授，在傍晚时分，带着自己的孩子到与三体文明联结的信号塔下面去玩耍。与罗辑联结的三体人问他：“为什么太阳要落下了，你的孩子却不害怕呢？”罗辑回答道：“因为孩子知道，明天太

[1] 刘慈欣 . 三体 [M]. 重庆：重庆出版社，2010.

阳还会升起。”

虽然这种回答对于地球上的人来说再正常不过，但对于绕着三颗恒星不规则运动的三体星球来说，第二天是升起一个太阳，还是两个、三个，或者是根本没有太阳，这些都是完全不知道的。所以，在我们看来如同真理的规律，在其他时空中，并不一定成立。

虽然科幻作品中描述的未来世界并不一定为真，但至少说明了一点，连续性假设是归纳法得以形成的隐含假设，它是归纳法得以形成的前提性假设，而连续性假设并不是归纳法本身能够证明的。我们需要的证据是我们要证明的对象，从逻辑层面来看，我们根本没有办法证明连续性假设，这是一个无限循环的悖论。

连续性假设不是一个逻辑推理的结果，而是一个非逻辑的武断，它是一个默认正确的隐含假设，而不是必然正确的知识。所以，休谟说太阳从东方升起只是一个假设而已。

德国哲学家伊曼努尔·康德（Immanuel Kant）说过，“哲学家的事业在于追究所谓自明的东西。”如果你有机会从固有的思维模式中跳脱出来，你会发现生活、工作中很多所谓自明的东西，其实都是假设。打破固有的思维模式，往往会发现一个全新的认知边界。

求存不求真的阿喀琉斯之踵

既然作为归纳法得以形成的隐含假设——连续性假设从逻辑上无法证明它，那么是不是就意味着人类一切建构在经验归纳之上的知识都不成立呢？休谟说，所有建立在经验归纳法之上的知识都不叫知识。如果单纯从这个论断本身出发，这种说法是准确的，但从生存的角度思考，归纳法又是不可或缺的。

假设我们想要问“天鹅究竟是什么颜色”这个问题，找到一个符合真理标准的答案，那么我们就需要去统计全世界所有天鹅的数据，不仅是现在的天鹅，还包括过去和未来的天鹅。这已经不是工作量的问题，在人类的科学技术达到足以跨越时空之前，这个问题几乎不可能找到真正的答案。但这又有什么关系呢？天鹅是黑色的还是白色的，抑或是其他颜色的，对于我们的生活并没有太大的影响。当人们把小样本的天鹅，归纳为一个规律，这里固然有损失性，但是可以得到一个暂时正确的结论。

所以，针对这种问题，人类进化出一种合理的认知习惯，即用较小的认知成本获得维护我们生存所需要的信息量。人们之所以会这样做，是因为这样才能在付出最小成本的前提下，获取相对正确的知识，所以归纳法不能得到真理，但可以帮助我们生存下来或者暂时性生存下来。这就是人类的最小作用力原理。

为此，人类在知识的获取和传授过程中，通常都是默认未来不会变化，节约大脑的预算空间，从而用较小的能量消耗，维持了生存所必需的认知能力。就像我的老师、自由学者王东岳先生所说的那样，“你必须将上述结论作为有效证明且武断地接受下来，否则，你将陷入永无所知的困境。从本质上讲，知识在一定时空边界内帮助我们得以求存，但它并不能帮助我们得到这个宇宙、这个世界的真相是什么。它是根本做不到的。”尽管现阶段的所谓知识并不是真理，但它对于维护我们的生存足够了，这就叫“求存不求真”。

尽管求存不求真的思维模式保证了人类当前的生存，但也留下了致命的缺陷。任何归纳法都有时空边界，一旦越过边界就会遭遇非连续性节点，原本成立的规律立即失效。但人类的认知具有连续性和局限性，人类不但总是忽略边界的出现，而且在跨越边界之后，仍然会习惯性地以原有的规律去衡量事物，这就是所谓的“人类思维的阿喀琉斯之踵”。

对于很多最初接触归纳法哲学理论的人来说，这种问题看起来更像是一个无足轻重的抬杠式问题。必须承认，我第一次从《世界观》[1]一书中看到这种理论时，我也觉得无可厚非，没有任何实际意义。后来，随着人生经历的逐渐丰富，我才发现，这或许是人类一切人事兴衰的根基性原因。

回到商业场景中，管理者通常都是基于经验预测未来，因为我们相信过去和未来之间存在连续性。对管理者来说，经验是决定经营效果的重要因素；对员工来说，经验是决定工作能力的关键指标。这种认知仿佛已经成了行业的共识，所以越来越多的企业在提拔管理者和招聘员工的时候，会将经验作为主要的考查项目。但几乎没有人去深究过，经验的指导意义真的可以贯穿一家企业发展的始终吗。

实际上，在“过去的经验在未来依然有效”这个命题下，隐藏着未来与过去一样的时间维度连续性。当产业周期缓慢变化时，企业所处的产业周期即为连续性，在这种情况下，归纳法的确是最有效的管理思维——极小的消耗带来极快速的产出。在这种情况下，通常可以根据过去的趋势和平均值预期未来，每年做的年终预算就是如此。但是市场产业并非总是连续性的，当企业的发展跨入新阶段或者行业市场发生了质的变化时，企业就会面临跨越非连续性的问题。这时用原来归纳法思维总结出来的规律指导未来，不但毫无益处，反而有害。这就是我们经常提及的第一曲线与第二曲线转换的问题。

---

[1] 理查德 · 德威特 . 世界观 [M]. 孙天，译 . 北京：机械工业出版社，2018.

而且，当企业的发展发生重大改变，第二曲线和第一曲线存在非连续性时，在原有业务曲线中经验丰富的员工，在新的业务曲线中往往表现得拙劣。因为他们身处体系之内，被连续性假设裹挟，根本无法摆脱思维惯性对自身的禁锢，如同我们不能抓着自己的头发把自己抓起来一样。站在归纳法之内，无法摆脱连续性的隐含假设，这就是所谓的“当局者迷”，所以我们需要学习更高维度的思维模型。

演绎法三段论

既然归纳法无法在非连续性的时空中确保其有效性，那么我们在从第一曲线跨越到第二曲线的时候，自然需要另外的思维模式作为指导，我认为这种方法就是演绎法。

演绎法不是我们熟悉的思维方式，并且需要有一定的思考能力。归纳法是将眼睛看得到的事实归纳为规律，基本上用的是感性思维，而演绎法是理性思维的主要用智形式。

演绎法起源于古希腊的演绎知识，是一种根据元起点利用正确的逻辑推导出新知识的思维方式。其实，不仅是演绎法，今天的许多科学都启蒙于古希腊文化。如果不是古希腊的一众先贤创立并发展了哲学，科学的诞生与发展也无从谈起。而在古希腊哲学中，最基础的用智方式就是演绎知识。

古希腊的哲学家和科学家相信，世界上始终存在一个必然正确的元起点，从这个元起点出发，通过逻辑性的推导，人们就可以获得新知识。但是，为什么古希腊的哲学家会相信元起点的存在呢？被誉为希腊三贤之一的柏拉图（Plato）对此是这样解释的，他认为知识就是回忆，即真正的知识是本来就有的，你只要把它回忆起来，以它为元起点就能推导出全部的新知识。柏拉图的这一思想为演绎法奠定了基础，但没有提出具体的推导方法，这部分工作是由他的学生，即同样作为希腊三贤之一的亚里士多德（Aristotle）来完成的。

可以说，亚里士多德是西方世界观的奠基者。在哲学领域中，但凡提到“哲学家”这个词，大多数人首先会想到的就是亚里士多德。他以一己之力建立了“逻辑学”这门学科，对今天的科学研究产生了巨大的影响。毫不夸张地讲，逻辑学堪称其他所有科学的语言。亚里士多德在逻辑学方面有一个重要的特性表述——必然的导出。

简单来讲，亚里士多德认为，从一件事物推导出另一件事物，中间存在一个必然的导出，而这个导出的过程就是所谓的逻辑。根据这种认知，亚里士多德创造了演绎法中的经典句式，即我们常见的三段论。

三段论，顾名思义有三个组成部分，即大前提、小前提和结论。在大前提和小前提正确的基础上，结论必然成立。我们可以用一个经典的三段论句式来说明。

所有人都会死，
苏格拉底是人，
所以苏格拉底也会死。

在上面的三段论中，如果大前提和小前提是正确的，那么第三句结论一定为真。与归纳法相比，演绎法的一大优点恰恰是可以保真，而使用归纳法时，无论前提多么正确，做多少实验去验证，也不能保证结论一定为真。

逻辑比事实更真实

从形式上来说，归纳法与演绎法都是通过前提推导结果，为什么归纳法只能证伪，不能证明，但演绎法可以保真呢？

原因很简单，在演绎法的推导过程中，存在一个重要的准则——逻辑正确。也就是说，我们从 A 推导出 B，中间的过程必须符合正确的逻辑。古希腊人甚至认为，从 A 事物到 B 事物之间的逻辑才是实体，而 A、B 这两个事物不一定是实体。

关于演绎法和归纳法之间的争论由来已久，争论的核心就是逻辑与实践的关系，是逻辑引导实践，还是实践引导逻辑。换句话说，这个问题涉及逻辑是真实的，还是实践是真实的。关于这个问题的答案，我们可以从历史中获取。

东方古老文明的本质是技术和艺术，而技术和艺术是建立在实践操作之上的，实践操作在先，经验总结在后，这是典型的归纳法。换句话说，这是一种运行在操作上的试错法，俗话说“实践出真知”，这就是东方人思维的原型。我们相信实践第一，真知第二，真知建立在实践之上。

与以实践引导真知的归纳法不同，起源于古希腊对哲学和科学思考的演绎法思维模式更倾向于相信逻辑假设在先，实践检验在后。

在实际操作过程中，我们可以先用一个抽象的理论假设来指导未来的生活和工作，然后用未来的实践结果来检验这个理论是否成立。这种思维方式的缺点是速度慢，想要找到一个深刻的抽象理论并不是一个简单的过程。但其优点也非常明显，根据这种思维模式确认出来的理论，往往具备可迁移性，只要在逻辑上成功地推导出一个共同的抽象概念，与此相关的所有具象问题就都可以解决。

在伟大的英国物理学家艾萨克·牛顿（Isaac Newton）之前，世界上并没有“力学”这个概念，大家都是在日常经验中，从一些与力和运动相关的事物去揣测。而牛顿提出 $F=ma$（力的大小 = 物体的质量 × 加速度）这一公式之后，与力相关的问题一下子全部迎刃而解。在这之后，英国的发明家詹姆斯·瓦特（James Watt）把力学基本原理应用于蒸汽机的发明制造中，由此引发了第一次工业革命。工业文明由此诞生。

对牛顿而言，他并没有解决任何实际问题，他提出的力学公式也不是从蒸汽机发明和改善的经验中归纳出来的。他只是发现了一个抽象的逻辑，然后帮助后世的人们解决了大量的力学问题，这就是演绎法思维模式的力量。

当然，对于已经习惯了东方思维的我们来说，想要快速地接受西方哲学家所说的，逻辑比事实更真实，只要逻辑成立，事实一定成立的思维模式，并不是一件容易的事情。毕竟，让人们相信“看得见、摸得着的东西并不一定是真实的，但看不见、摸不着的逻辑一定是真实的”这个道理，听上去有些天方夜谭。

所以，大家到混沌学园来学习，首先要转变思维。思维方式转变之后，你会发现，自己的思想境界会有一个质的飞跃，我们称之为“启蒙”。

我的启蒙得益于当年在斯坦福大学求学期间，有幸听到美国华裔物理学家、中国科学院外籍院士张首晟教授讲课。有一次张首晟教授讲到，所有大科学家都用演绎法。当时尚不了解演绎法思维的我，提出了这样一个问题：既然大科学家都用演绎法，那么为什么还会有那么多在实验室里做研究、做实验的科学家？张教授回答说，这些实验室研究都是为了验证大科学家提出的假设而准备数据。也就是说，大科学家提出一个理论假设，然后很多科学家在实验室中做实验，通过实验验证这个假设是否为真。

所以，什么是混沌学园的味道？混沌学园相信本质思考，相信逻辑和必然的导出，相信逻辑比事实更真实，这就是混沌学园的味道。

在了解了归纳法与演绎法之后，我想问大家一个问题：对创业者来说，创业需要演绎法还是归纳法呢？

我相信大多数人会选择归纳法，通过实践获取经验，然后将经验推广、扩大。实际上，如果企业的发展始终沿着第一曲线不断进步，归纳法确实有效。但在现实中，所有成为顶尖企业的公司，几乎不存在凭借一条曲线持续发展的情况。企业在从第一曲线向第二曲线转换的区间，也就是我命名为创新的领域的时候，需要的就是演绎法，即大胆提出假设，并用实践去验证。

前提的准确性是演绎法的隐含假设

第一性原理是哲科思维中的重中之重，因为如果没有第一性原理，所有理性系统的建立就都无从谈起。在不同的系统中，第一性原理存在的形式也有所不同。在科学领域，科学家总是把第一性原理称为第一因；在哲学领域，哲学家常常将第一性原理与逻辑奇点画上等号。但无论在什么系统中，第一性原理作为系统的根基性命题的地位始终都无法被撼动。

从第一性原理出发，我们可以演绎推理出系统中各种各样的上层建筑。而根据不同层级的第一性原理，我们也可以在不同层级的系统之间建立紧密的联系。虽然第一性原理通常隐藏在系统之外，但它为系统的进步提供了源源不断的根基性动力。

虽然演绎法思维可以从逻辑的维度高效地解决某个领域的全部问题，但演绎法有一个结构性的问题——不能证伪。

在演绎法推导的过程中，只有前提正确，结论才能正确。

但是，我们如何确认前提是正确的呢？归根结底，演绎法的前提来自归纳法，所以演绎法终极无效。举例如下。

所有人都会死，
苏格拉底是人，
所以苏格拉底也会死。

在这个命题中，前提是所有人都会死。挑战在于，凭什么说“所有人都会死”？回答这个问题，我们只能从记忆、经验的角度总结出“世界上没有长生不老之人”这一观点，以此验证这个前提的正确性。因为作为前提的认知来自归纳法，而归纳法是不能保真的，所以我们也无法判定演绎法推导出的结果的正确性。

在三段论演绎法中，只有前提正确，才能保证结论正确。从这个角度来说，演绎法的隐含假设就是前提。演绎法的价值在于其可保真性，实际上，可保真性取决于前提为真，而来自归纳法的前提不能确定为真。所以，使用演绎法的关键在于确保前提的正确性，即前提不能来自归纳法。

这时有且仅有一条路，即三段论的前提如果不能来自归纳法，就必须来自一个更高链条的演绎推理所推导出的一个结论。在一般情况下，在一个更大的系统中，经过演绎推理推导出的一个结论，对于包含在大系统中的子系统而言，可以把这个结论继承过来作为新推论的大前提，同时可以保证这个大前提为真。

这时，问题又来了：我们怎么能保证在大系统中演绎法前提的确定性呢？同样的道理，这个前提不能来自归纳法，所以我们只能从更大范围的系统中找到一个演绎推理的结论，将它继承过来作为三段论的前提。

当然，演绎法的链条不能无限地倒推下去，最终必须有一个基石，即一个能够自确定的元起点——第一性原理（First Principles）。

任何系统都有自己的基石假设

早在 2300 年前，亚里士多德认为，在每一系统的探索中，存在第一原理，它是一个最基本的命题或假设，不能被省略或删除，也不能被违反。这里的“第一原理”[1]，就是我们所说的第一性原理。

在哲科思维中，有一个最底层、最根基性的算法公式：

第一性原理 + 演绎法 ⟹ 理性系统

也就是说，依据已经给定的某个第一性原理，加上演绎法的推理方式，我们就可以把系统之内的其他所有命题推理出来。换句话说，任何理性系统内部都是用演绎法来推论的，而推论必须建立在第一性原理之上，我把它画成一个模型（见

[1] 郎为民．埃隆 · 马斯克：颠覆，岂止于特斯拉 [M]. 北京：化学工业出版社，2016.

图 1-1)。这里我把第一性原理放在理性系统之外，它是系统的大前提，由它加上演绎法，推导出整个理性系统。

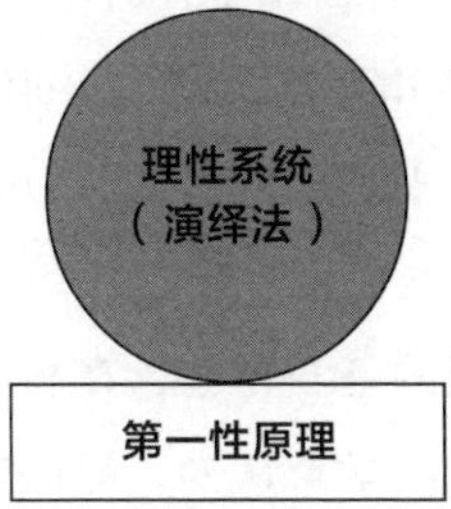

图 1-1　理性系统与第一性原理

需要提醒大家的是，这里有一个非常重要的“单向性法则”[1]。第一性原理是一个直接给定的且可以自确认的元前提，而不是在这个系统中推理出来的结果。

对于理性系统而言，第一性原理就像深埋地下的地基，人们通常只能看见地基之上的楼层，而忽略地基的存在；但地基又是如此重要，因为只有地基越深，大楼才能建得越高、越稳固。这就是第一性原理传达的含义。

第一性原理的特性有很多种不同的表达方式。它是系统之外的，既是自确定的，也是元起点，对应我们在中学学到的概

[1] 从第一性原理可以推至其他所有命题，而其他命题无法推导出第一性原理。

念——“公理”。它是基石假设，是整个推理过程中的第一因，又被称为“逻辑奇点”等。如果深究，这些不同的描述确实存在一定的区别。但对于我们在生活、工作中的实际应用来说，这些区别基本上可以忽略不计。站在不同的表达角度，第一性原理在实际应用中的含义也不尽相同。但在实际应用的过程中，对我们而言，只要是决定系统的元前提，我们都可以称之为“第一性原理”。

关于第一性原理的基石特性，在科学和哲学领域中都有着广泛的认知基础。科学家认为，爱因斯坦的广义相对论是用于描述宇宙演化的正确理论。在经典广义相对论的框架里，霍金和彭罗斯证明了，在一般条件下，空间－时间一定存在奇点，最著名的奇点就是黑洞里的奇点和宇宙大爆炸处的奇点。在奇点处，所有定律以及可预见性都将失效。奇点可以被看作空间时间的边缘或边界。只有给定了奇点处的边界条件，才能由爱因斯坦方程得到宇宙的演化。由于边界条件只能由宇宙外的造物主给定，所以宇宙的命运就操纵在造物主的手中。这就是从牛顿时代起一直困扰人类智慧的第一推动力的问题；而在哲学领域，也有着追究终极的概念，当我们不断地向系统的源头追溯时，总能找到答案。无论是第一动力因，还是追究终极，从本质上讲，它们都属于基石假设，或者说第一性原理。

不过，受限于人类当前的认知水平，我们很难准确地找到所有系统最终的元起点。

在西方社会中，受到宗教信仰的影响，第一因往往是以“上帝”之力的形式存在的。之前我在斯坦福大学旁听过一门哲学课，老师讲到任何事情都有原因，原因也还要有原因，所以就形成了因果链。而因果链不能无限倒推，所以最终必须找到一个第一因。这个第一因必须是唯一因，它生发出所有其他原因，同时还生发了自己，这个第一因就是“上帝”。在这里，我们给“上帝”这个名词加上了引号，其未必是宗教意义上的上帝，而是代表万物的起点。

中国古代的思想家、哲学家老子，曾经提出“道生一，一生二，二生三，三生万物”的说法。这里所谓的道，其实就是道家思想的基石假设，也可以说是第一性原理，在道存在的前提下，我们才能推导出有关道的一切认知及学问。

让我们将目光再一次投向科学领域。在宇宙学领域，如今几乎所有的科学家都相信宇宙起源于宇宙大爆炸，但是在大爆炸之前，宇宙还存在另外一个状态——奇点。那么，奇点是什么呢？关于这个问题，科学界至今也没有给出一个标准答案。人们只是笼统地将其描述为“宇宙引力大坍缩灭亡的零维空间的点，也是宇宙大爆炸诞生的零维空间的点。在奇点，宇宙没有空间，宇宙的半径趋近于零。奇点是一个密度无限大、热量无限大、温度无限高、压力无限大、时空曲率无限大、体积无限小的‘点’”。因为宇宙处在奇点状态时，没有光，没有任何信息，但它确实存在，所以宇宙大爆炸并不是第一性原理，宇宙大爆炸理论的元起点，即这个被叫作奇点的假设才是元起点。虽然我们现在并不能准确地描述奇点究竟是一个什么样的事物，但所有人默认其成立，所以我们只能接受它作为整个宇宙起源的元起点。从这个角度来说，这个奇点不就是整个宇宙起源的第一性原理吗？

不是系统之内，而是系统之外

在这里我们要特别注意，很多人在理解第一性原理时，经常会将其误解为系统的中心思想。实际上，第一性原理并不是系统的中心思想，而是这个系统之外、之前的一个元前提。

比如，在“所有人都会死，苏格拉底是人，所以苏格拉底也会死”这个命题中，第一性原理位于元前提（所有人都会死）的位置，而不是小前提（苏格拉底是人）或者结论（苏格拉底会死）的位置。

根据“简一律”[1]，我们知道每一个理性系统[2]都可以简化为

[1] 任何理性系统，最后都可以简化为一条基本原理，也可被称为“第一性原理”。如果不能找到“简一律”中的那个“一”，再多的分析也仅是在现象层面的分类归堆而已。

[2] 与感性系统对应的是理性系统。

一个根本原则，实际上，这个中心思想并不是第一性原理，而是来自第一性原理。简单来讲，中心思想是在系统之内的，是由第一性原理加上演绎法推导而出的。

比如在商业层面，一家企业的商业模式是其经营的中心思想，但一定不是其第一性原理，商业模式得以形成的基石假设才是第一性原理。同样的道理，公司发展的战略并不是企业经营的第一性原理，战略得以形成的基石假设才是。

又如，牛顿经典力学的中心思想是 $F=ma$，但它的第一性原理是惯性假设和引力假设。惯性假设和引力假设加上演绎法，可以推导出力学公式 $F=ma$；德国物理学家阿尔伯特·爱因斯坦（Albert Einstein）提出的相对论，其中心思想是 $E=MC^2$（能量 = 质量 × 光速的平方），实际上，这个公式来自光速不变和相对性原理的假设。所以光速不变和相对性原理是狭义相对论的第一性原理，在这个基础上，加上演绎法就能推导出 $E=MC^2$。

如果用更加贴切的词来表示第一性原理，那么“第一前提”或“逻辑奇点”会更加合适。我们将“First Principles”直接翻译成第一性原理并不完全准确，会让人产生不必要的误会，所以把第一性原理当作系统大道至简的原理。

第一性原理在商业领域能发挥什么作用？答案是找到那个“一”。在战略选择时，第一性原理的思维方式通常更加简洁有力，不在细枝末节上用功，找到那个“一”，注入所有的力量（比如亚马逊的“一”是“客户”，乔布斯的“一”是“产品”），用“一”统领其他要素，驱动企业增长飞轮，撬动战略杠杆[1]。

[1] “战略杠杆”相关内容，请参看本人所著的《第二曲线创新》（第 2 版）。

第一性原理的层级之分

在演绎法中，大系统的中心思想可以作为小系统的第一性原理，这意味着第一性原理是有层级之分的。

对于牛顿而言，$F=ma$ 是他在惯性假设和引力假设的基础上推导得出的中心思想。而对于我们这些后来的使用者来说，我们完全可以把 $F=ma$ 当作第一性原理，用这个公式推导、解决其他的经典力学问题。比如，在第一次工业革命中，瓦特就是把牛顿经典力学公式 $F=ma$ 作为第一性原理，将其应用于蒸汽机的发明制造中，从而推导出了改良蒸汽机的方案，引领了大工业时代的到来。

同样的道理，在爱因斯坦的狭义相对论中，$E=MC^2$ 是在光速不变和相对性原理假设的基础上推导而出的中心思想结论。但对于后来直接使用狭义相对论的科学家而言，$E=MC^2$ 就是第一性原理，通过公式加上演绎法，我们可以推导出狭义相对论相关的所有命题。

所以，系统之间是有层级之分的，最简单、直接的划分方式就是“母系统”和“子系统”。某一个系统的第一性原理，既可以是一个不证自明的元起点，也有可能是一个更大的母系统的中心思想，作为子系统的第一性原理。从系统的维度来说，每一个系统都有自己的第一性原理，所以不同系统的第一性原理之间也有层级之分。但从实际应用的角度出发，我们没有必要去找到那个终极的第一性原理，所有比我们想要推导的理性系统范围更大、层级更高的母系统，其中心思想或者推导结论都可以作为子系统第一性原理的来源。

实际上，每一个系统都有自己的适用范围，相应地，第一性原理也有自己的作用范围，几乎没有任何一个第一性原理是放之四海而皆准的。与此同时，我们也要强调，每一个系统并不是只有一个元前提，在很多情况下，有可能两个或两个以上的第一性原理支撑了同一个理性系统。实际上，第一性原理在西方的哲学体系中是一个复数词——First Principles。所以无论是爱因斯坦的相对论、牛顿经典力学定理，还是达尔文的进化论，其实都有 2~3 个第一性原理作为支撑。所以，大家也不要被“第一”这个词误导。

总而言之，“道生一，一生二，二生三，三生万物。”问问自己的“一”是什么？只有找到并践行属于自己的“一”，我们才能很幸福、很笃定、很踏实地生活和工作。

章

二

公理化思维：人类理性思维的顶级智慧

有时候，逻辑推导过程比最终结果更重要。我们需要培养公理化思维，以第一性原理为根基，运用逻辑去找到超出我们认知极限问题的答案，进而建立其他理性思维体系。

过去几年中，给予我最大启发的概念就是第一性原理，从某种程度上讲，我们可以把“公理”看作第一性原理在实际生活中的一种表现形式。实际上，公理化思维就是人类在生活和工作中，以公理或第一性原理为根基，运用逻辑思维去推理，并建立其他理性思维体系的一种方式。无论在科学领域还是在商业领域，公理化思维的应用都要比发源于哲学的第一性原理具备更强的可操作性。

公理化思维方式对后世科学的发展产生了深远的影响，笛卡儿、康德、牛顿、爱因斯坦等这些影响了现代世界走向的大家，几乎都受益于此。比如，我们前文提到的牛顿力学建立在惯性假设和引力假设之上，爱因斯坦的狭义相对论建立在狭义相对性原理和光速不变原理之上；同时，牛顿力学、狭义相对论作为第一性原理，又指导了现实系统的运转，如瓦特把牛顿力学引入对蒸汽机的改良过程中而引发了第一次工业革命一样。公理化思维蕴藏着巨大的力量，这也是理论的力量，请大家充分相信理论。

欧氏几何：人类思维的奇迹

“公理化方法”最早是作为一种数学方法出现在欧几里得（Euclid）的《几何原本》中，实际上，这并不是欧几里得的本意。

说到欧几里得，大多数人的第一反应是他是一位数学家或者几何学家，其实这是我们对欧几里得最大的误解。实际上，欧几里得最重要的身份是哲学家，他之所以会开创“几何”这门学科，也是为了创造一种哲学思考的工具帮助自己更加深入地研究哲学。

作为一位哲学家，欧几里得最早提出了公理化思维，他在《几何原本》中运用形式逻辑的方式，建立了一套从公理、定义出发论证命题得到定理的几何学论证方法，从而形成了一个严密的逻辑体系——几何学。

说到这里，我们需要先解释一下公设和公理的区别，因为在近代之后的数学学科中，对于公设和公理不再明确区分，而是全部默认为公理。实际上，欧几里得在开创几何这门学科时，对作为基石假设的公设和公理是区分设置的。其中，公设有 5 条。

欧几里得几何学的 5 条公设[1]：

1. 由任意一点到另外任意一点可以画直线。

2. 一条有限直线可以继续延长。

3. 以任意点为中心及任意的距离[2]可以画圆。

4. 凡直角都彼此相等。

5. 平面内一条直线和另外两条直线相交，若在某一侧的两个内角的和小于二直角的和，则这二直线经过无限延长后在这一侧相交。[3]

同时，公理也有 5 条[4]：

1. 等于同量的量彼此相等。

2. 等量加等量，其和仍相等。

3. 等量减等量，其差仍相等。

4. 彼此能够重合的物体是全等的。

5. 整体大于部分。

---

[1] 欧几里得 . 几何原本 [M]. 燕晓东，译 . 南京：江苏人民出版社，2019.

[2] 原文中无“半径”二字出现，此处“距离”即圆的半径。

[3] 这就是大家提到的欧几里得第 5 公设，即现行平面几何中的平行公理的原始等价命题。

[4] 同 1。

虽然我们现在将公设和公理归纳为同一类事物，事实上，欧几里得认为“公理本身是自明的，公设没有公理那样自明，但也是不加证明而承认其真实性的”。所以，他才提出“公理适合于一切科学，公设是几何所特有的”这种说法。

在欧几里得的几何系统中，公设和公理是无法通过既有的知识证明的，我们只能默认它们是不证自明的第一性原理。比如，欧氏几何的第一公设“由任意一点到另外任意一点可以画直线”，以及第一公理“等于同量的量彼此相等”，这些都是正确的“废话”。作为几何系统的元起点，现阶段我们几乎不可能从逻辑的角度去证明这些公设和公理的正确性，所以只能默认这些公设和公理是必然正确的。

此外，除了 5 个公设和 5 个公理，欧氏几何中还包括 23 个定义，诸如点、线、面的基础定义。5 个公设、5 个公理，再加上 23 个定义，欧几里得通过演绎法的推导，一共推出了 48 条定理和 467 个命题，而这些内容最终构成了平面几何系统，并且一直沿用至今。

从被欧几里得创造出来到今天，平面几何系统已经被应用了两千多年，在这个过程中，科学家和数学家一直想要完善这个系统。最终人们发现，在平面和三维空间中，这个系统貌似已经饱和，已经穷尽了平面几何这个维度的所有内容。

所以，迄今为止，我们使用的依然是当初的欧氏几何，而同时期，古希腊学者在科学上探索得出的结论，后来几乎都被证明是错误的。从这个角度讲，欧氏几何堪称人类思维的奇迹。

一切学问都是证明系统

德国的思想家、哲学家弗里德里希·恩格斯（Friedrich Engels）说过，“数学上的所谓公理，是数学需要用作自己出发点的少数思想上的规定。”换句话说，数学这门学科是在公理的基础上，通过逻辑推导而得到的，比如欧氏几何。

如果我们把欧几里得在 5 个公设、5 个公理和 23 个定义的基础上推导得到平面几何系统的过程进一步拆解，就会发现，从基石假设推导出完整系统的过程中还存在一个重要的环节——逻辑的推导。

古希腊的哲学家认为，在理性系统中，只有推导出某种事物的逻辑为真，这个事物才是真实存在的。实际上，逻辑推导的过程就是用基石假设去证明某些命题准确性的过程。也就是说，所有学科实际上都是一个证明系统。关于这一点，我觉得王东岳老师有一句话总结得非常到位，他说：“一切学问都是证明系统，但凡没有证明的东西都是虚假的东西。”

正是因为一切学问都是证明系统，所以在一些理性学科中，我们会发现，人们对逻辑推导过程的重视甚至超过了对最终结果的重视。

比如，我们在中学阶段都见过一种几何问题，大致的意思是：给定一条线段 AB，然后要求在线段 AB 上画出一个等边三角形。这个问题并不难解决，只要给我们一个圆规就可以。首先，以 A 为中心，以 AB 为半径，画一个圆；然后以 B 为中心，以 BA 为半径，再画一个圆。两个圆相交两点，取其中一点（C 点），连接 A、B、C 3 个点就画出了一个等边三角形（见图 2-1）。

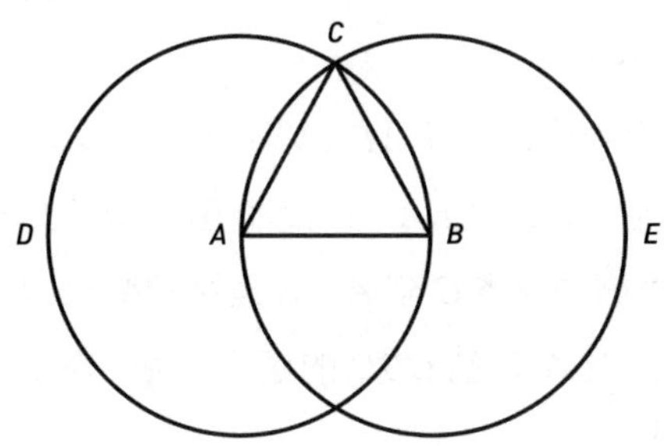

图 2-1 给定一条线段 *AB*，画出一个等边三角形的解题思路

虽然大多数人都了解这个操作方法，也可以用其他方法画出这个等边三角形，但是，当这种类型的试题出现在试卷上

时，答题的要求不会只让我们画出这个等边三角形，同时还会要求写出推导过程。

我们常说“微言大义”这个词，意思是说用一句简练的话表达深刻的道理。但是在哲学语境中，我们强调的是假设与证明，即便是一句极度简练的话，我们也必须经过逻辑推理证明其有效性，否则就不是微言大义，而是虚假命题。

再回到我们之前讲的一句话，亚里士多德以一己之力建立了逻辑学，他认为逻辑的第一根本特征叫作“必然的导出”。从命题 1 到命题 2 中间推导的过程，叫作“逻辑”。而一个理性系统，同样是从第一性原理通过逻辑推导的方式找到其他有效命题，从而构架出整个完整的系统。所以，系统中的证明都是逻辑证明。关于前面这个几何问题，推导过程应该是这样的：

1. 以 A 为中心，且以 AB 为半径画圆 BCD。（公设 3）

2. 以 B 为中心，以 BA 为距离画圆 ACE。（公设 3）

3. 由两个圆的交点 C 到 A、B 连接 CA、CB。（公设 1）

4. 因为，点 A 是圆 CBD 的圆心，AC 等于 AB。（定义 15）[1]

5. 点 B 是圆 CAE 的圆心，BC 等于 BA。（定义 15）

6. 因为 AC 等于 AB，BA 等于 BC，所以 AC 也等于

---

[1] 定义 15：圆是由一条线围成的平面图形，其内有一点与这条线上的点连接成的所有线段都相等。

BC。（公理 1）

7. 3 条线段 AC、AB、BC 彼此相等。所以 $\triangle ABC$ 是等边三角形，即在已知有限线段 AB 上画出了这个三角形。

对于这种问题，很多学生并不理解其中的深意。通常，我们认为知识是要为实践服务的，只要找到问题的答案即可，推导或者执行方法的过程并不重要。我记得我的女儿在美国念初中的时候，回家之后就会抱怨数学老师过分地追求逻辑的完整性，明明非常简单就可以找到问题的答案，却要求她写出复杂的推导过程，缺少了任何步骤都会扣分。

其实老师的做法是完全正确的，逻辑上正确才是我们应用知识的重点环节。面对一些简单题目时，我们可以用小聪明，从第一步直接跨越到最终的结果；但遇到特别复杂的命题时，小聪明就变得毫无意义，只有一步步地推导和证明，才能以正确的过程引导出正确的结果。只有这样，我们才能打破思维模式的禁锢，用逻辑找到超出我们认知极限问题的答案。在推导过程中，想要保证每一个步骤的正确性，我们必须找到相应的公理予以支撑。

实际上，欧氏几何是一种纯逻辑的知识，在现实生活中，我们根本不可能找到欧氏几何立足的根基。比如说，欧几里得定义的点是没有长度和宽度的；线是只有长度、没有宽度的；而面是有长度、宽度，但没有厚度的，这些情况在现实当中根本不具备存在的可能性。换句话说，从本质上讲，欧氏几何是一种逻辑实体。所以解几何数学题并不重要，解题的每一个步骤，必须有公理作为支撑的思维方式才是最重要的。

欧几里得列出的这些最基础的公理，并非他的原创。欧几里得对人类科学发展的贡献不仅在于建立几何学，更重要的是他首创了一种演绎法思维方式：从为数不多的公理出发，推导出所有定理和命题，从而构建了整个平面几何体系。这种基于演绎法的公理化思维方式，才是欧几里得留给后世的巨大财富，是人类思维的神迹。

从《几何原本》到公理化思维

我相信很多人并不了解欧几里得的伟大，或许还会有人不认同我对他的高度赞誉，因为在我们的生活中，欧氏几何只是用来解决一些平面几何问题的简单学问。但从哲学的角度来讲，欧几里得开创的几何学系统为我们的思维超越现实世界创造了可能性。

毫不夸张地讲，如果没有欧几里得在几何学中提出的公理化思维和方法，科学的发展只能停留在用已知去推导已知的层面，而欧几里得用现实世界不存在的点、线、面及其关系，超越感官对我们的禁闭，从已知推出未知。我们都知道，人类社会之所以能够快速地发展到今天，依靠的就是从已知推导未知的能力。

比如在爱因斯坦的广义相对论中有一个奇怪的假设：这个空间是四维的，并且是可以弯曲的。但这是人类思维能想象出来的吗？答案是完全不能。人类可以轻松地想象出存在于二维空间的弯曲的线，可以在大脑中构建出存在于三维空间的弯曲平面，但大多数人无法在大脑中形成一个对弯曲空间的认知，因为我们生活在三维空间中，所以我们的眼睛能看到的极限、大脑能认知的极限就是三维层次。就像二维虫无法想象我们的三维世界一样，这就是所谓的感觉通道禁闭。

到目前为止，虽然人类的科技水平还没有达到可以验证空间是否可以弯曲的层次，但在科学界，爱因斯坦的广义相对论依然被很多理论物理学家作为公理使用。因为从逻辑的角度来说，在第一性原理和推导过程都确保正确的前提下，最终得到的结果必然也是正确的。换句话说，人类只能理解四维空间，但无法存在于四维空间。

从已知推导未知，这就是数学和几何学被称为神性学问的深层原因。公理化思维可以超越感官对我们的禁闭，以逻辑推理的方式推导出全新的世界。也就是说，如果你不了解几何学，没有数学思维，甚至缺乏纯粹逻辑的思维，你只能活在你眼前可见的这个世界中。但这个世界太狭小了，无论是个人的发展还是人类的进步，我们都需要不断地打破物质的限制，从不可知的未来中找到前行的道路。从本质上讲，几何学是一种哲学，同时也包含了某种世界观。

曾经有一个年轻人想要跟随欧几里得学习知识，他向欧几里得提出了一个问题：“学习几何到底有什么用处？”

这个问题就是典型的东方思维模式，重视实用性，想要学以致用，知行合一。欧几里得在听到这个问题后勃然大怒，并说道："你居然想过来跟我学有用的东西，这是对我的侮辱。你可以去跟工匠学有用的东西，你怎么能跟我学有用的东西呢？"

我们刚刚开始接触和学习几何的时候，老师告诉我们几何学的起源是，在古埃及，因为地理环境的影响，经常洪水泛滥。每一次洪水泛滥都会导致河流周边地形的变化，而当时的农业又集中在河流两侧的平原地带。所以在洪水过后，人们常常要重新丈量田地，久而久之就积累了一些丈量的经验，而这些经验结合在一起最终形成了几何学。之所以会出现这种认知，是因为受到了实用主义的影响。

事实上，几何学并不是从盖房子、丈量田地这些实践经验中抽离出来、总结而成的，而是欧几里得通过纯逻辑的想象构建出来的。正因为如此，在几何学创立之初，欧几里得根本不想通过这种知识解决任何实用的问题。

传说中，柏拉图学园的门口有一块牌子，上面写着"不懂几何学者不得入内"。意思是说，如果你没有经过几何学的熏陶，你连讨论顶级问题的思维方式都不具备。如果你没有学习几何学背后的这种公理化思维，你根本无法进入哲学和科学最顶尖的殿堂。

什么叫知音？大多数人认为，所谓"知音"，就是对某一个事物与自己观点一致的人。在我看来，观点一致这件事情一点都不重要。假如一个人能够非常轻易地与你观点一致，将来他还可以同样轻易地与你观点不一致。

从公理化思维的角度来看，真正的“知音”不是观点相同，而是思考方式（逻辑）相同的人。因为只有逻辑一致的人，才有可能从同一个基石假设推导出同一个结果。所以柏拉图认为，没有受过几何学训练的人，不适合参与到哲学和科学的讨论中来，即便参与讨论也只会导致争吵。

公理化思维的应用

公理化思维不仅影响了古希腊的文化与科学，还被科学家在后世科学的发展中不断地使用。在西方，印刷版本最多的两本书，一本是《圣经》，另一本就是《几何原本》。从这个角度来讲，称《几何原本》是科学界的“圣经”一点都不为过。

如果科学家不了解《几何原本》背后蕴含的公理化思维方式，那么西方的科学体系几乎不可能发展下去。我们甚至可以说，如果没有欧氏几何，也就没有从哥白尼到牛顿等人的科学革命。

法国著名的哲学家笛卡儿被誉为“近代哲学之父”，是他把古希腊的本体论[1]转向了认识论[2]。笛卡儿受欧氏几何公理

[1] 探究世界的本原或基质的哲学理论。

[2] 笛卡儿以认识论研究为前提，把“我思故我在”看作认识论研究的“基石”和“出发点”。他认为，把知识体系建立在直观经验上是靠不住的。笛卡儿认为：“我思想，所以我存在这条真理是这样的确定、可靠，连怀疑派任何一种最狂妄的假定都不能使之发生动摇，于是我就立刻断定，我可以毫无疑虑地接受这条真理，把它当作我所研究哲学的第一条原理。”这段文字是笛卡儿认识论的核心，包含了他的哲学重点。

化方法的影响非常大，他一直在思考，能否把公理化方法引入哲学，为人类的知识大厦建立一个确定性的根基。为此，他进行了一个伟大的思想实验，最后推导出一个结论——我思故我在。这句话被称为整个形而上学[1]的第一性原理，也是唯一的第一性原理。对系统来说，虽然“我思故我在”作为基石假设过于薄弱，没有办法承载人类的知识大厦，但是这种命题的出现，在哲学领域同样属于一种进步，它开拓了一种新的思考方式。

我们再来说说另外一位科学巨匠——牛顿。他曾经写了一本书《自然哲学的数学原理》，这也是牛顿重要的物理学、哲学著作。如果把这本书与《几何原本》做对比，你会发现两本书的体例都是一样的，都是从一些公理推导系统中的各种命题。《牛顿传》中有这样一句话，“牛顿的努力可以从他个人图书室里折角最多、破页最多的一本书中窥知”，而这本书就是《几何原本》。

我们回顾一下牛顿的研究成果，实际上，牛顿力学体系中最重要的“万有引力”定律就建立在两个公理之上：第一个公理是惯性假设；第二公理是引力假设。由惯性假设和引力假设两个假设作为公理，推导出万有引力，从而建立了牛顿经典力学，这个架构就是欧氏几何里的公理化架构（见图 2-2）。

说到这里，我就又想起了当年张首晟教授对我说的一番

[1] 对世界本质的研究，即研究一切存在者、一切现象（尤其指抽象概念）的原因及本源。

话，所有的顶级科学家都使用演绎法。如果不会演绎法，没有公理化的思维方式，你只能在实验室里做实验，帮助大科学家证明或证伪他们的假设。

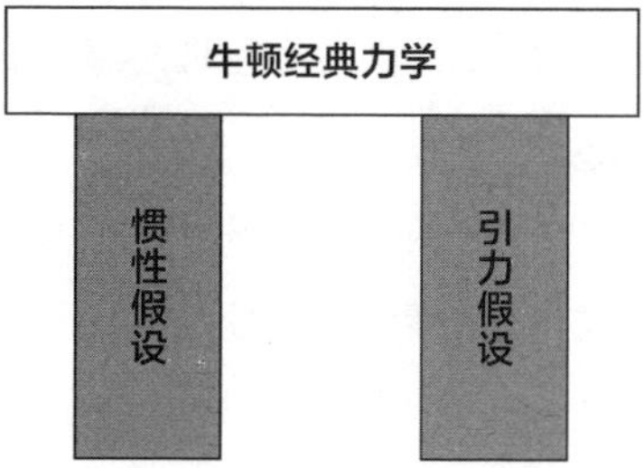

图 2-2　牛顿经典力学的公理化架构

除了哲学和力学，生物学的发展实际上也受到公理化思维的影响。在整个生物学发展的历史进程中，最重要的人物之一应该是英国的生物学家达尔文，他的著作《物种起源》为后世的生物进化论奠定了扎实的基础。对于他远途航行，通过观察生物形态，发现生物是在不断进化的这个过程，大多数人也耳熟能详。

说到达尔文的生物进化论，大多数人都会认为这是一种建立在归纳法之上的认知。因为它是通过观察生物的特征及习性，总结出某种规律。事实并非如此，达尔文的工作方法也是公理化思维指导下的演绎法。因此，可以说，进化论是达尔文在当时对物种起源的一种猜测，并在此基础上提出的一种假说。

美国的动物学家恩斯特·沃尔特·迈尔（Ernst Walter Mayr）在《生物学思想发展的历史》一书中提到“达尔文非常娴熟地运用假设演绎法，根据观察构成假说，然后用进一步的观察来检验这个假说”。而达尔文在其著作《达尔文回忆录》中，也说到这样一句话，“我的《物种起源》这本书，从头到尾就是一篇长篇论证。”

实际上，达尔文会选择公理化思维为基础的演绎法作为自己研究的主要方式是有原因的。达尔文说：“在中学时代，一位家庭教师教我欧几里得几何学，我清楚地记得，在得出清晰的几何证明方法时，我心满意足。”在十五六岁时，达尔文就已经接受过几何学的思维训练，对公理化思维有了一定的了解。虽然欧氏几何在数学方面的应用对达尔文的一生并没有产生太大的帮助，但是几何学背后蕴含的公理化思维深刻地影响了达尔文。

在 5 年的环球考察中，他并不是通过实地考察去总结规律，而是用公理化的方式去推导，用观察去验证。达尔文的进化论体系有两条公理：第一条，遗传变异；第二条，生存竞争。在这两个公理的基础上，达尔文通过逻辑推导得出了他的自然选择进化论（见图 2-3）。

说到应用公理化思维推导科学系统，就不得不提到当代伟大的科学家——爱因斯坦。爱因斯坦的广义相对论就是直接建立在公理化思维的非欧几何体系之上的，爱因斯坦还写过一本名叫《狭义和广义相对论浅说》的小册子。在小册子的第 1 页第 1 行，有这样一句话：“阅读本书的读者，大多数在做学生的时候就熟悉欧几里得几何学的宏伟大厦。”在这本小册子的第一章第一节中，爱因斯坦阐释了几何命题的物理意义，这充分说明了爱因斯坦也受过公理化思维的训练。

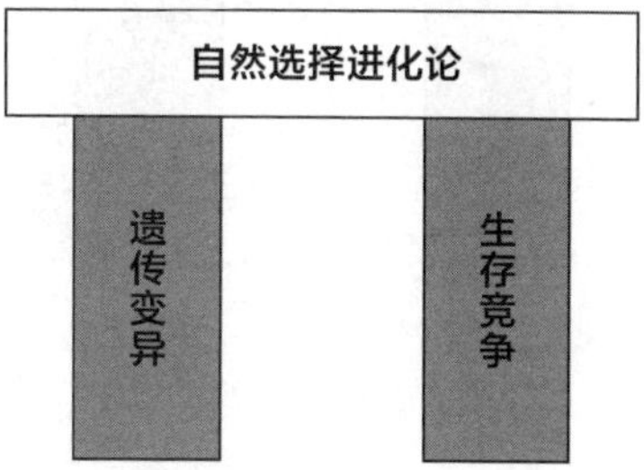

图 2-3　自然选择进化论的公理化架构

除此之外，爱因斯坦还说过，“理论家的工作可以分成两步，首先是发现公理，其次是从公理出发推出结论。”实际上哪一步更难呢？爱因斯坦认为，第二步只要“相当勤奋和聪明，就一定能够成功”，至于第一步，如何找到可作为演绎出发点的公理则具有完全不同的性质。这再次说明，公理是第一重要的，依然是第一性原理的那个原则。

从研究成果来看，爱因斯坦的狭义相对论建立在相对性原理和光速不变这两条公理之上；而广义相对论建立在等效原理和广义协变这两条公理之上。公理是第一重要的，所以爱因斯坦用想象力、思想实验的方式找到了这 4 条公理，从而开创了物理学的新纪元（见图 2-4 和图 2-5）。

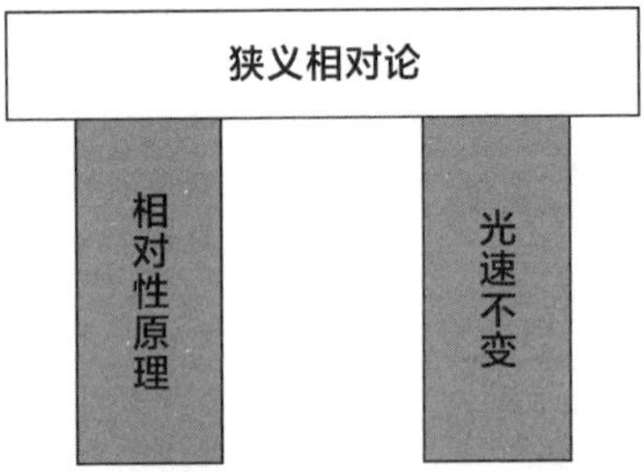

图 2-4 狭义相对论的公理化架构

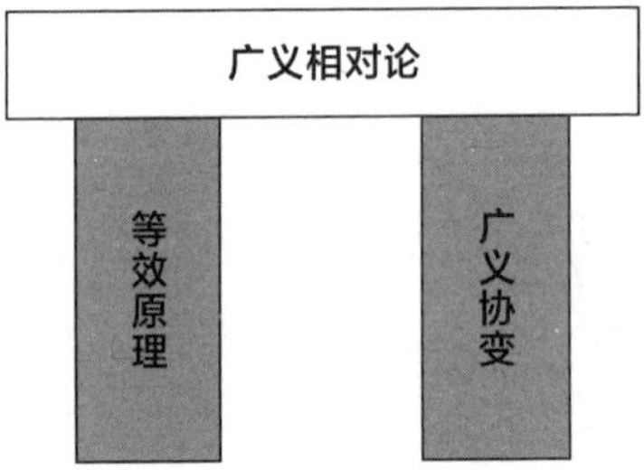

图 2-5 广义相对论的公理化架构

讲完这 3 位科学巨匠的故事之后，我相信大家一定会有所感悟。我们所做的事情比这些顶级的科学家还复杂吗？我们可不可以用两三条基本公理推导出整个商业模式和战略出来呢？答案是一定可以。如果推导不出来，就说明思维没有那么深入。

毫不夸张地讲，公理化思维是人类思维的巅峰之作，最宏大的宇宙也不过是这样的思维方式而已，所以怎么讴歌它都不为过。

其实，除了在哲学和科学领域，公理化思维在经济和政治领域都发挥过自己的作用。

在经济领域中，被誉为现代资本主义经济制度创立者的英国经济学家亚当·斯密（Adam Smith），曾经在自己的著作《国富论》中提到“看不见的手”这一概念。他认为，不需要国家对市场进行调控，在市场经济体制下，每个人都在追求自己的利益，实际上，这个利益就是无形的动力。所以，当所有人都在追求自己的利益时，在这个过程中会形成一个合力，从而带来经济的真正成长。从这个角度讲，“看不见的手”驱动了经济成长，其实这就是市场经济的第一性原理（见图 2-6）。

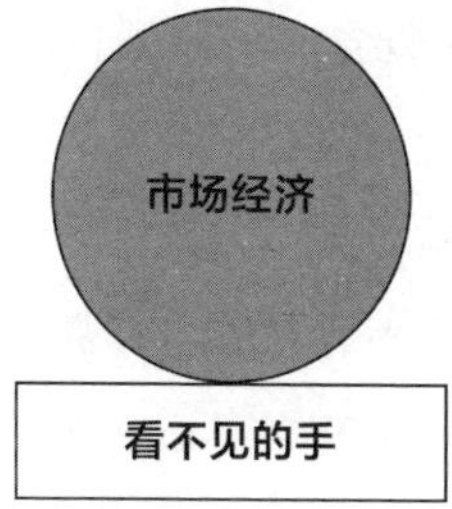

图 2-6　市场经济的第一性原理

让哲科思维点亮中国的创新者

遗憾的是，从某个角度来说，公理化思维并不是某些东方人擅长使用的思维方式。自古以来，我们的思想家的思维方式就是微言大义。我们遵循圣人之言，圣人说过的话就是我们的行为准则，圣人也许没有对他的结论进行严密的推理，大众通常满足于知道并认同结论就行了。而在古希腊的哲学里，任何结论都不重要，中间的推理过程才是重要的实体，这是一种与东方的传统思维恰恰相反的思维方式。

瑞士心理学家卡尔·古斯塔夫·荣格（Carl Gustav Jung）曾经提出一个概念——原型。他认为，在人的思维方式中，族群、民族、国家甚至整个人类，其背后都有一种共通的思维方式，以我们看不见的方式传承着，决定着我们的思维方式。而这个原型是真实存在的，你甚至可以认为它是一种生命性的存在。与其说是你在思考，不如说是你背后族群那个共同的原型在思考。

古希腊哲学中的“原型”以中间的推理逻辑为实体，东方文明中的“原型”以结论为实体，这种微妙而重要的差异造成了东西方文化的发展路径。东方文明在重视实践的思维方式的指导下，非常快速地建立了理性思维，这是孔子和一众儒家圣贤的贡献。儒家文化融入社会的方方面面，建立了广泛的理性文明，历经两三千年而不倒，但是也只是停留在理性思维的层面，没有办法再进一步。因为没有哲科思维中的公理化方法，我们不可能从农业社会逻辑推导出实际生活中并不具备的、过渡到工商业社会的科学基础。

从数据来看，在技艺时代，中国的技术发明占全世界技术发明总量的60%以上，但在近代全世界6000条基础的定理定律中，中国人的原创贡献却不到1%。中国科学院外籍院士李约瑟（Joseph Terence Montgomery Needham）曾经提出了著名的“李约瑟难题”，这个问题的主要内容是“尽管中国古代对人类科技发展做出了很多重要贡献，但为什么科学和工业革命没有在近代的中国发生？”

1953年，这个问题被当作作业布置给了斯坦福大学的一名学生斯威策（J.S. Switzer）。为了更好地回答这个问题，斯威策问了老师一个问题：“谁是最适合回答这个问题的人呢？”老师告诉他是爱因斯坦。

于是，斯威策抱着试试看的心态给爱因斯坦写了一封信，在信中提出了“李约瑟难题”，但出人意料的是，爱因斯坦给他回信了。

对于这个问题，爱因斯坦是这样解释的，“西方科学的发展是以两项伟大成就为基础的：古希腊哲学家发明的形式逻辑体系（在欧几里得几何中）和（在文艺复兴时期）发现通过系统性实验有可能找到因果关系。在我看来，中国贤哲没有做到那些不足为奇。倒是（西方科学）做出的那些发现才是令人惊奇的事情。”

说到这里，我不知道大家眼前是否会出现这样一个场景，我们来到柏拉图学园门前，能够看到园中景象，但我们推不开这道门，因为我们没有受过几何学背后这种公理化思维的训练。我们从小学习几何，却不知道原来欧氏几何是训练顶级思维的教本，这无异于买椟还珠。

晚清时期，面对西方国家坚船利炮的打击，清政府发起了洋务运动，想要“师夷长技以制夷”。但学习了坚船利炮的技术之后，发现其背后还有数学、物理学、化学等基础学科作为支撑。于是，我们开始派遣留学生到国外去学习，尽管现在中国的应用科学技术在全世界已经名列前茅，并且还在大力扶持科学技术的发展，但是依然缺乏能够在基础科学领域做出突破性创举的科学家。究其原因，是因为在西方国家所谓基础科学的背后还有一个根基性的东西——公理化思维，而这种思维模式恰好是我们所欠缺的。

我之所以愿意把哲科思维引入中国，并把这种思维模式传递给中国的创业者、创新者，就是因为它是根基性的思维方式。用公理化思维去研究创新，让哲科思维点亮中国的创新者，我认为这就是混沌学园的使命所在。

章

三

破界创新：打破基石，边界外延

打破系统的边界，最直接的方法就是将作为基石的第一性原理击碎。创新“不破不立”，“破”的是系统得以形成的第一性原理，“立”的是新的第一性原理，这个方法就是破界创新。

人类一直以理性标榜自身独立于其他动物之外的超绝地位。事实上，理性确实带给人类足够强大的进化动力，人类之所以能够形成社会、发展科学，在很大程度上归功于理性。但是，有一些绝顶聪明的思想家、哲学家对理性认知本身始终保持着高度的警惕性。

2000 多年以前，关于理性认知，柏拉图提出了“洞穴囚徒”这样一个隐喻。他认为现实世界中的人类就像生活在洞穴中一样，以为通过自己的思维、认知、心智看到了世界的本源，实际上看到的只是真理之光折射到墙上的影子而已。

当代西方最有影响的哲学家之一卡尔·波普尔（Karl Popper）则提出了一种更加直接的说法：“任何时候，我们都是被关进自己认知框架的囚徒。”就像以色列历史学家尤瓦尔·赫拉利（Yuval Noah Harari）在《人类简史》中说过的一样：“身为人类，我们不可能脱离想象所建构出的秩序。每一次我们以为自己打破了监狱的高墙、迈向自由的地方，其实只是到了另一间更大的监狱，把活动范围稍稍加以扩大。”

以上这些思想家、哲学家、历史学家都指出了一个共同的现实，我们以为理性思维是帮助我们看到世界真相的一种助力，它同时也是把我们禁锢在某一个边界之内的一种束缚。所以要想实现破界创新，我们首先必须打破自身的认知边界，然后才能进入一个更大的真理时空，从更高的维度去建立更庞大的系统。

破界创新三部曲

在企业的创新模型中，有一个非常重要的组成部分叫作颠覆式创新（Disruptive Innovation），事实上，破界创新才是一种真正意义上的颠覆式创新。破界创新是一种笛卡儿式的转向，所谓的破界，不是破外在现实的边界，而是破内在认知的边界。一般而言，大多数创新行为都是在外部事物上的创新，比如我在《第二曲线创新》（第2版）中提到的组合创新、单点破局等，都是通过外部的创新引导整个内部的变化。破界创新则是通过打破内在认知边界引起外在现实变化，是一种由内而外的创新方式。

在这里，我提出了一个可能不太恰当的比喻，其他的创新很像是武侠小说里所说的外家功夫，有各种各样的招数，能够见招拆招、克敌制胜；而破界创新就像是内家功夫，虽然招数简练，但力量雄浑，往往能够一击制胜。

关于如何打破认知边界，很多学者从不同的角度切入，提出了各种各样的方法论。实际上，从整体的角度出发，任何理性系统的边界都是由第一性原理决定的。也就是说，第一性原理作为理性系统得以形成的元起点，虽然支撑了整个理性系统，但它同时也禁锢了这个系统的边界。它是系统得以形成的根基之处、最大的确定性之源，因此也是系统的最脆弱之处，是真正的阿喀琉斯之踵。

所以，要想打破系统的边界，最直接的方式就是将作为基石假设的第一性原理击碎。当地基垮塌，建设在地基之上的高楼大厦自然也会随之轰然倒塌（见图 3-1）。

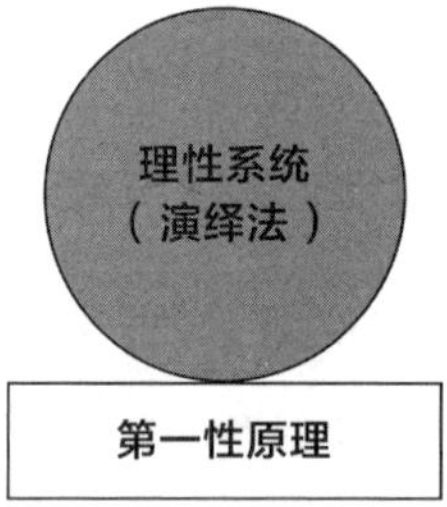

图 3-1　第一性原理支撑了理性系统

说到这里，很多人可能会产生疑问：第一性原理并不在理性系统之内，我们作为系统内部的组成部分，在大多数情况下很难发现第一性原理，更遑论打破它。第一性原理如同系统的“黑洞”一般，它既是系统的能量，又是系统的禁锢，任何系统和个人都很难摆脱这样的“黑洞”。所以，我们必须从系统中跳脱出来，从外部发现第一性原理，然后合理地打破它，塑造新的第一性原理，去构筑新的系统。对个人来说，个人的成长必须打破认知的黑洞；对组织来说，组织的变革需要打破系统的黑洞（见图 3-2）。

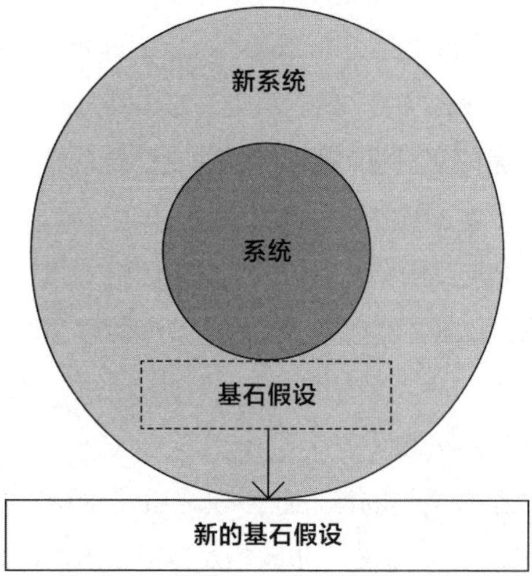

图 3-2　破界创新示意图

我们一直在强调“不破不立”，“破”的是系统得以形成的第一性原理，“立”的是一个新的第一性原理，这个方法论就叫作破界创新。在具体的工作中，破界创新可以分成以下 3 个步骤操作，我们称之为“破界创新三部曲”。

1.“破”隐含假设[1]

对既有的系统，人们通常会遗忘隐含的基石假设（故称之为“隐含假设”），所以破界创新的第一步就是破隐含假设（也是破界创新最难的一步）。那么，如何跳出现有系统，找到并打破隐含假设？答案是通过哲学的思维。从狭义层面分析，研究具体对象的学问叫作科学，而把第一性原理作为研究对象的学问叫作哲学[2]。正所谓“不识庐山真面目，只缘身在此山中”，身处系统之中，我们用常规的思维方式永远看不到系统本身的隐含假设，只有跳出系统才能看到系统的边界，就像鱼跳出水面才能看到自己生活在水中一样。

那么，如何跳出？只有通过哲学的思维方式，才能从现有系统中跳出，找到并打破束缚系统的第一性原理。

2.“立”基石假设

在打破原有系统的第一性原理之后，你需要重新定义系统的“基石假设”。第二个步骤相对容易，当隐含假设已经被

---

[1] 在基石假设中，有一类非常重要的假设——隐含假设。当我们在既定的系统中生活、工作时，久而久之就会忘记系统的下面是有基石假设的，那个你根本没有意识到、默认的元起点就是“隐含假设”。

[2] 源自德国哲学家康德的《纯粹理性批判》一书，康德在书中将“隐含假设”称为“先验概念”，并称：“理性的认识可以用两种方式同它的对象发生联系，一种是只对其对象以及对象的先验概念（先验概念必定另有来历，存在于我们的理智之中）进行规定，这就是哲学知识，而另一种是同时也使其对象成为现实的方式，即科学知识。前一种方式的哲学知识是理性的理论知识，后一种方式的科学知识是理性的实践知识。”

识别，其中的逻辑漏洞也就立刻显现，而如果这个错误能够在第一时间被察觉，一个新的基石假设便能够很容易被建立起来。需要注意的是，你重构的“基石假设”一定要比原有的第一性原理层次更深、强度更大，这决定了新系统的边界和强度，否则便是白费力气。而更深、更大的系统通常都存在于基础学科中，如果你仅仅是在商言商，就无法提出破界创新的方法论，只有基于基础学科的基石假设，才会构建出一个更大的系统。

3.“见”全新系统

接下来要做的事情，便是在新的“基石假设”之上，通过公理化方法演绎出新系统的“第一性原理”。在完成这一步骤之后，自然就会生成新系统的边界，这是水到渠成、顺理成章的事情，无须过度关注。

我们在处理问题时，一般最关注的是解决方案，最看重解决方案的“内容”。但是，与其在内容本身上下功夫，不如去探寻这个内容下面的“一”，尤其是要打破那个隐含假设，这才是最关键的。当把这个“一”打破，方案自然而然便会出现。就像在这三个步骤中，第三个步骤的发生，其实就是前两个步骤的结果。

这是一种不同于我们过去的思维方式，也是混沌学园最核心的思维方式。破界创新的思维方式不是在内容上做功，而是在结构上做功，是在看不到的地方做功。

过去我们认为，事业成功需要的是努力、勤奋和大量的时间，但那些工作全都在系统的边界之内。其实，创业是一种智慧，是一种认知，是在系统之外的东西，需要静下来，独立思考。

破界创新的难点

事实上，破界创新的关键和难点在于发现和打破隐含假设。与禅修非常类似，当看到“隐含假设”时，我们就“开始”打破它了。通常，最常见的隐含假设就是群体信念，它包含你与周围人的共识，也有行业的常规，它们往往构成我们认知的隐含假设，而你身处群体信念之内，却难以察觉。

因为每个人都有一种深入骨髓的从众心理，我们会把社会中的主流思想当作真理看待。实际上，所谓群体的信念都是最危险的隐含假设。尤其是它已经深入人心到变成一种常识或共识，当人们根本不会去质疑它甚至是忘了质疑它的时候，人们就会被这个群体信念禁锢。

出现这种情况与人类的心理结构有着密不可分的关系。在原始社会，人类缺乏抵御天灾和野兽的手段，只有聚集在一起形成群体才能确保生存，而不合群的人往往面临死亡。从那个时候开始，听从群体认知的习惯就深深地烙印在人类的基因中了。

尤瓦尔·赫拉利认为“人类最终成为地球的主宰，秘诀在于，人类能创造并且相信某些虚构的故事”。在《人类简史》一书中，他用了这样一段话来描述虚构的力量：“‘虚构’这件事的重点不只在于让人类能够拥有想象，更重要的是可以‘一起’想象，编织出种种共同的虚构故事……这样的虚构故事赋予智人前所未有的能力，让我们得以集结大批人力，灵活合作。”宗教之所以能够让人们产生信仰，没有真实价值的纸币之所以能够在市场上畅通无阻地流通，其实都仰赖于人类自身的想象力。我们提出了某种假想，然后通过自己的联想、想象，把这种虚构的故事具象成了某种现实的存在，于是越来越多的人开始承认这种假想，最后虚构的故事就成了真理。

所以，我们要学会质疑群体性的共识，敢于打破群体信念，这是破除隐含假设的方法之一。

科学领域的破界创新

古往今来，科学的发展都是一个去伪存真的过程。虽然在过去很长的时间里，科学的发展受到一定的限制，我们只能在现有物质水平的认知边界中寻找规律、发现知识。但现在，尖端科学领域的发展始终领先于物质水平，换句话说，是科学的发展在推动社会的进步，实际上，这就是科学领域的破界创新带来的效果。

关于科学领域的破界创新，我们用一个具备广泛认知基础的知识举例说明。众所周知，在数学这门学科中，我们主要学习的是两个门类的科学：一个是几何学；另一个是代数学。这两门学科贯穿于我们从小学到大学学习数学的全过程。在这里，重点讲解一下几何学这门学科的发展历程。

实际上，我们真正开始接触几何学是在初中阶段，这个时期我们学习的几何学起源于公元前3世纪古希腊数学家欧几里得创作的《几何原本》，它也被称为欧氏几何。

欧氏几何建立在 5 个公设之上，基于这 5 个公设，可以推导出这个系统中的全部命题，从这个角度来说，这 5 个公设就是欧氏几何的第一性原理。

在欧氏几何被沿用的两千多年里，数学家一直将这 5 个公设中的前 4 个奉为圭臬，但唯独对于第五公设，数学家一直持怀疑的态度。欧氏几何的第五公设又被称为“平行公设”，它还有另外一个更广为人知的表述，那就是“通过直线外的一点，有且仅有一条直线与该直线平行”。科学家之所以对这一定理产生怀疑，原因有二：一是在欧氏几何的系统中，直到最后的部分才用到第五公设；二是它与其他 4 个公设存在一定的区别，只有加入了前提条件才成立。所以，科学家怀疑第五公设可能是一个次级定理，是在前 4 个公设的基础上推导出来的。但受限于当时的认知边界，在很长的一段时间里，科学家都未能成功地解决这一难题。

一直到 19 世纪初期，人们才发现欧氏几何学建立在平直空间的基石假设之上。发现并打破这种第一性原理，实现了几何学破界创新的有两个人，他们分别是沙皇俄国时期的数学家尼古拉斯·伊万诺维奇·罗巴切夫斯基（Nikolas Lvanovich Lobachevsky）和德国数学家波恩哈德·黎曼（Bernhard Riemann）。他们发现了两种非平直空间，然后以非平直空间为基石假设，将几何学推进至新的发展阶段，后世将罗巴切夫斯基创造的“双曲几何”与黎曼创造的“椭圆几何”合称为“非欧几何”。

如今，平面几何与空间几何的概念早已深入人心，并且在我们学习几何学的时候，老师就告诉了我们欧氏几何中的第五公设在非平面的空间内是不成立的。但在欧氏几何时代，提出非平直空间的假设，去质疑一门成熟学科的基础假设，并不是一件简单的事情。

实际上，罗巴切夫斯基与黎曼开创非欧几何的过程，应用的就是破界创新的方法。首先，他们发现了欧氏几何的第一性原理，即平直空间的隐含假设；然后，他们从逻辑的角度构想出一个非平直的空间，推翻了欧氏几何的系统；最后，在非平直空间的基石假设上，他们以逻辑思考的方式开创了各自的新系统。

在几何学破界创新的过程中，最困难的环节就是提出一个非平直的空间概念。因为我们生活在一个三维世界中，所以人类的大脑也习惯于以三维模型的方式去认知事物，也就是说，我们可以想象出一条弯曲的线或者一个弯曲的平面，但很难想象出一个四维环境中弯曲的空间。

比如，对于我们来说，在一张纸上画一条曲线非常简单，将这张纸弯曲，使它变成一个曲面也很容易，但如果想象自己是一只蚂蚁（假设蚂蚁是一个二维动物），蚂蚁是永远不知道这张纸是弯的。

当然，非欧几何在刚刚问世时，也只是一种逻辑上成立的假设，直到爱因斯坦在广义相对论中提出四维空间是一个弯曲的时空场，并用黎曼几何对这种情况进行了表达，非欧几何才真正从科学的维度被承认。至此，人们对于空间的认知也上升到了新的层次，开始认同我们生活的空间是四维时空。

除了几何学，天文学的发展也堪称破界创新的典型范式。纵观天文学的发展历程，我们可以用 3 个著名科学家所代表的系统（托勒密天文学、哥白尼天文学以及开普勒天文学）来概括天文学的 3 个发展阶段。

托勒密天文学的基石假设来自古希腊哲学家亚里士多德的哲学，他认为地球是宇宙的中心，始终保持静止不动，太阳和其他行星都围绕地球做匀速圆周运动。当然，对于科学技术已经足够支撑突破地球的限制，到宇宙中观察天体运动的现代人来说，托勒密天文学无异于无稽之谈，但在当时，受到古希腊文化的影响，人们对天体运动会产生这样的观点并不奇怪。

古希腊人认为整个地球之上的天体，都是由一个完美的元素——以太组成的。这种极其完美的元素一定要按某种圆满的运动方式来运动，而什么样的运动方式是圆满的呢？答案就是匀速圆周运动。同时，古希腊人认为，地外天体是天神居住的地方，而天神是完美的代名词，所以从神学的角度又证明了天体匀速圆周运动的观点。

从公元 2 世纪到公元 16 世纪，托勒密天文学一直被各国科学家沿用。但是，随着人们发现的地外天体越来越多，很多行星的运动已经无法用圆周运动原理解释，于是主流科学家开始在地球以外设置一些额外的天体运动中心，即行星围绕某个中心进行匀速圆周运动，而这些中心天体围绕地球进行匀速圆周运动。就这样不断地增加内容，托勒密天文学得以继续发展，直到哥白尼的出现。

在我们的印象中，哥白尼是一位天文学家，实际上，他还是举世公认的四大科学巨匠之一。尽管他本人没有明确提出什么新思想，但是他的新宇宙观引导了天文学的革命。

为什么说哥白尼引导了天文学的革命？他是不是发现了一个新的逻辑？其实并不是，实际上，哥白尼引导的天文学革命起始于他发现了旧系统的逻辑失洽。

当时在西方国家，天文历法是以托勒密天文学为基础设计的，随着系统的失准，问题出现，当时的教皇为了捍卫托勒密天文学的正统地位，甚至将一年中的10天直接从历法中抹去。在教会的威严下，这种情况又延续了很多年，导致天文历法越来越复杂。而哥白尼就生活在那样的时代，所以他提出日心说，并不是因为他发现了某种新逻辑，而是他想改变当时已经失去效力的天文历法。

但是，哥白尼的日心说也并不是正确的基石假设，因为随着科技的发展，人类发现宇宙的范围杳无边际，不只是地球和太阳不是宇宙的中心，就连太阳系、银河系也只是宇宙渺小的组成部分而已。

王东岳老师说过这样一句话："我们不是生活在客观世界中，而是生活在思想家为我们打造的思想世界中。"在哥白尼之前，人们生活在托勒密的世界里；在哥白尼之后，人们生活在一个新的世界里，虽然这个世界的基石假设并不正确，但相比于之前，在这个新世界中，人类的生存空间变得更广阔了。

所以哥白尼的错误不那么重要，他开启了一个新的范式叫作"日心说"，我们称之为革命，而这场革命给后来的天文学家打开了一道新的门。

美国科学史家托马斯·塞缪尔·库恩（Thomas Samual Kuhn）在自己的著作《科学革命的结构》中写道："不知道为什么，5 年以后，哥白尼天文学这个理论自己开花结果了，它会长出新的理论。"哥白尼最大的贡献不在于理论本身，而在于思想的开拓，实际上他提出的天体运动模型并不比托勒密的简单多少，因为他继承了托勒密天文学中的天体做匀速圆周运动的基石假设。

而真正解决这个问题的人是德国杰出的天文学家约翰尼斯·开普勒（Johannes Kepler），库恩所说的在哥白尼天文学的基础上长出来的新理论，其中就包括开普勒的天文学体系。

开普勒小时候听过一位神父讲解哥白尼的天文学说，给他留下了深刻的印象。开普勒长大后为丹麦天文学家第谷·布拉赫（Tycho Brahe）做助手，第谷去世时将自己的天文学资料留给了开普勒。开普勒用第谷的资料，结合哥白尼的日心说模型，同时放弃了天体做匀速圆周运动这个假设，构建了更简洁的天体运动系统。

实际上，开普勒构建的系统无比接近于现在太阳系中行星运动的系统。换句话说，开普勒天文学打破了哥白尼天文学的边界，在新的基石假设上搭建了正确的系统。

我们列举了几个科学界通过打破固有边界，推动科学进步的例子。《科学革命的结构》一书清晰地阐明："第一个普遍接受的范式是学科形成的标志，如同牛顿力学之于物理学。"在一般人的心目中，新发现是科学的标志。但几乎所有真正的科学革命，都不是新发现的革命，所有重大科学革命都是由范式转换引发的。

那么，为什么一定要"革命"才能取得科学进步？传统认为科学进步的标志是"逐渐逼近真理"，后出现的科学一定比之前的科学更好，更接近真理。但库恩认为，科学革命的进化过程不朝向任何目标，而且前后代科学家之间不但不是继承，而是革命。试图调整旧范式而发展，不但事实上很少，而且原则上不可能。只有破坏旧范式才能得到新发现，这是唯一可行的办法。

所以，我们只有在认识到牛顿理论是错的以后，才能接受爱因斯坦的理论。时间、空间、质量、引力等概念在牛顿和爱因斯坦体系中是完全不同的定义。必须改变已经确立且为大家所熟悉的概念的含义，这正是爱因斯坦理论的革命性影响的核心。

IBM 和乔布斯的破界创新

破界创新的难点和重点在于如何识别并打破现有系统的“隐含假设”。每个巨头都有自己的隐含假设，这也构成了他们的事业边界。因此，识别并打破隐含假设是破界创新的关键点，也是企业增长和个人成长的不二法门。同样，对于市场上的后来者，识别并打破巨头的隐含假设，也是后来者超越巨头的关键点。当然，做到这一点十分困难，绝大多数企业和个人都受制于自己的隐含假设而不自知，更遑论打破。计算机行业就发生过这样的案例。

可能在大多数人的心中，IBM 就是计算机的发明者。事实上，第一台商用计算机是由雷明顿兰德公司（现 Unisys）于 1951 年 6 月 14 日生产发售的优尼瓦克计算机（UNIVAC-1）。这种计算机的初期售价高达上千万美元，后来降价到几百万美元。

UNIVAC-1 的第一个客户是美国人口普查局。到 1952 年，又有另外两家政府机构——美国陆军和美国空军购买了它。当有企业表示有兴趣购买优尼瓦克计算机时，雷明顿兰德公司甚至没有派销售人员去拜访顾客。他们这么做的理由是，企业界的人根本弄不清计算机是怎么一回事。所以，他们最初的“隐含假设”是：计算机这一伟大的产品专为先进的科学研究而设计（见图 3-3）。

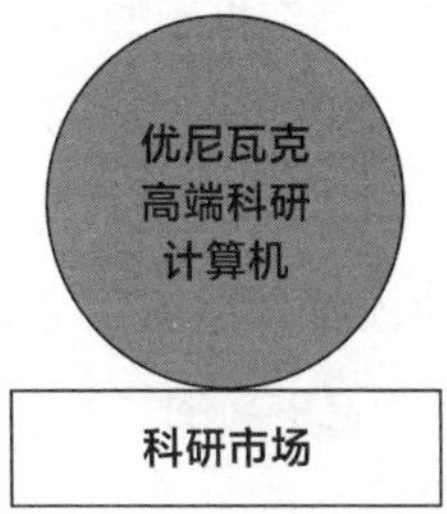

图 3-3 优尼瓦克的破界创新

很多商学院会将优尼瓦克存在的问题归结于企业没有进行市场研究。事实上，这是一种错误的诊断。没有人能对一种全新的事物进行市场调查，也没有人能对还未上市的产品进行市场调查。

1950 年，优尼瓦克的市场调研部得出了这样一个结论：到 2000 年，在全世界范围内，计算机的销售量将达到 1000 台，平均每台的售价在 100 万美元左右，这是一个百亿美元的大市场。事实上，到 1984 年，计算机的实际销售量就突破了 100 万台。然而，这在当时的确是一次最“科学”、最审慎、最严密的市场调查。那次市场调查最大的问题是它的出发点建立在错误的“隐含假设”之上——计算机只可被用于先进的科学研究（这是当时人们的共识）。这样看来，销售量的确有限。

由于时代的局限，当时的 IBM 同样认为计算机是专门用于科学研究的一种工具，而它推出的第一台计算机确实是专门为天文计算设计的。换句话说，IBM 和优尼瓦克拥有同样的、属于时代的“隐含假设”。它们的不同之处在于，IBM 很快便发现了计算机在商业领域中的商机，因此打破了原有的“隐含假设”，重构了属于自己的新的“基石假设”——企业市场是个潜力巨大的新兴市场（见图 3-4）。

图 3-4　IBM 的隐含假设

1952年，IBM推出了自己的第一台商用科学计算机IBM 701。很快，IBM相继推出了702、704、705等多款机型，将计算机全面引入商业领域。由于优尼瓦克的技术和产品更适合企业里的会计工作，IBM甚至放弃了自己原来的产品，转用优尼瓦克的架构设计。

在更新换代的过程中，IBM实现了计算机售价的十倍速变化，它将科研使用的高端计算机的百万美元售价压低至10万美元左右，让更多的企业能够买得起。

到1960年左右，优尼瓦克仍然是拥有全世界技术先进、性能良好的计算机，而IBM则几乎垄断了整个大型商用机市场，坐拥全行业的大部分净利润。当时它的竞争对手RCA、通用电气、AT&T等公司，都在这一市场中投入了巨量的资源，但始终无法战胜IBM。可以说在当时，任何公司向IBM业已占据的领先地位发起正面、直接的挑战，都无望获得成功（见图3-5）。

故事到此，我们看看IBM做对了什么。第一步，先打破科研市场的隐含假设；第二步，重构基石假设——计算机在商用市场的潜力巨大；第三步，升维第一性原理，在新基石假设之上重新构架，全力投入、将单一要素最大化，最终形成新的市场。

IBM的破界创新，让它成为大型商用机市场中当仁不让的龙头企业，但是请你冷静下来，想想我们曾多次提及的那句话："任何企业都有其边界。"IBM的体系是否也存在失效的边界？时间很快便给出了答案。

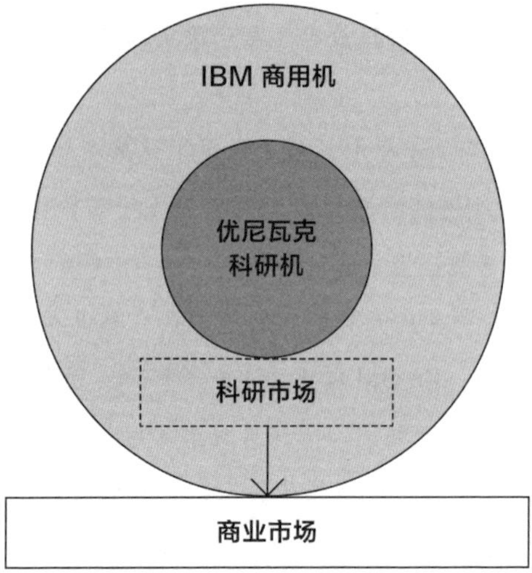

图 3-5 IBM 的破界创新

在 IBM 占据主流的大型商用机市场之后，一个新兴市场很快诞生，这就是小型商用机市场。小型商用机的发明者是刚成立 2 年的美国数字设备公司（DEC）。1959 年 12 月，DEC 向市场推出了它的第一款小型商用机 PDP-1 的样机，售价是 1.2 万美元，仅为大型商用机的零头，单一要素再次出现了十倍速变化，而且体积较小。它成功地将 DEC 带进了计算机行业，开辟了一个崭新的天地。

到1972年，DEC彻底控制了小型商用机市场，从而拥有了爆炸性的销售量和激增的企业增长率。1971—1975年，DEC的销售额从1.46亿美元上升至5.33亿美元，利润增长2倍多，并跻身《财富》杂志选出的美国前500家大公司的行列。

在1982年出版的《追求卓越》一书中，两位长期供职于麦肯锡顾问公司的管理大师汤姆·彼得斯（Tom Peters）和罗伯特·沃特曼（Robert Waterman）对美国43家成功企业进行了系统性研究，其中就有DEC公司。他们在书中对它的评价是："DEC公司犹如一辆高速行驶的列车，与它竞争无异于螳臂当车。当大多数竞争对手深陷计算机行业的衰退而无力自拔时，这家市值76亿美元的计算机生产商仍在加速前进。"

DEC公司凭借小型机取得了巨大的成功，曾经的行业霸主IBM却未能及时跟进。原因何在？答案还是与隐含假设有关。正如前文所述，IBM体系的隐含假设是客户需要更大、更快的计算机，并且只能用于大型企业或政府机构，因此它对小公司毫无兴趣，它的主要客户都是世界500强之类的大公司。而DEC打破了IBM的隐含假设，重构了"小公司也需要计算机"的基石假设。这样，DEC的体系边界自然向外延展，完成了破界创新的三部曲。

然而，屠龙的少年最终往往会变成恶龙。当年的创新勇者DEC，在面对小型商用机转向个人计算机的历史浪潮时，四进四出，在“计算机只能用于商业机构”的隐含假设作用下，令人遗憾地与个人计算机兴起的大时代擦肩而过。

第一曲线的黑洞效应将DEC牢牢地束缚在小型商用机市场中，以至于DEC的创始人兼总裁肯·奥尔森（Ken Olsen）在评论新兴的个人计算机市场时，说出这样一句令人大跌眼镜的话：“我觉得没有理由每个家庭都有一台计算机。”更为讽刺的是，此番言论是在1977年于波士顿召开的世界未来学大会上发表的。

DEC的隐含假设就是小型商用机只能用于商业市场。它完全没有意识到，让自己起家的商业市场也成了最大的禁锢。

接下来的舞台属于乔布斯和他的苹果公司。苹果公司有着自己的“基石假设”——每个家庭都可以拥有一台计算机，在计算机发展史上第一次将计算机从商业领域过渡到个人。

1976年，苹果公司推出了自己的第一款个人计算机——Apple-1。虽然它的外表看起来十分粗陋，但是具有划时代的意义。同样，Apple-1的正式售价是1295美元，仅为DEC时代计算机1.2万美元售价的1/10，继续延续了价格的十倍速变化，并让大多数家庭都能够接受（见图3-6）。

苹果公司的破界创新也遵循三部曲的典型模式。

第一，质疑并打破原有隐含假设——凭什么计算机只能用于商业。

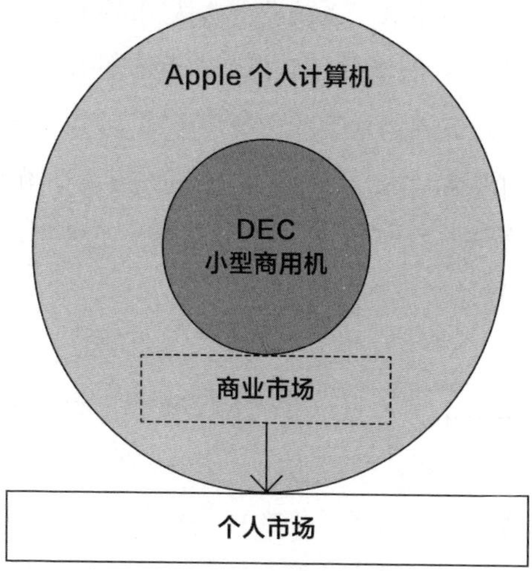

图 3-6　苹果公司的破界创新

第二，重构“基石假设”——每个家庭都可以拥有一台计算机。

第三，建立全新系统——既然计算机应该进入家庭，那么计算机的所有相关要素都应在家庭使用的大前提下展开，如价格、软件、体积等。当第一性原理确定之后，所有的细枝末节都会自然地发生变化，从而构筑起一个全新的系统。

从经营的角度来说，计算机行业的案例更偏向于企业战略层面，是商业模式的选择，其实破界创新适用于任何方面。接下来，我们看看乔布斯是如何在产品层面进行破界创新的。

用户往往会在产品的具体功能上形成一些固定的使用习

惯，这些习惯也就构成了系统的群体认知或隐含假设，大多数人对此熟视无睹。识别并打破既有产品在使用习惯上的“隐含假设”，也是破界创新的一种表现形式，正如我们经常听到的句式——“重新定义 ×× 产品”，乔布斯正是此中高手。

在《史蒂夫·乔布斯传》中，沃尔特·艾萨克森（Walter Lsaacson）描述了这样的场景：

> 2005 年 1 月，苹果引入了 iPod Shuffle，这是一个更具革命性的创新。乔布斯注意到 iPod 上面的“随机播放”功能非常受欢迎，它可以让使用者以随机顺序播放歌曲。这是因为人们喜欢遇到惊喜，而且懒于对播放列表进行设置和改动。有些用户甚至热衷于观察歌曲的选择是否真正随机，因为如果真的是随机播放，那么为什么他们的 iPod 总是回到播放比如内维尔兄弟乐队（The Neville Brothers）的歌曲？这个功能引出了 iPod Shuffle。
>
> 当鲁宾斯坦和法德尔努力制造一款体积更小、价格更低的闪存播放器时，他们一直在尝试把屏幕的面积缩小之类的事情。有一次，乔布斯提出了一个疯狂的建议：干脆把屏幕去掉吧。

法德尔担心的是用户如何找歌，而乔布斯重构的“基石假设”是：他们根本不需要找，歌曲可以随机播放。这完全跳出了原有的隐含假设。毕竟，所有歌曲都是用户自己挑选的，他们只需要在遇上不想听的歌曲时，按“下一首”跳过去。

类似的故事，在《史蒂夫·乔布斯传》中还有很多。

在所有的“简洁”中最为玄妙的是，乔布斯做出了一个让同事们大吃一惊的决定：iPod 上不能有开关键。这在之后的大部分苹果产品中都实现了。

在乔布斯之前，业界的群体认知是电子产品理应拥有开关功能，乔布斯却反其道而行之。从美学的角度来看，开关的存在确实让人不快。如果一段时间不操作，苹果产品会自动进入休眠状态；当你触摸任意按键时，它又会自动“醒来”。在乔布斯看来，完全没有必要专门设定这样一个流程：按下去→等待关机→再见。

再来看看苹果手机，乔布斯对此十分自豪，多次在公开场合宣称：“苹果重新发明了手机。”大家不妨回想一下诺基亚时代的手机，不管是翻盖式还是直板式，所有手机都自带固定键盘，这是典型的群体认知。而乔布斯创造性地重构了苹果手机的“基石假设”——触摸屏完全可以取代手机键盘。重构基石假设的结果是，苹果公司极大地延展了手机的边界，智能手机的时代就此拉开帷幕（见图 3-7）。

“事后诸葛亮”，我们可能觉得用触摸屏替代键盘很简单，但回到当时的情境，在乔布斯做这件事情之前，诺基亚、摩托罗拉、爱立信、索尼等，诸多手机制造商为什么就没有提出这个隐含假设呢？

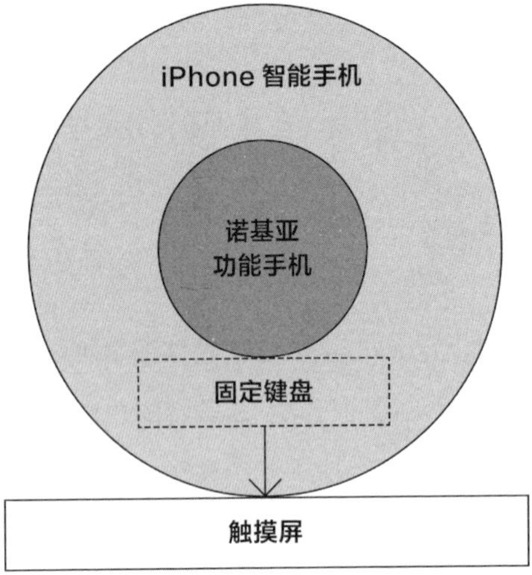

图 3-7　iPhone 的破界创新

对绝大多数人而言，只有看到才能想到，正如他们看到苹果手机后，才会相信原来手机可以没有固定键盘。乔布斯之所以被世人瞩目并怀念，是因为他走在时代的前沿，他打造的产品往往是“因为想到，所以看到”。我们经常认为思维和心智帮我们创造了“Something”（一些事），但是在乔布斯的身上，我们看到的恰恰是他打破了思维和心智对我们的限制。如果把心智和思维打开，就会有灵感流淌出来。

成为创新企业家

再次回到我们不断提及的问题，什么是“隐含假设”？答案就是周围人的群体信念。往往那些大家都深信不疑、不被质疑的东西，才是给予你最大限制的隐含假设。怎么打破这种限制？答案是通过哲学思维。什么是哲学？回到哲学的原点，康德说“所谓哲学起始于对所谓自明的东西的追问”，它可以表现为好奇心、初心、童心等。所以，亚里士多德说，哲学起始于对万事万物的惊异，这种初心才是产生创新的源头。

在里约热内卢联邦大学教授格雷戈里·蔡汀（Gregory Chaitin）的著作《证明达尔文：进化和生物创造性的一个数学理论》中，吉安－卡洛·罗塔（Gian-Carlo Rota）在推荐序中将数学家分为两类——解题家与理论家。解题家解决的是一个已经被认为无望解决的问题，本质上是保守主义者，对新理论总是充满怀疑；理论家最荣耀的时刻则是发现一个新理论，它不能解决任何老问题，却使它们变得无关紧要。

吉安－卡洛·罗塔笔下的“理论家”，实质上是破界创新的另一种表达。所谓“破界创新”，其实并不解决原有的任何细节问题，比如 iPod Shuffle 并没有解决屏幕如何变小的问题，但它让屏幕这个原有问题失去了意义。

由此，我们便可以将解题家与理论家类比为两种截然不同的创业者。普通创业者解决的是极限点的问题，是针对问题解决问题；而创新创业家解决的是边界问题，是破界创新，它让原有的问题变得无关紧要。

很多人都听过福特汽车创始人亨利·福特的一句名言："如果你问消费者需要什么，他会回答说需要速度更快的马车。"福特并没有解决马车的问题，但他的汽车让马车的问题变得无关紧要。同样，乔布斯并没有解决功能手机的问题，但他让功能手机的问题变得无关紧要；马斯克也没有解决传统汽车的问题，但他让传统汽车的问题变得无关紧要；张小龙没有解决 PC 时代即时通信的问题，但他让 PC 即时通信的问题变得无关紧要；张一鸣没有解决门户新闻的问题，但他让门户新闻的问题变得无关紧要。破界创新并没有解决原有系统的极限问题，但是让原有系统的极限点问题变得无关紧要。如果我们眼睛永远盯着系统边界里面的问题，将永远突破不了边界。

我们在《第二曲线创新》（第 2 版）中讲过第一曲线和第二曲线，其实第二曲线根本不是为了解决第一曲线的极限点问题，而是构建一个新系统，让第一曲线的极限点变得无关紧要。这就是用第一性原理跨越非连续性，实现第二曲线创新。破界创新是混沌学园创新模型之王，强烈建议读者反复阅读这部分内容，不是看具体的内容，而是寻求同频共振。

章

四

组织刷新：使命—战略的破界创新

卓有成效的战略变革，不是从内容着手，而是从结构着手。时任微软CEO的萨提亚·纳德拉先生率先打破使命和文化禁锢，再进行战略变革，让在移动互联网时代迷失的微软大象起舞、重回巅峰。

在上一章“破界创新”中，我们讲到，破解创新的难点就是发现并打破隐含假设。而隐含假设对应到组织时，往往表现为使命、文化，所以发现并打破隐含假设的过程，往往是重建使命、文化和战略的过程，我们称其为“组织刷新”。

本章我们将通过时任微软CEO的纳德拉刷新微软的案例，来完整理解破界创新在组织层面的应用。

鲍尔默时代的迷失

关于计算机领域的巨头微软，我相信大多数人并不陌生。它始建于 1975 年，开发出了占世界 90% 以上份额的个人计算机程序，至今依然是世界排名前列的优秀软件公司之一。

说到微软，大多数人第一时间想到的就是微软公司的创始人比尔·盖茨（Bill Gates），无论是他在商业发展领域的远见卓识，还是在计算机技术方面的突出能力，甚至是大学退学的“勇敢创举”都为人所称道。

比尔·盖茨是微软第一曲线的建立者（founder），回顾微软从起步到 2000 年的这段时间，可以用 3 个关键词串联成的一句话来描述，那就是“主营业务是 Windows+Office 运行在 PC 之上”。这 3 个关键词几乎代表了盖茨那个时代微软的业务边界，而比尔·盖茨也在微软名声大噪时功成身退。

盖茨眼中微软公司的使命是什么呢？1976 年，他提出了一个伟大的使命：让每个家庭、每张办公桌上都有一台个人计算机。在计算机的 To B 时代，两个人曾提出过这个愿景，那就是被誉为 PC 时代双子星座的比尔·盖茨和乔布斯。他们开拓了一个新地基，并在此之上成就了伟大的事业。

实际上，早在 2000 年，45 岁的比尔·盖茨就已经“功成身退”，只担任微软公司的董事长，而不再出任 CEO。从时间上说，2000 年也是微软最为辉煌的一年，当时公司的市值达到 6000 亿美元，全球排名第一。

在比尔·盖茨退居二线之后，他的同学，也是当时微软的高层管理者史蒂夫·鲍尔默（Steve Ballmer）成为微软的掌舵人。在当时，Windows 操作系统和 Office 办公软件依然是微软主要的两大产品，并且延续了微软的第一曲线的隐含假设。鲍尔默则顺理成章地成为比尔·盖茨使命的最佳践行者（见图 4-1）。

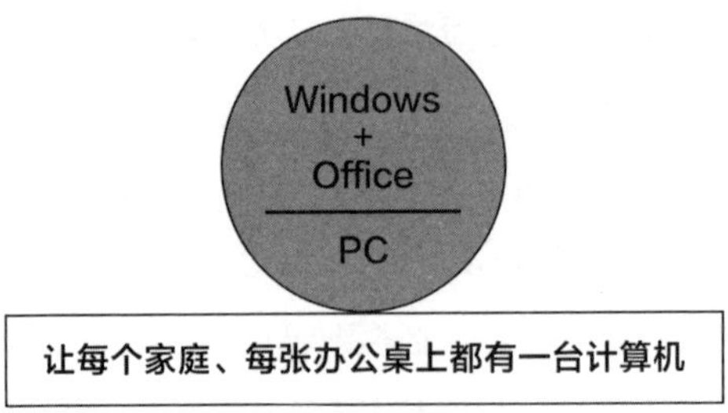

图 4-1　微软公司的使命

纳德拉刷新微软

在移动互联网时代迷失的微软，是如何大象起舞、重回巅峰的呢？关键在于，它找到了一个新的更具开拓精神的CEO——萨提亚·纳德拉（Satya Nadella），他是微软第二曲线的刷新者。

在担任微软的CEO之前，纳德拉一直在和技术打交道。对于微软Azure云服务、数据库、Windows服务器和开发者工具等技术，纳德拉都是开发者之一。他于2014年正式从鲍尔默手中接过CEO的重任，当时的微软正面临巨大的发展压力。纳德拉一上任，就被赋予了带领微软全面复兴的重任。

在企业发展的过程中，始终存在一个失速点。所谓失速点，就是“存量”增长到一个阈值后，激活了一个刹车式的“调节回路”。简单来说就是，企业在现有的发展逻辑中到达营业峰值之后，发展速度就会急速下降。在失速点的相关理论中，有一种说法让企业对失速点避之若浼。有数据显示，企业一旦到达失速点，重新恢复增长引擎的可能性只有 4%，也就是几乎不可能。换句话说，一旦企业到达失速点，几乎不可避免地陷入发展延缓的境地。

即便当时的微软没有到达失速点，实际上也无比接近，但纳德拉只用了 4 年的时间就把微软从业绩持续下滑的旋涡中拯救了出来。当时的微软因为发展的停滞，在行业中的地位也在不断下滑，所以很少有人继续关注微软。直到 2018 年微软重回行业前列，人们才开始注意到，纳德拉刷新了微软的发展系统。

纳德拉在《刷新》一书中，曾经提到这样一种说法："每一个人、每一个组织乃至每一个社会，在到达某一个点时，都应该点击刷新——重新注入活力、重新激发生命力、重新组织并重新思考自己存在的意义。"

纳德拉深刻地理解熵增定律，明白大多数独立系统都会不由自主地趋向于熵增，随着熵[1]的持续增加，任何组织都会到达混乱无序状态的临界点。如果任由企业在无序的状态下继续发展，系统迟早会崩溃。为了避免出现这种局面，我们必须主动地刷新企业系统，找到既定路线之外的发展渠道，推动企业持续、稳定的发展。虽然纳德拉的"刷新"理论看上去自成体系，但从本质上讲，它就是第二曲线创新。

---

[1] 熵的本质是一个系统"内在的混乱程度"。

纳德拉用“刷新”这个词指代了企业从第一曲线转换到第二曲线的方法论，我个人认为非常贴切。我们已经知道第一性原理支撑了某一个理性系统，在商业系统中也是如此，企业的发展战略之下都存在隐含假设。而在发展战略的隐含假设中，深入企业文化深处，从开始阶段就会对经营者产生方向性引导的因素就是“企业的使命”。事实上，使命是一家公司的战略起点和支撑点，任何一家公司的旧战略都是基于旧使命的，当你刷新使命时，新的战略就会自然涌现（见图 4-2），并最终形成新的企业文化，我们将这一过程总结为刷新使命、刷新文化和刷新战略，下面我将分而论之。

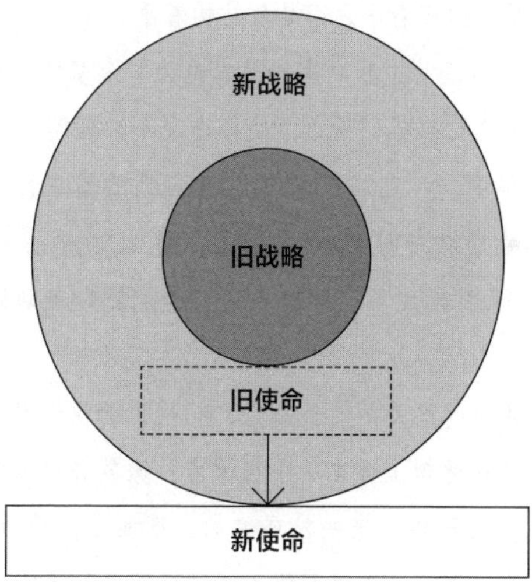

图 4-2 使命和战略的破界创新

刷新使命

考虑到企业使命的根基性地位，纳德拉上任之后选择的第一个着眼点，就是刷新微软的使命。这是他整个战略变革中最亮眼的地方：不是从内容着手，而是从结构着手。

1976 年，盖茨为微软制定的使命是让每个家庭、每张办公桌上都有一台个人计算机。从这个使命出发不难理解，微软在前 15 年的发展过程中，一直以 PC 产品作为自己的第一性原理，于是 Office 的销售捆绑在 Windows 系统上，而 Windows 系统只能安装在 PC 之上，从而构成了天然的一切。这是使命驱动战略这样一个典型模型。

结合微软当时所处的时代特点，纳德拉敏锐地发现盖茨对微软使命的定义在逻辑上存在一个极限点：微软并没有考虑到，一旦目标达成，公司接下来的发展方向。事实上，20 世纪 90 年代末，至少在发达国家，微软旧使命的目标已经基本实现；但在 21 世纪初，在鲍尔默的领导下，微软努力保持了在 PC 市场的领先地位，却没有进行新的探索和创新。也就是说，在纳德拉接手 CEO 职位之前，微软的使命已经阶段性实现，同时没有新的目标指引公司的发展方向，员工感受不到使命愿景的激励，而旧使命反而禁锢了公司的发展。

在详细讲解纳德拉如何刷新微软使命之前，我们先要了解纳德拉为微软制定的使命是什么。换个角度来说，企业的使命到底由何而来？在《刷新》这本书的英文版中，除了主书名，还有一个副书名，直译过来的意思是“重新发现微软的灵魂”[1]。类似的话，乔布斯也说过，在重返苹果公司之前，他对苹果公司的评价是苹果的产品没有灵魂。那么，公司的灵魂到底是什么呢？纳德拉说：“我说的不是宗教意义上的灵魂，而是一种最自然的、表露内心的声音。我们必须回答一个问题，这家公司是做什么的，我们为什么而存在？”

我以前特别不喜欢“使命”这个词，认为说使命、价值观，都是为了宣传，只是公司高管脑力激荡想出的一些好词，而企业真的做到了吗？绝大多数企业并没有把使命当作根基来对待，而纳德拉的这句话深深地打动了我，也让我对使命的认识发生了根本性的转变。

我们往往为了某个目的、某个初心往前走，但走着走着就忘了自己的初心是什么，这个世界由于我们的存在会有什么不

[1]《刷新》中文版的副书名为“重新发现商业与未来”。

同，或者换成更极端的一句话："如果你的公司明天消失了，会对这个世界有什么影响吗？"一般来讲，大家会用盈利衡量公司存在的目的，而像乔布斯、纳德拉这些顶级的管理者，则会从企业存在的意义方面进行深度思考。

纳德拉开始通过灵魂拷问的方式，想要从比尔·盖茨40年前所制定的目标中找到他制定这一目标的第一性原理。盖茨当时为什么会提出这个目标呢？盖茨当时为什么要创办微软公司呢？他提出这个目标背后的精神是什么呢？通过一系列的追问，纳德拉找到了自己的答案，盖茨之所以会提出这种目标，其背后是"为了为他人赋能"。

根据为他人赋能的第一性原理，纳德拉推导出一个结论：微软的使命不是单纯地生产计算机和软件产品，而是为了帮助其他人做事、做成事。微软存在的意义是为了打造可以赋能他人的产品。至此，纳德拉找到了微软在新时代的新使命，那就是赋能全球每一人、每一个组织，帮助他们成就不凡。这里的关键词已经变成了"赋能"和"帮助"。

刷新文化

我们来看第二步文化刷新。德鲁克曾说："文化把战略当早餐吃。"如果你只盯着战略，必定会失败，因为既有的文化会把新战略当早餐给吃掉。纳德拉非常相信这句话，他说："最终任何一家企业的成功或失败的原因都是其现行文化的滞后反应。"

当我们讨论企业文化时，天然地认为这个词是好词，我们认为只要公司有企业文化，公司就会发展良好。其实错了，任何文化一开始都是为了维护载体在某一个特定环境下的生存。但是环境会发生变化，所以最后几乎所有文化，在变化的环境里，都会变成对载体的戕害。如何破除这种戕害？答案是改变思维结构。

文化是一个非常含糊的词，也许很多人都没有真正明白文化是什么，但纳德拉不一样，他认为文化最重要的特质是思维。纳德拉说："文化或许是一个模糊、难以捉摸的词。对一个组织来说，与文化最相关的是人们日常生活中所坚守的价值观、风俗、信仰和具有象征意义的实践。但我认为，文化是一个由个体思维组成的复杂体系，比如在我前面的这些人的思维。文化是一个组织思考和行为的方式，但塑造它的是个人。”这是一个非常睿智的观点，很难从内容层面说清楚文化是什么，所以应该从思维结构入手。

他是如何得出这个结论的呢？纳德拉有一个患有脑部疾病的孩子，他的太太一直都在照顾这个孩子。他的太太向他推荐了卡罗尔·德韦克（Carol Dweck）的《终身成长：重新定义成功的思维模式》（*Mindset: The New Psychology of Success*）一书。原本推荐这本书是为了孩子的教育，但是纳德拉却在这本书中看出了“金子”，他认为书中的观点不仅对儿童教育有益，对微软的文化刷新也有帮助。

这本书最大的亮点是把世界的思维分成两种思维，一种思维是固化型思维，即内容定下来之后就不会发生变化；另一种思维是成长型思维，这种思维相信人是动态的，是以动态为“一”的一种思维方式。卡罗尔认为，世界上的所有人可以被分为学习者和非学习者两种人，固化型思维会限制人们的发展，成长型思维则会推动人们不断前进（见图 4-3）。

怎么区别这两种方式呢？成长型思维的基石假设是人的能力是可以通过努力提高的，甚至认为人的智商也可以通过努力而提高。知识内容不那么重要，可以改变。而固化型思维是指人的能力是天生不变的，包括智商。如果你是聪明人，那么你就永远是聪明人，如果你今天知识丰富，那么你永远知识丰富，你是不变的。

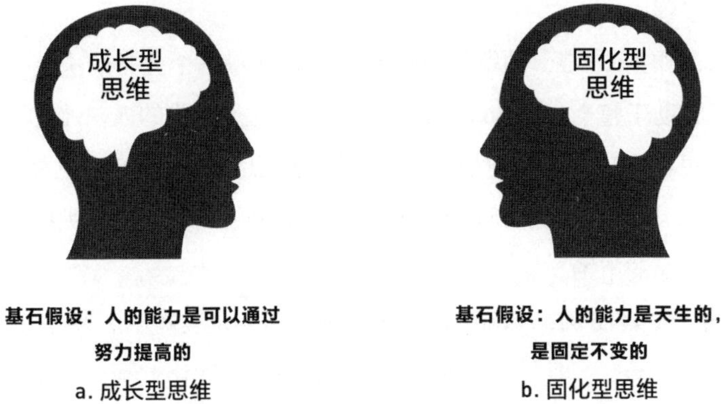

图 4-3　成长型思维与固化型思维

这两句话触动了纳德拉，他终于明白，我们的文化原本是固化死板的。每一名员工都需要向其他人证明自己无所不知，证明自己是屋子里最聪明的人，不能出一点差错，永远不能（不敢）落后于他人。

他对此突然产生巨大的共鸣，发现原来微软的文化里最大的漏洞是固化型思维。2011 年微软的文化是不同的部门打架，因此微软前期收购的企业难以在内部存活下来。

所以，纳德拉刷新微软文化时，用了非常简洁的一句话——从固化型思维转为成长型思维。纳德拉说："固化型思维的公司总在逃避风险，却又期待创新的出现。而成长型思维则会把关注点从到底做错了什么，转变到我们从中学到了什么。”固化型思维与成长型思维相比，一个是看结果，一个是看过程。

作为CEO，纳德拉每天都会检查他每一个业务的决定是否有助于整个公司转向成长型思维。固化型思维的人，就会天天想着逐渐下滑的PC市场。而成长型思维会从守势转变为攻势，目标是要赢得价值数十亿美元的联网设备，而不是忧虑不断萎缩的市场。

依照惯例，当微软发布新Windows版本时，现有的Windows需要付费才能完成升级。微软Windows负责人迈尔森就拥有成长型思维：他放弃一部分收入，将之前的Windows付费更新转为限时免费升级。这一策略成就了有史以来最受欢迎的Windows升级服务，升级用户数达到数亿。

固化型思维把微软变成一家在竞争中碾压一切对手的公司；成长型思维让微软把重点放在业务增长上，致力于让其与硅谷的其他公司成为好朋友。所以纳德拉从高通招了一个女高管过来，唯一的任务就是让微软在硅谷有更多的朋友。

微软曾与雅虎签订微软必应独家的搜索协议，但雅虎后来希望解除这份协议。这在微软过去的历史上是不可能接受的，但纳德拉居然同意了。

在此过程中，微软没有向雅虎提出任何要求；相反，它们选择倾听，站在雅虎的立场上充分考虑，并寻求新的解决方案。最终，微软决定放弃将必应作为雅虎独家搜索合作伙伴这一排他性条款的权利。

《中欧商业评论》曾发表的一篇文章，我觉得说得特别好，“很多人把微软重回聚光灯的原因归结为成功地实施了云战略，这话只说对了一半。顺利云化是所有人看得见的那部分，真正让微软焕然一新的不是任何实打实的战略、产品或市场定位，而是纳德拉在根子上重塑了微软积病已久的文化。”无论从方式还是规模上，纳德拉对微软文化的转变堪称教科书。

刷新战略

因为新使命为新的商业系统指明了方向、奠定了基础，所以，纳德拉在第一步成功刷新了企业的使命，以及第二步刷新文化之后，第三步刷新战略就变得非常容易。

纳德拉在打破了原有的使命禁锢之后，发现 PC 市场已经在逐渐萎缩，而互联网、传感器、物联网等新的联网设备市场正方兴未艾。结合新的使命、时代特点以及微软自身的优势，纳德拉提出了新的轻战略发展模式——移动为先、云为先。纳德拉认为，必须重新发现微软的灵魂，即微软独一无二的核心，必须拥抱只有微软才能带给世界的东西——微软是提供生产力和平台的专家。

所以，在新的发展战略中，纳德拉提出以下三大要点。

第一，必须重塑生产力和业务流程。微软渴求协助所有人提高生产力，无论他们身在何处以及使用何种设备。

第二，构建智能云平台，帮助初创公司、小企业和大公司提升智能运算。

第三，创造个性化的计算机，可进行跨设备无缝衔接。

我们首先来看移动为先这个战略。

原来微软的主要产品是 Office 应用软件，它也是微软主要的收入来源。但 Office 应用软件只能在有 Windows 操作系统的 PC 上运行，不能在手机中运行，也不能在线使用。但在新使命的驱动下，微软希望协助所有人提高生产力，无论他们身在何处，也无论他们使用何种设备。所以，移动为先的战略就是要打破原有的基石假设，将主要的产品从 PC 端转移到其他所有的联网设备之上。纳德拉说，世界上接入互联网、传感器和物联网的人会达到 30 亿。个人计算机的销售量正在下滑，但是“成长性思维”要求微软把“直面现实的勇气”改成“直面机遇的勇气”。微软要赢得价值数十亿美元的联网设备，而不是忧虑不断萎缩的 PC 市场。

于是，纳德拉取消了对 Windows 手机操作系统的授权费，所有厂商都能免费使用 Windows 手机操作系统，包括竞争对手的设备。由于微软进入移动端市场的时机问题，市场上已经出现了成熟且得到广泛认可的手机操作系统，而且除了强大的竞争对手，微软过去处于垄断地位时的强势态度也让厂商在选择时摇摆不定。

纳德拉出任 CEO 后不久，决定全面推广 Office 产品，合作的操作系统包括苹果的 iOS 和谷歌的安卓。在一次发布会上，纳德拉居然使用 iPhone 手机演示微软的软件。而在此之前，在鲍尔默时代，如果有高管在公开场合使用 Windows Phone 之外的手机，是会被斥责的。但在那次发布会上，纳德拉说，这是一部非常独特的 iPhone 手机，因为它安装了微软所有的软件和应用。虽然只是一个不起眼的开场白，但充分地表明了，这次边界的打破将微软带入了一个新世界，微软从封闭开始走向开放。

自 2015 年 9 月 17 日，纳德拉公开使用 iPhone 演示 Outlook 之后，微软的每一个部门和员工开始卸去身上很多无形的枷锁和压力。微软高管也开始公开使用 iPhone，不再有所顾虑。[1] 这对微软而言意味着一个新时代的来临，不再强行推广自己的 Windows 操作系统，不再坚持 Office 必须与 Windows 绑定，而是采用更加开放的心态，将自己的应用在各个操作系统上流通，微软进入一个开放、合作的时代。

截至 2017 年，微软在手机中已经发布了 100 多款 iOS 应用，除此之外，它开始向自己原来的主要竞争对手开源系统 Linux 释放善意。

在移动为先战略的支持下，原来只靠销售版权为生的 Office 产品，成功转型升级成 Office 365，盈利方式也从收取版权费转变成向用户收取订阅费用。Office 365 通过提供软件云端化的体验和服务，2018 年实现企业订阅用户 1.2 亿，个人版付费用户达 3140 万。华尔街见闻在一题名为《微软已经不再是微软：带你重

---

[1] 严冬雪 . 微软靠什么重新崛起？ [J/OL].AI 财经社，（2017-06-16）[2020-06-06.]

新认识这位5年4倍的巨头》的文章中评论道："微软已经将自己从一家卖软件许可的传统公司转型成收取订阅服务费用的互联网公司。"从这个角度来讲，微软已经初步打破了原有的系统边界，找到了新的发展路径。

当然，真正把微软重新带回世界之巅的是它的云计算服务。

在出任CEO之前，纳德拉是微软云计算业务的负责人。微软错过了移动互联网时代，但云计算与互联网、网络社交等新兴浪潮不同，微软虽然没有赶上云技术革新的第一趟班车，但因为云技术开发的难度相对较高，所以微软入局的时机，尚不算太迟。

2011年，纳德拉被任命为STB部门负责人，该部门是在微软内部仅次于Office业务部和Windows业务部的第三大业务部，它的主营业务是Windows服务器和SQL服务器，还包括正在孵化当中的云服务（Azure）。但是，当时服务器与工具业务板块正处于商业成功的顶峰，提供云服务的仅仅是一个代号为"赤犬"（red dog）的边缘化小团队。

与此同时，亚马逊的云服务（AWS）已日趋成熟，业务收入达到数十亿美元，而微软的仅有区区几百万美元。也就是说，无论在微软内部还是在市场上，最初云服务都属于一个非常小的业务单元。

但纳德拉在当时就预判，云服务会是未来发展的趋势，所以他说服团队，采取了有违直觉的战略，将工作重点从收入规模庞大的服务器工具业务，转向微不足道的、几乎没有任何收入的云服务。当时，几乎所有部门的同事都反对这项决定，因为他们在旧使命的影响下，已经形成了惯性思维，认为服务器才是微软的主流产品。但是纳德拉非常坚定，他说："作为一个团队，我们必须达成共识，云为先是我们的指南针。"

不得不承认，在云技术发展的早期阶段，亚马逊的 AWS 处于绝对的领先地位。但纳德拉认为，AWS 是公有云的策略，主要客户是中小型客户，而除了这些中小型客户，市场上还有一定数量的大客户在云服务方面的需求未能得到满足。所以微软巧妙地避开了 AWS 的强势领域，从大客户入手，量身定制了符合大客户需求的云服务解决方案，其中包括混合云、智能云等。微软甚至还为大客户提供了一些独一无二的工具，比如办公软件一键引入功能等。作为后起之秀，微软在云技术方面并不比 AWS 做得更好，但它的服务是独一无二的。

纳德拉把云计算作为微软的战略核心，而不再强调操作系统的价值，投入大量人力开发 Linux，使其支持亚马逊的云平台。在这一过程中，原有的领先者 Windows 也被边缘化了，原来的 Windows 云被他更名为微软云（Micrsoft Azure）。同时，他还果断地砍掉了很多没有优势甚至已经成为拖累的业务板块，最典型的案例就是卖掉了之前收购的诺基亚手机。然后，他把资金、人力等全部"弹药"投入云技术开发业务板块，每年投入几十亿美元。他用 75 亿美元的高价收购了代码托管网站 GitHub，聚拢技术开发人员为微软云开发第三方应用。他甚至为了铺设云场景，花费 262 亿美元收购了领英（LinkedIn），把海量商业用户引向微软的云端。

截至 2018 年第二季度，微软云的用户数量已经达到同类型产品中的第二名，市场份额占比为 14%，同时期亚马逊的市场份额占比 34%，谷歌的市场份额占比 6%。当时，微软云的营业收入达到 200 亿美元，首次超过总收入的 20%，而这个数字在 2015 年年初时仅为 5%。我想，到今天它的比例应该更高了，仅仅几年的时间，云服务已经成功代替 Windows 成为微软真正的第二曲线，也成了微软新时代的代名词。

在微软的历史里，Windows 几乎是微软的同义词，连微软的商标都是 Windows 视窗。2013 年，鲍尔默说过，在微软没有什么东西比 Windows 更重要。但当以 PC 为中心的主营业务 Windows 处于极限点之后的失速阶段时，纳德拉大胆地采用了去 Windows 策略，勇敢地打破了原有系统的边界，实现了企业的破界创新。

2015 年纳德拉把 Windows 连同 Xbox 主机、Surface PC 等一系列业务打包划入"More Personal Computer"这一业务类别，迈出了"去 Windows 化"的第一步。2018 年 3 月，微软宣布了纳德拉上任以来最大的公司重组计划，将 Windows 部门分拆后，并入两个新成立的部门中。至此，

Windows 这个词甚至都已经在微软内部消失了。

2014 年 2 月 7 日，纳德拉成为微软第三任 CEO，当天微软市值 3017 亿美元；2018 年 11 月 30 日，微软市值冲顶 8512 亿美元，超越苹果公司，重返第一；2020 年 1 月 1 日，微软市值 1.21 万亿美元。

纳德拉说，“Windows 既是光环也是枷锁，卸下它才能走得更远。微软只有忘掉过去的辉煌，打破原有的认知，才能在新时期找到新的发展方式。”对于纳德拉对微软的刷新，盖茨给予了高度的评价，他认为在纳德拉的领导下，微软已经改变了原来完全以 Windows 为中心的策略，走向了全新的未来。

从刷新微软的故事中，我们可以学到什么？任何战略之下都有隐含假设，本章中我们总结为使命。如果你的企业暂时没有使命，就不要硬套，找到深层次的隐含假设或第一性原理，作为战略基石就好。

需要注意的是，我们所定义的使命是一种最自然的、内在的声音的表露，即我们为什么而存在？活着的意义是什么？有了我们的存在，这个世界会更美好，还是会更坏？这些都值得我们反复思考。

章

五

第一创新：基于第一性原理进行创新

何谓“第一创新”？如果说破界创新的关键词是“破”，那么第一创新的关键字则是“立”。它是公理化思维在创新中的应用，是从一个抽象的第一性原理出发，用逻辑思维将其拆解，进而推导出这个系统的基本原理，打破原有认知，寻找并建立新系统的过程。

第二章讲述了公理化思维，几何是整个哲科思维的应用范式。本章将重点介绍公理化思维在创新中的应用，我们称之为“第一创新”。何谓第一创新？简单来说，它是第一性原理在商业创新中的应用，我姑且把它命名为“第一创新”；本书的第六章则是第一性原理在科学领域中的应用，我们称之为“万物至理”。

同是植根于第一性原理的创新，与破界创新的关键词“破”不同，第一创新的关键词是“立”。破界创新有 3 个步骤：识别隐含假设，建立基石假设，构建全新系统。其中，最难的是第一步，从具象到抽象的过程。第一创新是基于重要学科的重要原理。这里的重要原理不一定只有一个，它可能是几个，然后被组合成多元思维模型，无须太多，三五个多元思维模型就会让你与众不同。第一创新的重点是找到第一性原理，是从抽象到具象的过程，这是两种创新模型不同的关键之处（见图 5-1）。

图 5-1　破界创新与第一创新的区别和联系

不难看出，第一创新是基于第一性原理去推导创新的方法和过程，也是构建新商业系统的过程。所以，从这个角度讲，第一创新是非常适合起步阶段的创业者的创新方法。

从归纳创新到演绎创新

在所有的科学家中，我个人最推崇的就是爱因斯坦。在爱因斯坦之前，大多数科学研究都建立在归纳法的基础上，科学家通过观察和反复实验，从某些事物中归纳出定理或规律。随着发现的定理和规律的数量增多，科学家发现这些定理和规律都符合某种根基性的第一性原理。

但是，爱因斯坦利用公理化思维的方式从根基性的第一性原理出发，通过演绎法的逻辑推导，找到了某些自然定律，然后经过自己和其他科学家的验证，证明这些发现准确无误。

从某种程度来讲，事物的发展都有共通之处，与科学研究方法的转变类似，在商业领域中也正在发生创新方法的转变。一般来讲，大多数企业进行的创新工作使用的都是归纳法的逻辑。创业者或经营者根据以往的实践成功经验，归纳并总结出某种创新模型，然后通过把这种模型推广到企业的各个经营环节或各个门店中，推动企业向前发展。现在市面上很多关于创业、创新管理的畅销书，基本上都是这个范例。

如果从更大的范围、更深层次的分析角度来看，你会发现所有从经验中归纳、总结出来的创新模型，最终都会符合某种第一性原理。与其长时间地持续总结经验，我们不如换一种视角，将这种归纳创新变为演绎创新，使用演绎的方法直接定位到某种对企业发展有根源性促进作用的第一性原理，然后从第一性原理出发，推导出新的创新模型，最后我们就可以把这些模型应用到实际的工作中，去指导创新实践。

过去我们相信“实践出真知”的归纳创新，现在我们推崇的是逻辑上正确、事实上就一定正确的演绎创新，一言以蔽之，就是基于第一性原理的第一创新。这种创新可以跨越领域依赖性，在不同领域中通用。

基于第一性原理的第一创新

说了这么多，究竟第一性原理应该如何实施呢？在讲解具体方法之前，我们首先要明确一个概念，系统与系统之间是有层级之分的。其实在讲解第一性原理时，我们已经提到过这个概念，每一个系统都有自己的第一性原理，但是系统有大系统和子系统之分，因此不同系统的第一性原理之间也有层次关系。

比如，商业人士建立的系统可以称为商业系统。在一般情况下，我会认为自己的商业系统已经达到一定的规模，但对于真正的科学家和学者而言，我的商业系统只是自然科学和社会科学的子系统而已。

与此同时，我们也知道第一性原理通常处于系统之外，往往来自其他更高维度的系统。我们在商业系统中是找不到商业系统的第一性原理的，只能在更大的社会科学和自然科学中找到它，因此重要学科的重要原理可以作为商业的第一性原理。

比如，基于物理学的还原论[1]，我们以此作为商业系统的第一性原理，推导出了组合创新[2]的思维模型；基于生物学的进化论，我们在商业系统中推导出了分形创新[3]的思维模型；基于哲学的本体论，我们推导出了破界创新。

从这些实际案例中不难看出，我们并不是在实践中通过研究很多案例，然后归纳并总结出组合创新或者分形创新的方法，而是基于基础学科，找到商业系统最基础的理论，然后通过演绎法，推导出一些可用的模型。尽管我举的很多例子看起来像是归纳法，但我只是用那些例子来验证模型而已。

在所有的学科中，哲学的基础性地位毋庸置疑，无论是物理学还是生物学的发展，实际上都是建立在哲学思想的第一性原理之上。从这个角度来讲，将哲学思维作为商业系统的“基石假设”应该是一种行之有效的手段。但现实是，在我们的群体认知中，哲科思维属于“无用”的学问。其实，并不是哲科思维“无用”，而是我们还没有学会如何去应用这种根基性的学问。所以我称这种创新为“第一创新”，我想表达的是从第一性原理出发，应用到所有领域的味道。

---

[1] 是一种哲学思想，认为复杂的系统、事物、现象可以将其化解为各个部分的组合加以理解和描述。

[2] [3] 李善友．第二曲线创新 [M]. 北京：人民邮电出版社，2019.

查理·芒格的多元思维模型

美国著名的投资家查理·托马斯·芒格（Charlie Thomas Munger）在《穷查理宝典》一书中说过："如果你只是在商业领域思考，你的视野将会非常狭窄。如果你想更好地投资，必须更深刻地理解世界。"此外，查理·芒格在这本书中还提到了一个重要的概念——多元思维模型。混沌学园经常提及的教学理念——思维模型、刻意练习，便来源于此。

作为一名经验丰富、能力突出的投资人，芒格曾经提出一种"生态"投资法，他认为"投资者应该糅合来自各个传统学科的分析工具、方法公式，这些学科包括历史、心理、生理、数学、工程、生物、物理、化学、统计、经济等"。实际上，这种投资法的理念基础来自多元思维模型，"几乎每个系统都受到多种因素的影响，所以若要理解这样的系统，就必须熟练地运用来自不同学科的多元思维方式"。从多元思维模型的内涵不难看出，这是一种充满了哲学意味的概念，所以在我的认知中，芒格几乎是商业社会中的哲学家，他的投资活动虽然发生在商业社会，但他的思想却沉浸于基础学科。

那么，芒格提出的多元思维模型又是来自何处呢？是根据自身的投资经验总结出的方法论吗？答案当然是否定的。实际上，多元思维模型来自重要学科的重要理论。

芒格认为，在我们的日常生活中，有一种思维层次的病叫作“锤子综合征”。简单来讲，如果你的手中只有一把锤子，你满世界看到的都是钉子。往深刻的角度剖析，我们自认为是在使用大脑进行思考，其实只是用大脑中既有的思维模型在思考。如果外界在我们的大脑中植入了某种思维模型，我们自然就会用这种思维模型来思考。但是，如果这种思维模型是错误的，或者只用一种思维模型来看待世界，我们对世界的认知就会出现扭曲，这就是所谓的“锤子综合征”。

在现实生活中，我们接受的教育基本都是从普通知识到专业知识，即随着受教育水平的提升，我们会在一个相对狭窄的领域向前发展。但在进入社会之后，我们就会发现，很多问题并不能通过一个狭窄领域的工具轻易解决，而我们在受教育的过程中，已经被植入了某种固定的思维模型，所以在离开学校之后，大多数人很难快速地融入社会。他们往往还要经过社会的“再教育”才能摆脱原有的思维模型，成功地在社会上立足。

因此，芒格建议投资者应该建立多元思维模型，通过广泛地学习数学、物理学、生物学、哲学、心理学、经济学等不同学科的思维模型，将其融会贯通，然后基于这些思维模型和理论建立自己的投资方法论。

大多数人可能会产生顾虑，认为自己没有时间和精力去学习这么多的学科。但是芒格所说的多元思维模型，并不是要求我们深入地学习每个学科，而是只学习每个学科中真正的大道理。实际上，在每个学科中，真正的大道理可能只占全部内容的 5%，但它却代表着 95% 的重要性。

那么，这些大道理在哪里呢？芒格认为，所谓的大道理，其实就是每个学科的基础思维，而在我们的学习过程中，与思维相关的内容通常是大学一二年级的主要课程。在实际的学习过程中，我们并不是要学习深刻的知识，而是学习不同学科的差异化思维方式。对我们而言，每个学科都是一种思维的视角，就像一个个功能不同的眼镜，有的是近视镜，有的是远视镜，有的是显微镜，有的是望远镜。而我们就是通过功能各异的眼镜研究这个世界，从而形成不同维度、不同角度的综合认知，这才是学习不同学科的要义所在。芒格也列举了一些他认为的重要学科的重要理论，比如有数学的复利模型、物理学的临界质量模型、生物学的现代综合进化论、化学的自我催化模型，以及工程学的备份模型等。芒格认为，掌握 100 个模型就差不多可以拥有通识智慧了，而其中非常重要的不超过 10 个。

当然，在学习了不同学科的大道理、拥有了多种不同的思维模型之后，多元思维模型的建立依然没有结束。我们还要把这些思维植入自己的大脑，并用毕生的时间去培养它们，让它们变成你随时能够调用的本领。这是一个需要持续一生的训练，我把这种训练方式称为“刻意练习”。芒格说：“如果你能做到这一点，我向你保证，总有一天你会在不知不觉中发现你已经是同龄人中最有效率的那一个人了。”

如今芒格已经 90 多岁了，但在《穷查理宝典》一书中，巴菲特依然评价他说：“查理能够比其他人更快、更准确地分析任何种类的交易，他能够在 60 秒之内找出令人信服的弱点。他是一个完美的合伙人。”如果你学过围棋，你会发现所有学习围棋的人一定要学“定式”，也就是按照棋谱下棋。虽然学习各种各样的定式看上去非常复杂和烦琐，但是通过反复训练，将这些定式植入思维，你会发现在下棋时，即便你不去刻意地回想，你也能按照定式找到最佳的落子方位，这就是建立多元化思维模型的方法——学习思维模型和刻意练习。

人类文化的元知识

从目前的社会来看，大多数人正在使用的学习方式是，随着社会的发展不停地获取新信息，学习新知识。实际上，我并不赞成这种学习方式，因为我们现在正处于一个飞速发展的时代，新知识、新信息无时无刻不在爆炸式地涌现，而学习是一个循序渐进的过程，我们学习的脚步又怎么能追得上时代进步的速度呢？

在我看来，成年人学习的关键并不在于增加信息量，而在于提升自己的思维模型。在低水平的思维模型中，增加再多的内容也只是低水平的重复而已，只有提升思维模型的水平，才能让我们接纳更多高维的信息和知识。当然，想要实现这种目的，学习更多的思维模型和重要学科的重要内容是不可或缺的环节。

究竟哪些重要学科的思维模型和重要内容是我们应该学习的呢？换个角度思考，我们正处于哲科时代，不同的学科都有自己的第一性原理，实际上，这些第一性原理就是人类的文化基因。那么，我们能不能从文化基因中找到一个通用的组合，用它有效地提升全人类的思维模型呢？关于这个问题，我们可以用一个思想实验来说明。

我在斯坦福大学做访问学者那一年，曾经旁听过张首晟教授的一堂课，这节课的名称很有趣，叫“2012 信封的背后”。他说假设世界末日就要到来，挪亚方舟上只能带一对动物和一个信封总结人类所有的知识，那么你们会写下什么？这个思想实验非常有趣，它要求你必须写下极简的东西。

张首晟教授给出的答案是这样的，他一共列举了 8 条重要学科的重要内容：第一，在哲学领域中，他列举了原子论[1]；第二，在数学领域中，他列举了欧氏几何；第三，在生物学领域中，他列举了自然选择；第四，在经济学领域中，他列举了“看不见的手”；第五，在政治学领域中，他列举了“人人，生而平等”；第六，$E=MC^2$；第七，熵增定律；第八，量子力学的测不准原理。后 3 条内容属于物理学领域。以上内容就是张首晟教授认为在人类的文化基因中重要的组成部分。

人类文明发展至今，科技飞跃、信息爆炸，但真正能够被称为元知识、元信息的内容，就是各个学科的基础理念。

[1] 所有的物质都是由一个不可分的基本单元——原子组成的。

国内知名的游戏公司昆仑万维的董事长周亚辉曾在文章中写道："我认为未来 30 年能做到百亿美元公司的 CEO 都是科学家、经济学家、历史学家、哲学家，他们的思考能力足够深，优势很明显。"对于这句话我深表赞同，当然我们并不是要成为真正的科学家或经济学家，这句话的深层含义是说，我们需要具备科学的思维方式、经济学的思维方式和哲学的思维方式。

王东岳老师曾经提出一种递弱代偿的理论。他认为我们生存的环境将会越来越恶劣，为了更好地适应未来社会，我们需要掌握的知识和提高的思维能力必须上升一个台阶。而提高的方式，实际上就是我们所讲的第一创新，利用人类的元知识作为第一性原理，去建立新的思维模型，然后通过不断地刻意练习，将这种思维模型深深地烙印在自己的潜意识中，从而实现思维能力的提升。

埃隆·马斯克的第一创新

关于第一创新的内容，我们已经谈了很多，接下来我们用一个实际的案例具体说明。说到当代的创业者，既可以称得上是创业哲学家，又可以将第一创新灵活运用的人，当属太空探索技术公司（Space X）CEO 兼 CTO、特斯拉公司 CEO、太阳城公司（SolarCity）董事会主席埃隆·马斯克（Elon Musk）。

如同爱因斯坦逆转了科学研究的路径一样，马斯克也逆转了商业创新的路径。我们习惯于在不同领域中提炼不同的方法论，马斯克并没有沿用这个套路，而是将同一种底层思维运用到所有领域。迄今为止，他的商业实践已经涉及很多领域，所以在常人看来，马斯克是典型的多元化经营，但对他来说，其实一直在做同样的事情，因为将这些事情拆解到最后，我们会发现他用的都是同一种思维方式，即马斯克的第一性原理。

在马斯克的传记中，有一句话非常打动我，这句话来自马斯克的一名下属，他觉得马斯克是一个非常奇怪的人，因为对待任何事情，马斯克都持有一种全然相信的态度。他说只要有目标，就一定能够实现，哪怕暂时还没有想到如何实现的路径。这种思维模式与我们大多数人都不一样，我们习惯于在被给予一个目标之后，首先去衡量目标完成的难度，所以面对相对困难的目标，我们通常从一开始就会失去完成目标的信心。

马斯克这种全然相信的态度因何坚持呢？答案就是他的第一性原理思维方式，更准确地说，就是他的物理学的思维方式。曾经有一个人问马斯克是否相信“上帝”，马斯克的回答是否定的，他说他只相信物理学。从这个问答中，我们不难看出马斯克对物理学的重视。在第一性原理的内容中，我们已经提到，重要学科的重要理论可以作为第一性原理。对马斯克而言，这门重要学科就是物理学，更准确地说，它是物理学中的还原论。

马斯克曾在接受 TED 主持人采访时，阐述了他的“第一性原理”：“我们运用第一性原理，不是用比较思维去思考问题，这是非常重要的。我们在生活中总是倾向于比较，别人已经做过或者正在做的事情我们也去做，这样只能产生细小的迭代发展。第一性原理的思想方式是用物理学的角度看待世界，也就是说一层层拨开事物表象看到里面的本质，再从本质一层层往上走。”马斯克在各种采访中并没有提及“还原论”3 个字，但他的第一性原理却透露出物理学中“还原论”的意味。

对马斯克而言，只要给他一个目标，他就能实现，他用物理学的还原论作为第一性原理，在他看来，所有目标都可以被拆解为成本问题，并且是以十倍好的方式来解决。我们通常认为十倍好很难，但谷歌 X[1] 的负责人阿斯特罗·泰勒（Astro Teller）有句名言："把一件事做到十倍好，往往比做到 10% 好还要容易一些。"毫无疑问，马斯克同意这个观点，他说你重新发明汽车其实并不比改善汽车性能更难。

接下来，我们用几个案例来展示一下马斯克是如何将这样一个基本原理用同一种方法论，在所有涉足的领域中去创造奇迹的，即基于物理学的还原论，进行组合创新，应用到突破性技术上去，实现了十倍好的结果。

案例 1：马斯克拆解电动汽车电池

特斯拉在早期研究电动汽车时遇到电池成本居高不下的难题。一辆电动汽车至少需要 85 千瓦·时的电池，而当时储能电池的价格是 600 美元 /（千瓦·时），这便意味着在每辆特斯拉电动汽车的成本中，电池的成本将超过 5 万美元。如此高昂的电池成本，导致特斯拉第一款电动跑车 Roadster 的整车成本为 12 万美元。这一难题给当时的特斯拉带来了极大的困扰，直至马斯克用上了"还原论"这一有力武器。他是怎么做的呢？

马斯克做的第一步便是还原论的要素拆解。他对电池的材料进行拆分，从元素层面将其拆解为碳、镍、铝、钢等不同材料。

---

[1] 谷歌公司的一个部门，位于美国旧金山。

拆解之后，马斯克发现如果分别从伦敦金属交易所购买这些材料，仅需花费 82 美元 /（千瓦·时）的成本，约为电池总成本的 13.7%。换言之，电池成本高昂的直接原因，并不在于原材料，而在于原材料的组合方式。要想有效降低电池成本，就必须改变现有的原材料组合方式。

于是，马斯克的第二步便是寻求新的程序，将电池重新组合。为此，他与松下公司达成合作，采用松下 18650 钴酸锂电池的电池管理程序，重组特斯拉电动汽车的电池并取得了巨大的成功，一举将电池成本降至当时全行业的最低水平。

所以，我们看到储能电池的价格 2008 年是 600 美元 /（千瓦·时），2014 年降到了 350 美元 /（千瓦·时），2016 年降到了 190 美元 /（千瓦·时），有了特斯拉的超级电池工厂以后，储能电池的价格降到了 100 美元 /（千瓦·时）左右，而其中原材料成本只有 80 美元，让世人为之惊叹。

案例 2：马斯克拆解超级隧道

在特斯拉汽车引爆市场之后，马斯克并没有就此止步。我们看看他是如何突发奇想，建成让汽车在地下高速行驶的超级隧道的。

2016 年 12 月，马斯克在洛杉矶遭遇了一次大堵车，于是他在 Twitter 上发布了一段文字：“堵车快把我逼疯了！我要造一台隧道挖掘机，开始挖隧道。”在不到1小时的时间里，这个为了解决地面交通拥堵问题的公司正式成立，马斯克将其命名为The Boring Company（“无聊”公司[1]），主营业务是挖掘地下隧道以缓解地面交通压力。2小时后，他再次在Twitter上发布了一段文字，主题是：“我们真的要开始挖隧道了。”

一提起地下隧道，很多人会直接联想到地铁。美国地铁的每千米成本约为6.25亿美元。仅看数字可能不太直观，不妨做个简单的换算。从北京到天津的直线距离约为113.3千米，按照这一建造成本，就要花费708.12亿美元。面对巨大的隧道建造成本压力，马斯克发现，想要做成这件事，最主要的指标是成本。他提出了“十倍好”要素，也就是将地下隧道的成本控制在地铁成本的10%以内。为了实现这一目标，马斯克再次用上了“组合创新”。

为了降低成本，马斯克从4个层面进行了地下隧道的成本要素拆解。第一，将隧道直径减少1/2以上，这意味着实际挖掘面积是地铁隧道的1/4。第二，让机器在挖掘隧道的同时，也能加固周边的墙壁。这样，整个过程的效率将会提高1倍。第三，将挖掘机功率提升2倍，也就是将成本再次对半缩减。第四，将挖掘出的废土制成砖块贩售，用创造的收益冲抵成本。

---

[1] “无聊”公司：Boring（无聊）一词在英文中有“钻孔挖洞”的意思。——编者注

“四管”齐下，“无聊”公司的第一条地下隧道已于2018年12月18日正式通车，这条隧道位于美国加利福尼亚州的Space X总部，总长为1.83千米，当初预估的建造成本是11亿美元，而实际的施工成本仅为1000万美元，实现了超出预期（十倍好）的百倍好的前期目标。虽然现在对于这种隧道实用性的讨论还在继续，在未来能否被广泛应用也尚未可知，但“无聊”公司从某种程度上确实是通过成本的拆解，做到了其他公司没有做到的事情。

案例3：马斯克拆解运载火箭

之后，马斯克将个人的关注点从汽车行业转向航天领域。早在2002年，马斯克就已经成立了Space X，由于当时没有人看好这个行业，所以得不到投资，马斯克只能用自己的钱维持公司的研发与运营。为了尽快地解决资金的问题，马斯克为Space X制订了一个计划，并拆解为3个阶段。

第一阶段的目标是火箭的成功发射。当时使用的推进器是猎鹰1号，载重量近1吨。之所以制定这个目标，是因为马斯克希望在自己的资金耗尽以前，把火箭送到地外轨道上去，通过实际的成绩证明自己的实力，从而获得第三方融资。

第二阶段的主要目标是太空旅行。这时推进器型号已经升级到猎鹰9号和重型猎鹰。猎鹰9号载重量是猎鹰1号的13倍，而重型猎鹰是当今世界载重量最大的火箭，载重量近64吨。

第三阶段的主要目标是移民火星。这也是马斯克的梦想，目前还未实现。马斯克设想，在这个阶段，主要使用的航天工具应该是移民的运输飞船。

在看这个案例时，我们一定要结合马斯克的初心予以分析。他为什么要成立 Space X 呢？因为他对地球的未来一直忧心忡忡，所以他觉得一定要提前做好人类跨行星转移相关技术的研发。

一开始，马斯克并不想做这件事情，他只想把一个机械温室发射到火星上，然后引起大众的关注，最后让美国航空航天局（NASA）和美国政府来完成这项艰巨而耗时漫长的任务。

马斯克需要一个火箭，把这个机械温室发射到火星上，但当时的 Space X 还不具备独立开发运载火箭的能力，所以马斯克把目光转向了现有的火箭。考虑到美国的火箭价格太高，马斯克想要从俄罗斯购买老旧的火箭，然后由俄罗斯的专业团队将这个机械温室送上太空。最后，俄罗斯的火箭报价也没能让马斯克满意。为了实现自己的梦想，马斯克选择自己独立开发运载火箭。

开始的时候，马斯克的朋友都劝他放弃研发火箭这件事情，毕竟研发火箭的成本太高了，每一次失败都要承担巨额的沉没成本，这不是一家处于创业阶段的民营公司可以承受的。但是马斯克没有听从朋友的劝告，反而开始考虑既然火箭的成本较高，那么可以通过某些方法降低火箭的成本。

马斯克又对火箭进行了拆解，他开始思考制造火箭需要的原料是什么？通过拆解火箭的制作原料，他发现制作火箭的原料包括铝合金、钛、铜和碳纤维，然后计算出这些材料的成本只占火箭全部成本的2%。换句话说，和电动汽车的电池一样，火箭真正的成本不在于原材料，而在于需要搞清楚如何以更有效率、更低廉的成本将原材料组合搭配，从而提升技术水平和系统稳定性。

然后，马斯克对火箭的成本进行了进一步拆解，通过各种渠道的探询，他发现火箭成本之所以居高不下还有一个重要的原因，那就是火箭只能一次性使用。因此，马斯克提出了火箭重复利用的假设。

在他第一次提出这个隐含假设时，大多数人都无法理解，因为在马斯克之前，所有国家和公司在发射火箭时都默认火箭在完成自己的运送使命之后，只有报废这一种结果。从这个角度讲，马斯克提出这个假设充分地说明了他能够站在系统之外看问题，所以他能顺理成章地提出打破群体认知的假设——如果火箭可重复利用，制造、人工等各方面成本自然也能够得到有效的控制（见图5-2）。

现在看来，Space X 已经具备独立发射火箭和回收火箭的能力，也就是说，在不到20年的时间里，一家民营公司在火箭技术上已经领先于世界上的很多国家了。其中的关键就在于，马斯克打破了航天领域过去的群体认知，实现了破界创新。

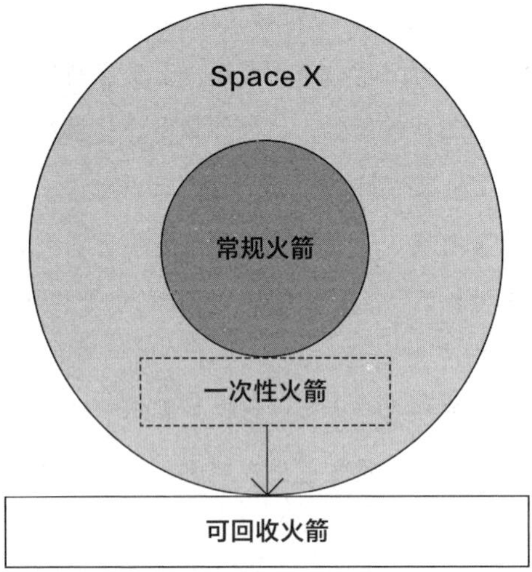

图 5-2　Space X 的破界创新

2018 年 10 月 7 日，Space X 用一枚“猎鹰 9 号”运载火箭，成功地将阿根廷的一颗地球观测卫星送入太空，并首次在美国西海岸成功地实现火箭第一级的陆地回收；2019 年 5 月，Space X 又用“猎鹰 9 号”运载火箭将首批 60 颗“星链”（StarLink）卫星送入太空；2020 年，Space X 将成为全球最大的卫星运营商，StarLink 有 180 颗卫星，全球总共有约 5000 颗，StarLink 计划发射总计 1.2 万颗，远远超过过去 60 年全球发射卫星的总和。

虽然现在 Space X 的火箭在成本上还没有实现十倍好，但也做到了将成本控制在同级别火箭的 1/5 左右。随着技术的成熟和提升，这个成本还会继续降低，最终将会实现马斯克十倍好的目标。

案例 4：马斯克拆解火星移民

马斯克的终极梦想是让人类有朝一日能够移居火星，而他自己可以在“火星上退休”。为此，他创立了 Space X，并立下了一个看似疯狂的目标：“预计 40~100 年后，让 100 万人移民火星。”

他人眼中的夸张之举，在马斯克看来仅需两件事即可实现。第一件是拥有过人的意志，据马斯克的传记作者阿什利·万斯（Ashlee Vance）在《硅谷钢铁侠：埃隆·马斯克的冒险人生》一书中所述：“马斯克的意志无人能比。”

第二件是用适当的方法降低成本。不过要想移民火星，“十倍好”或“百倍好”的标准肯定远远不够，马斯克提出了新的目标——2.5 万倍好。

按照小布什时代的航空计划，如果技术支持，一个人去一趟火星（往返）至少需要花费 100 亿美元，而在 Space X 的火星计划中，单人单程的火星之旅，所需费用仅为 20 万美元左右。

接下来，便是最为关键的要素拆解环节。为了达到 2.5 万倍好的效果，马斯克从诸多层面进行了拆解。

第一，按照小布什时代的火星旅行计划，一次只能送一名太空旅客登陆火星，而马斯克的计划是研发、建造 1000 艘每架可同时容纳 100~200 人的火星移民运输机，并在火星离地球最近的时期启航，预计飞行时间 30~80 天，同时飞船可以重复使用 12~15 次，这样就能大幅降低成本。

第二，在 Space X 公司创立之前，世界上所有的运载火箭都是单程的，发射升空后便自行解体，无法循环利用，而 Space X 公司研发的火箭将能够重复使用 100 次左右。

第三，马斯克计划在太空轨道附近建设飞船燃料补给站，提升火星移民运输机的续航能力。

第四，在火星基地中制造飞船的返程燃料，将火箭发射时的燃料负载降至 1/2，并认为甲烷是一个更好的燃料选择，因为甲烷在火星上制造起来相当容易。

第五，使用高效便携的新燃料。

…………

通过对以上这些要素的拆解，马斯克开始了自己的火星计划。现在看来，马斯克看似疯狂的火星之梦，或许有一天真的能实现。

2020 年，Space X 通过载人龙飞船（Crew Dragon）将美国宇航局的宇航员送入国际空间站，由此宣告商业载人航天计划的成功。这一壮举改变了长久以来美国对俄罗斯航天飞机的依赖。

马斯克用了18年的时间，凭借一家私营企业，完成了世界上大多数国家都无法做到的事情。在这个过程中，他的还原论思考模式依然发挥着重要作用。

在原有的火箭成本拆解的基础上，马斯克进一步拆解了航天器的成本构成，他发现如果直接购买航天器件，昂贵的采购成本是一家私营企业无法承担的。以现有载人飞船搭载的星载计算机和控制器为例，单个控制器的价格为500万元，14个系统加上各自的备份，一共28个控制器，总成本达到1.4亿元。

为了最大化地控制成本，马斯克选择将工业级的器件进行重新组合，以此匹配宇航级器件的要求。

软件方面，Space X“猎鹰9号”和龙飞船用的都是Intel双核的X86处理器，操作系统用的是Linux，还有LabView和Matlab；此外，它的软件开发基础语言是C++，偶尔也用Python，并且整个主控程序只有几十万行代码。

硬件方面，据Space X前航天飞机系统负责人约翰·穆拉托（John Muratore）透露，龙飞船一共有18个系统，每个系统配置了3块X86芯片，一共有54块。

通过这种成本拆分的方法，马斯克在Space X航天器中使用的计算机和控制器只需要2.6万元人民币就可以实现，与传统的宇航级器件成本相比，这个价格只占了后者的1/5384。

从这些案例中，大家能否体会到基于第一性原理创新的伟大意义。它不是把不同领域里的经验归纳出来，而是从一个抽象的第一性原理出发，通过逻辑思维的拆解，推导出这个系统的基本原理；然后通过打破原有的群体认知，找到一个新的路径，去建立新的更好的系统。换句话说，马斯克的创新并不是我们经常使用的经验归纳的模式，而是基于第一性原理的第一创新，是将同一种思维方式运用于不同的领域。

第一创新的力量

为了对埃隆·马斯克进行全面的研究，我看了许多关于他的图书和文章。其中有本书叫《马斯克：世界上最酷的人》，作者是美国著名商业和管理类博客 Wait But Why 的博主蒂姆·厄本（Tim Urban）。厄本受马斯克的委托，拜访了他旗下的主要公司，对马斯克以及他身边的同事做了深度访谈，据此写了 4 篇长篇报道，最终结集成这本记录马斯克商业思维的书。

在这 4 篇长篇报道中，有一篇专门介绍了马斯克的学习方法，标题十分有趣，翻译成中文为《厨子与厨神：埃隆·马斯克的独家配方》。作者在文章中写道："大多数人都是厨子，而马斯克是厨神。千万不要小看这一字之差，厨子很多，厨神却难得。厨子和厨神的最大区别是，厨子是菜谱训练出来的，按部就班地做菜；厨神则是不按菜谱做菜的。不按菜谱做菜，就是不甘于照搬前人的做法，不受既有规则的束缚，致力于创新。我原以为我们是正常的，而他是天才。在我研究之后才发现，他是正常的，而我们被遮蔽住了。遮蔽我们的恰恰像那些哲人所说的，是我们的思维方式本身啊！”

这篇文章让我耳目一新，我非常喜欢且赞同厄本在文中援引马斯克的一段话：“我认为普通人的思维方式被传统和过去的经验束缚太多了。人们几乎不从第一性原理的基础上思考任何问题。他们会说‘我们会这么做，因为我们过去都是这么做的’，或者‘没人这么做，所以这么做肯定不对’。但是，这么想真是太荒谬了。你需要从零开始建立你的逻辑推理，物理学上，我们叫‘从第一性原理开始思考’。你从基础概念开始，然后从那里开始建立你的逻辑推理，最后再看你的结论到底成不成立。你的结论和其他人过去得出的结论可能一致，也可能不一致。”

创造性思维是时下十分热门的话题，在我看来，创造性思维和第一性原理可以算是一个硬币的两面。在很多人看来，创造力是人无我有的某种天赋，事实上，创造性思维和第一性原理一样，都是每个人与生俱来的本能，只是大多数人的这种本能被后天的知识和教育遮蔽了。厄本在文章中对这一现象进行了详细而生动的描述，具体如下。

我们的父母和老师教会我们各种事情：是非和黑白、安全和危险，以及你应该做什么样的人而不应该做什么样的人。宗旨就是：我是大人，我走过的桥比你走过的路都多，没有商量的余地；也不要争辩，听我的就对了。小孩这时候就会开启我们熟悉的“十万个为什么”模式（马斯克称之为“连锁为什么”）。

小孩的天性不只是想知道什么可以做、什么不能做，还想弄明白他（她）的生活环境的规则。要想弄明白一件事，你就要了解这件事是怎么形成的。当家长和老师只是简单、粗暴地告诉小孩去做 1、2、3，只要听话就好了，就好像是给小孩的脑袋里安装一个已经设计好的软件。当小孩问为什么、为什么、为什么的时候，他们是在尝试解析这个软件，看看它是怎么构成的——想弄清楚底层的第一性原理是什么，这样他们才能决定到底应不应该把这些大人看起来十分坚定的事情当回事儿。

孩子最早开启“十万个为什么”模式时，家长还觉得孩子挺可爱的。但是很多家长和老师很快就找到了一种快速结束游戏的方法：因为我说是这样的，所以就是这样的。这种方法就像是在孩子的解析欲望上铺上了水泥地板，再多的“为什么”也钻不过去了。

你看，埃隆·马斯克的那种思维方式原本每个人都有，但正如上文中所述的那样，被正常的知识和教育给遮蔽了。马斯克的独到之处在于，他并没有过多地受到传统教育模式的束缚，而是坚守自己第一性原理式的创造性思维。

再来看看马斯克的学习方式，你会发现它同样与传统的教育理念背道而驰。传统的教育观点认为，一个人的时间和精力都十分有限，应当集中精力去学习某一具体领域的东西。马斯克却恰恰相反，他的学习经历跨越了许多学科，包括火箭科学、工程学、物理学、人工智能、太阳能发电和能源等领域。我将这种学习方式称为“迁移式学习”，即把在一个环境中学到的知识应用到另一个环境中，既可以把在学校或一本书中学到的原理应用于真实世界，也可以把从某一个行业中所学的东西应用于另一行业。

马斯克认为，迁移式学习首先应将知识拆解为基本原理，把知识看作一棵语义树很重要。深入细节或枝叶前，保证你可以理解基本原理，也就是主干和大分支，否则细节和树叶就没有可依附的东西。其次，在新领域中重构基本原理，然后在其上悬挂细节。把从一个领域学习到的内容应用到另一个领域，就是将学习到的人工智能、技术、物理和工程学等基本原理在不同领域重构。

我们在前文介绍归纳法时说过，归纳法的一大问题，就是你很难将在一个领域里获得的成功迁移到另外一个领域。由此看来，马斯克的学习方式并非归纳法，而是演绎法，是第一性原理式的思维方式，他不过是将同一种思维方式运用到不同的领域罢了。他在诸多领域内取得的创新，归根结底都是基于第一性原理的创新，也就是本章的主题——第一创新。

马斯克在互联网界创办了在线金融服务和电子邮件支付业务公司 PayPal；在能源界，他收购了发展家用光伏发电项目的 SolarCity 公司；在汽车界，他投资了特斯拉公司并领导了 A 轮融资；在航天界，他创办了 Space X 公司；在交通界，提出了“超级高铁”的理念和计划；在科技界，他与其他硅谷大亨进行连续对话后，决定共同创建 OpenAI，旨在推动人工智能发挥积极的作用；在脑科学界，他创办了 Neuralink 公司，研究对象为“脑机接口”技术；在太空界，他则时刻准备着移民火星。

如果你看到身边的任何一个人，尝试进军如此多的领域，你一定会说这个人疯了，但为什么马斯克却能将目标一一实现？原因很简单，这种思维方式于他人而言是多学科、跨领域，但由于马斯克在每个领域中都深深扎根于第一性原理，这些看似风马牛不相及的领域和学科，对他而言只是同一件事情而已。

说到这里，我想起了李志刚和张一鸣之间的一次对话。李志刚说“你们做多元化”，张一鸣说：“你觉得我们多元吗？我觉得我们挺专注的，它们是一个东西。”“外界看字节跳动是 App 工厂，自然是多元化的，所以我也是这么回答的。”但张一鸣却说他们做的始终是同一件事情，事实上也确实如此。当你把一件事情深挖到最基础的根源时，你会发现所有具象的东西对你而言都是同样的事情。

从在线支付、能源和电动汽车等行业出发，埃隆·马斯克在创造了伟大的成功之后，逐渐意识到了物理学中的“还原论”对自己思维方式的影响，以及为自己带来的助力，最后回归初心，把第一创新的方法应用于自己的梦想。

大家不妨反思一下，将马斯克的学习方式与自己的学习方式对比一下，看看差距到底有多大？你一直用的是归纳法式的学习方式，还是那种第一性原理式的学习方式？我希望大家都能深刻地记住厄本的那句话：“我原以为我们是正常的，而他是天才，在我研究之后才发现，他是正常的，而我们被遮蔽了，遮蔽我们的恰恰像那些哲人所说的，是我们的思维方式本身啊！”这句话非常令人警醒，我希望你能牢记于心。

源自使命的动机

看到这里我们不禁要问，埃隆·马斯克为什么要做这些事情？如果从更深的层次分析，马斯克的创业行为实际上是源自他的使命感，换句话说，他一生的事业几乎都是他使命的副产品。

马斯克说过这样一句话："我一直有一种危机感，很想找出生命的意义何在，万物存在的目的是什么。"然后，他列了一份清单，写出他认为对整个人类有贡献的事情，但他完全不是从自己的角度出发去思考，而是从整个社会的范围去思考，这份清单中包括互联网、可再生能源、太空探索，尤其是在地球之外生命可以长期存在的形式，如人工智能和重组人类基因。

这是他在大学时期拟定的清单，我相信很多人曾经在大学都做过自己的人生规划，但几乎不会有人从影响人类的角度去思考自己未来的出路。更令人惊讶的是，这份清单不仅仅是一个空想，马斯克后来的所有创业行为，都是在这份清单的指导下完成的。

更令人震撼的是，马斯克的所有努力，包括特斯拉、Space X 等，都是为了一个更大的使命在做准备——移民火星。

在马斯克的人生中有这样一个段落：1999 年，他卖掉 Zip2，从中获利 2200 万美元；2002 年卖掉 PayPal，从中获利 1.65 亿美元。2002 年，刚刚 31 岁的他积累了惊人的财富，这时的他开始规划之后要做什么。在一般情况下，大多数人会选择两种方式：要么再创业，要么去做投资公司。但他发现，在他的人生列表中，并没有再做另外一家互联网公司的打算，而是继续聚焦在改变人类未来的使命上，所以他决定投入大把的时间和资金去实现自己的使命。他说："就我个人而言，让人类成为跨行星物种是我积累财富的唯一目的。除此以外，赚钱对我来说没有太大意义。"

无论是将马斯克定位为一个理想主义者还是疯子，大多数人对他的使命既不理解，也不认同。但是，马斯克这种使命感的诞生并不是没有根源的，在已知的地球历史中，每隔 6200 万年左右，都会出现一次物种大毁灭（见图 5-3）。

远古时代的生物绝大部分已经灭绝了，而人类自进化到目前只有 20 万年的历史，但并没有充分的证据表明，在未来的 5000 万年内，不会出现物种大灭绝事件。这种人类物种的危机感促使马斯克树立了帮助人类移民火星的目标。他计划到

2070 年，在火星上建立能容纳 100 万人的城市，那一年他将 99 岁，他希望最终能在火星上开始退休生活。

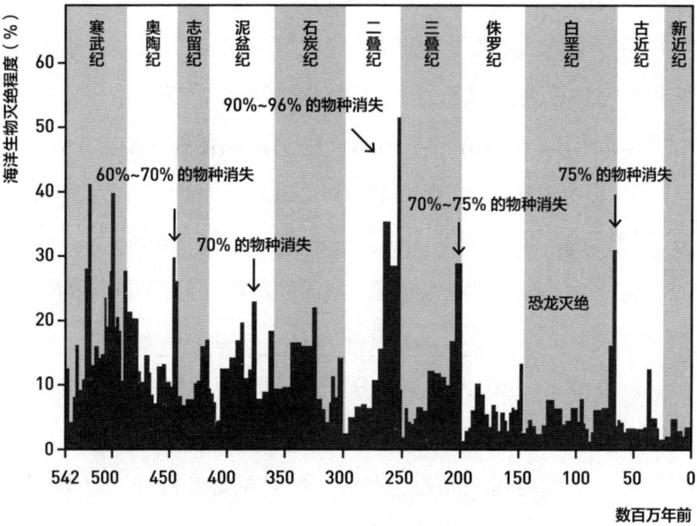

图 5-3　地球上的物种灭绝史

关于自己的使命感，马斯克是这样阐述的：“我认为美和激励人心的价值被大大低估了，我不想成为谁的救世主，我只是想要想象未来，不要太失望，把自己想象的未来亲手创造出来。”作为企业家、创业者和创新者，什么时候我们也敢于梦想、敢于直面重大问题，并且不抱怨、不犹豫，亲自动手解决问题的时候，我们的心胸才能宽广，才能真正地引领这个世界。

事实上，坚守使命的马斯克，他的内心有一种极度的孤独感。马斯克说过，实现任何大目标都可以分为两步走，第一步就是“意志”。敢于梦想大目标，并实现它，其实是极度孤独的，需要极大的意志力，因为在实现目标之前，由于目标的“不切实际”，没有人会相信你，也没有人会支持你。

2006 年，马斯克卖掉 PayPal 以后，拿出 630 万美元投资了特斯拉，将剩下的 1 亿美元投资创立了 Space X。在其他行业，1 亿美元已经是一笔巨额的投资，但对于火箭的研发和制作来说，这笔巨资就是杯水车薪。以实际数据说明，这笔钱只够支撑 Space X 发射 4 次火箭，而根据以往的数据，一个国家开始研发火箭，前 10 次几乎不存在成功的可能性。想要利用 4 次机会实现成功的发射，并且是难度极大的可重复利用的火箭的发射，几乎没有人认为马斯克会成功。

果不其然，2006 年第一次火箭发射失败了，2007 年第二次火箭发射失败了，2008 年第三次火箭发射失败了，这时，Space X 剩下的资金只能支撑最后一次发射。如果第四次火箭发射失败，Space X 以及特斯拉将会成为历史中著名的失败者案例。但马斯克并不在乎外界的评价，第三次火箭发射失败以后，他积极检查原因，在 3 个月后就发射了第四次。我不知道是他的意志还是他的方法论发挥了作用，在 2008 年 9 月

28 日的第四次火箭发射终于成功了。当年适逢经济危机，除了 Space X 的捉襟见肘，特斯拉的资金链也不容乐观，在这种人生至暗时刻，马斯克迈出了实现梦想的一步。

美国神话学大师约瑟夫·坎贝尔（Joseph Campbell）在《千面英雄》一书中，把英雄一生的经历划分为 3 个阶段，分别是启程、启蒙和回归，这个过程被称为“英雄之旅”。如果从整体的角度回顾马斯克的创业历程，我们会发现其实马斯克的创业过程就是一次“英雄之旅”（见图 5-4），即从启程到启蒙，再到获得一些力量的回归。当他回归到人类中的时候，不管人类怎么对待他，他对人类都充满了爱，而且是一种无条件的爱，就像他把 Space X 的海上火箭回收平台命名为“Of Course I Still Love You”（我当然还爱着你）一样。

马斯克的创业经历告诉我们，我们原本都有这么大的梦想，但是我们被罩上了一层玻璃。我们原以为我们是正常的，他是天才，但最终我们发现，他和我们一样，只不过我们被认知边界束缚了。

所以，我们应该敢于敲碎每一个人的玻璃罩子，敲碎每一个生命的局限性，敢于去碰触那些大问题和本质问题，敢于在无限的思维张力中去呈现生命的无限精彩。我想这是马斯克于我们、于这个时代的启示，而这种意义已经远远超越了商业。

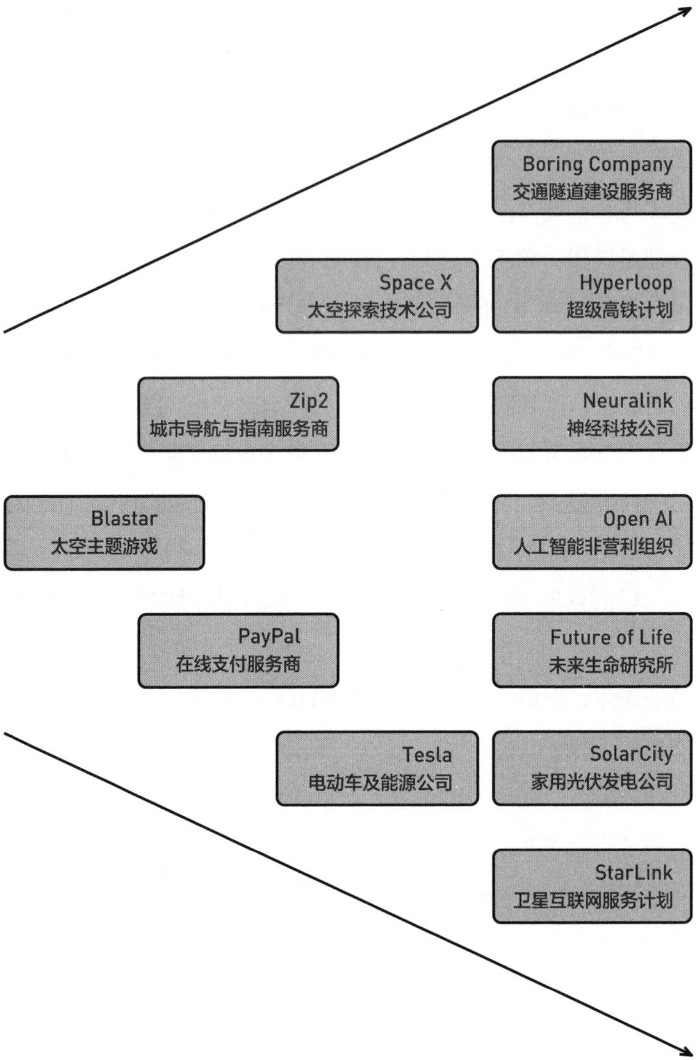

图 5-4　马斯克的“英雄之旅”

章

六

万物至理：宇宙的终极密码

若将整个宇宙当作一个系统，那么这个系统也有它的第一性原理，科学家们把它称为“万物至理”。爱因斯坦推导相对论的过程，就是他打破物理学的隐含假设，建立全新基石假设，不断探寻万物至理的过程。

前面我们讲到了第一性原理在商业领域中的应用，本章我们将重点阐释第一性原理在科学领域中的应用，我称之为“万物至理”。我一直认为，世界上最聪明的一批人是理论物理学家。而在这个世界上的顶级物理学家几乎都有同一个信仰，他们相信在宇宙中存在一个“终极理论”，它是一个极简方程，这个方程能统一所有的理论。它就像是一把终极钥匙，能够帮助我们从根源处找到宇宙中所有未解之谜的答案。这个伟大的方程，有人称它为“大一统理论”（Great Unification Theoies），但我认为“万物至理”（Theory of Everything）这个描述更加贴切。

洞见公理比推导更加困难

2014年，一部以斯蒂芬·威廉·霍金（Stephen William Hawking）青年时期的经历为蓝本的电影在美国上映，引起了社会各界的广泛关注。在中国，这部电影的名字被翻译成《霍金：爱的方程式》《爱的万物论》《少年霍金》等，实际上，这部电影的名字是 *The Theory of Everything*，直译就是“万物理论”或“万物至理”。

我相信大多数人并不理解为什么一部爱情片要用一个如此生硬和学术的名词来命名，但在我看来，用这种物理学家孜孜以求的真理作为标题，恰好能够充分展示霍金的伟大。实际上，现在世界上顶级的理论物理学家正在研究的主线就是万物至理，如牛顿的经典力学、爱因斯坦的相对论、量子力学、超弦理论等，都是科学家为找到万物至理而进行的研究过程。

接下来，我们将通过讲述爱因斯坦的故事，理解科学研究是探寻万物至理的过程，去深刻感受它的魅力。爱因斯坦在其人生最后的 30 年里，一直致力于追寻万物至理。万物至理的大前提是更根基的第一性原理，即如果你把整个宇宙当作一个系统，那么这个系统也有它根基的第一性原理，科学家把它称为“万物至理”。

事实上，追求万物至理的目标、研究理论的工作，与我们前面提到的公理化思维完全一样。爱因斯坦认为，理论家的工作可分为两步，首先是发现公理，其次是从公理出发推出结论。当有人询问爱因斯坦发现公理和从公理推出结论哪一步更难时，爱因斯坦认为，第二步从公理出发去推导结论，只要勤奋和聪明就一定能够成功，而第一步发现公理有完全不同的性质。言外之意，发现公理更难。

从哲科思维的演绎法出发找到作为系统根基的公理，是一个与逻辑推导能力完全不同的概念。因为在演绎法的单向性法则约束下，身处系统内部，我们可以基于直接给定的公理使用逻辑推导的方式得到系统中的所有命题，但我们并不能从系统的命题中倒推出在系统之外的第一性原理，除非我们可以跳出自身所处的系统，从外部视角进行分析。

既然公理或第一性原理并不是逻辑推导出来的，那么它从何而来呢？实际上，在找到系统根基公理的这个过程中，迄今为止也没有科学家或哲学家能够总结出一些行之有效的具体方法论，即使能力突出、经验丰富的科学家也只能根据自己的经验去不断地假设，然后持续地试错，直至定位到准确的第一性原理。

理念世界与思想实验

爱因斯坦是如何发现公理的呢？在这方面，他有两种非常独特的方法论，首先来说第一种，我们称之为“定律中的定律”。

一般来讲，科学的研究和发展都建构在第一性原理的基础之上。在一般情况下，普通的科学家都会致力于研究学科内部的学问，却不会去研究作为学科基础的第一性原理，因为对他们来说，第一性原理的存在就是一个直接给定的前提假设。

然而，真正顶级的科学家、思想家和哲学家，他们所研究的主要内容就是学科系统之下作为基础的第一性原理，而深挖基础后，爱因斯坦发现，几乎所有从实验室中总结出来的物理学规律（第一性原理），归根结底都需要满足某些固定的定理，这些也被称为“定律中的定律”，比如要满足对称性、能量守恒定律和某种最小作用量原理等。

这些定理并不存在于某个物理学的细分系统中，而是作为整个物理学的学科基础存在的。爱因斯坦发现这件事情之后如获至宝，认为这些规律就是发现公理的前提。在这种思维的指导下，爱因斯坦顺利地以一些定律中的定律为前提，成功地推导出相对论相关的理论。

我们再来探讨一下爱因斯坦在发现公理方面的第二个方法论，这个方法其实是很多伟大的理论物理学家公认的有效途径，我们称之为“思想实验”。简单来说，思想实验就是在大脑中进行纯逻辑的推演。

关于思想实验，德国的传记作家阿尔布雷希特·弗尔辛（Albrecht Foelsing）在《爱因斯坦传》中，用一句非常有趣的话描述了爱因斯坦的思维实验方法：“凭借想象中的飞跃，而不是基于对实验数据的归纳。”爱因斯坦通过思想实验洞悉了伟大的原理，所以他的家人都知道，如果他坐在某个地方发呆时，一定不能去打扰他。因为在那个时刻，也许他的思维正在一个像宇宙一样广阔的实验场中进行一项伟大的实验。

究竟是一种什么样的力量在帮助我们找到位于元起点的公理？也许是好奇心，也许是求知欲。一般来讲，大多数人只会对那些于自己有利的事物感兴趣，而公理往往是以不可见或容易被忽略的形式出现，比如学科系统中的前提假设，以及已经在公众心智中形成群体认知的理念。所以，我们常常满足于直接给定的公理化假设，很少去质疑或进一步探询。伟大的哲学家康德说过，所谓哲学，“起始于对所谓自明的问题的追问”。顶级科学家从来都不缺少“盘根问底”的好奇心与求知欲，对于我们司空见惯的基础假设，他们会进一步研究，从这个角度来讲，好奇心是一个人所能拥有的最宝贵的财富。

除了好奇心，元起点的定位还要依靠人们的想象力。爱因斯坦曾经说：“想象力比知识重要得多。”知识是给定的内容，而想象力是突破已知的重要力量。所以，伟大的科学家从来都不会是所谓的“书呆子”。比如爱因斯坦，除了研究物理学，他还有很多独特的个人爱好，如演奏小提琴、划船等。在这些娱乐和运动的过程中，人类的思维会得到活化，想象力也会随之发挥。

大多数人对爱因斯坦的第一印象来自中学的课本，在课本的描述和插画的展示中，爱因斯坦提出了狭义相对论和广义相对论，是现代物理学的奠基人之一，是一位伟大的科学家、物理学家。爱因斯坦的伟大不仅是因为他提出了一个伟大的理论，还因为他从根本上改变了科学研究人员的实际工作方法，将科学研究引入一个新的哲科时代。

从研究方法来讲，爱因斯坦的贡献毫不逊色于哥白尼提出的日心说所带来的思想革命。以他为分水岭，物理学家探索世界的方式发生了根本性的改变。在过去，大多数科学家进行研究的宗旨是“实践出真知”。首先，去实验室里进行实验；然后，观察结果，如果有某个结果重复出现，并且其他人也可以通过同样的实验步骤独立验证出同样的结果，那么科学家就可以从中找到某种规律；最后，进行分析和总结，将规律转变为成熟的理论。实际上，这种基于归纳法思维的研究方式，在今天依旧是很多普通科学家最常用的方法。

从理论的角度解读爱因斯坦找到万物至理的过程显然有些苍白，所以接下来，我们从爱因斯坦推导出狭义相对论的实际过程来分析。

对牛顿力学体系的质疑

在爱因斯坦之前，牛顿的经典力学从 1687 年一直到 20 世纪初都是物理学的根基。在这段时间里，所有物理学家都是在牛顿建立的经典力学这个第一性原理的基础上进行研究，然后填充物理学的内容。

在沃尔特·艾萨克森（Walter Isaacson）所著的《爱因斯坦传》中，记载着这样一个故事：19 世纪的最后一天，欧洲的顶级物理学家汇聚一堂，其中最受人尊敬的被称为“开尔文[1]勋爵”的英国物理学家威廉·汤姆逊（William Thomson）讲了一句话：“物理学的大厦已经落成，剩下的就是一些装修装饰工作而已。”从当时的时代背景来看，汤姆逊会产生这种认知并不奇怪，因为经典物理学确实在牛顿经典力学的基础上，形成了相对完整的系统。但他没有想到的是，经典物理学走到尽头之后，还

[1] 为热力学温标或称绝对温标，是国际单位制中的温度单位。

有理论物理学的崛起。

汤姆逊的话言犹在耳，仅仅5年之后，26岁的爱因斯坦便横空出世。当时，他不过是瑞士专利局的一个三等技师，但是那一年他一共发表了6篇论文，其中有4篇被誉为“天神级”论文。通俗地讲，这4篇论文中的任意一篇都有获得诺贝尔物理学奖的潜力。正是这些论文开启了物理学研究的新时代，因此，学术界又把1905年称为“爱因斯坦奇迹年”。

虽然关于那一年爱因斯坦所创造的成就，很多资料中都有详细的记录，但是从目前来看，关于爱因斯坦如何创造出这些奇迹般的理论的具体过程，我们能够了解到的事情还是凤毛麟角，但这并不妨碍我们用破界创新的方法分析爱因斯坦创造狭义相对论的具体过程。

在爱因斯坦之前，物理学经历了两次伟大的统一：第一次是牛顿统一了天上和地上的引力；第二次是麦克斯韦统一了电力、磁力和光。

在经典力学被创造出来之前，人们对于事物运动的认知主要受到亚里士多德的理论的影响。他认为天上星体运动的规律和地球上物体运动的规律是不同的，亚里士多德把这两种运动方式分别命名为“月上世界”和“月下世界”[1]。一直到牛顿创

---

[1] 在亚里士多德的模型里，我们的世界分为月下世界和月上世界。月下世界是短暂的、会腐朽的，由4种元素构成；月上世界则由透明的以太组成，是完美的、永恒的。

立经典力学系统，地外的行星运动规律和地球上的物体运动规律才得以统一。简单来说，经典力学系统既可以解释地球为什么绕着太阳转，也可以解释为什么苹果会掉到你的头上。

美国的畅销书作家詹姆斯·格雷克（James Gleick）在《牛顿传》中曾经这样评价他的经典力学体系，他说牛顿把天上和地上打通的难度不亚于今天的科学家把量子力学和相对论打通的难度。而截至今天，量子力学与相对论也没有完全被打通。所以，牛顿当年以一己之力通过引力找到了经典力学的万物至理，不可谓不伟大。

除了牛顿，另外一个实现了物理学分支系统统一的人是英国的物理学家詹姆斯·克拉克·麦克斯韦（James Clerk Maxwell）。与牛顿的贡献不相上下，麦克斯韦创立了经典电动力学，用电磁场理论将电学、磁学和光学统一起来，他用一组极简的方程将看不见的电力、磁力和光全部推导出来。如果没有麦克斯韦方程组，今天的电力学以及一切与电相关的事物可能都不会出现或者会推迟出现。

从物理学的整体系统出发，在爱因斯坦之前，这个物理学系统的万物至理实际上就是牛顿的经典力学和麦克斯韦的经典电动力学，而这两个定理也是爱因斯坦所要打破的隐含假设。在实际工作中，打破隐含假设，首先要判断原有的系统是否逻辑失洽。

爱因斯坦的传奇经历起始于他发现了一件事情，在物理学系统中，牛顿统一了天上与地上的引力，而麦克斯韦统一了电力、磁力和光，但爱因斯坦发现牛顿和麦克斯韦的理论并不能相互验证。换句话说，麦克斯韦方程组和牛顿力学之间存在逻辑失洽的现象，这种问题的出现致使爱因斯坦开始质疑牛顿力学，并促发了狭义相对论的萌芽。

其实，爱因斯坦并不是第一个发现这个问题的物理学家，但其他大多数发现这个问题的科学家都认为力学和磁学实际上分属两个不同的系统，所以出现逻辑失洽属于正常现象。作为拥有成为顶级物理学家潜力的人，爱因斯坦从一开始就认为无论是引力、电力还是磁力，从本质上讲，它们都属于自然世界中的某个系统，所以这两个理论之间应该有某种更根基层次的逻辑自洽。

在《爱因斯坦传》中，有这样一句话描述了爱因斯坦在发现这种逻辑谬误之后的个人感受："这些冲突使爱因斯坦精神紧张，坐卧不安。"当时的爱因斯坦不过是一个刚刚步入物理学殿堂的年轻人，他会因为两个宗师级人物的理论逻辑相悖而产生危机感。由此可以看出，爱因斯坦在物理学领域中有所谓的天才性的敏感。这就是爱因斯坦打破隐含假设的第一步。

两个全新的基石假设

在对原有的物理学系统产生怀疑之后，爱因斯坦开始考虑第二步：如何树立新的基石假设。难以想象的绝妙之处在于，爱因斯坦的狭义相对论建立在两个新的基石假设之上：第一个基石假设是相对性原理，第二个基石假设是光速不变。在这两个基石假设的基础上，爱因斯坦成功地推导出了伟大的狭义相对论，从这个角度来讲，相对性原理与光速不变原理是狭义相对论这座桥梁的两个根基。

爱因斯坦提出的第一个基石假设是相对性原理[1]，他认为，所有自然规律在同一惯性参考系[2]中都保持不变，这就是狭义

[1] 一切物理定律（力学定律、电磁学定律以及其他相互作用的动力学定律）在所有惯性参考系（惯性系）中都是等价（平权）的，没有一个惯性系具有优越地位，不存在绝对静止的参考系。

[2] 牛顿运动定律在其中有效的参考系，且 $a=0$，被称为惯性坐标系，简称惯性系。简单来讲，就是静止或直线匀速运动的参考系。

相对性原理。该原理强调的是一种等价性，简单来讲，就是物理定律（或物理公式）在不同参考系下是不变的。

第二个基石假设光速不变[1]起始于爱因斯坦独特的思想实验。爱因斯坦曾在年轻时设想，如果用光速去运动，或者说以人力去追一束光会怎么样呢？虽然从字面上看，这就像是一个小孩子的白日梦，但正是这个幼稚的问题让爱因斯坦发现了牛顿经典力学体系和麦克斯韦经典电动力学体系之间的逻辑失洽。

在经典力学体系中，假如我们开着一辆小汽车去追赶一辆火车，当我们的速度与火车的速度相同时，火车与我们是相对静止的。从这个逻辑出发，如果我们去追赶光，当我们的速度与光速一致时，我们应该可以看到静止的光或者电磁波。

但是在电动力学体系中，根据麦克斯韦方程组，无论我们是否可以达到光速，光自身的速度始终是不变的，即使我们追上了光，光也不会是静止的。牛顿经典力学与麦克斯韦电动力学在此处发生了逻辑失洽。爱因斯坦也是从这个问题开始思考，历经数年，无论学到什么学科或者看到什么书的时候，他都会思考这个问题。直到有一天，爱因斯坦突然灵感迸发，得出了他的第二个基石假设——光速不变。

说到这里，很多人可能会心存疑惑，光速不变的理论在麦

---

[1] 在狭义相对论中，无论在何种惯性系（惯性参考系）中观察，光在真空中的传播速度都是一个常数，不随光源和观察者所在参考系的相对运动而改变。

克斯韦的经典电动力学中不是已经提出了吗？从物理现象这个角度来说确实如此，但爱因斯坦并不是发现了某种物理现象，而是注意到了光速不变原理的公理性质。对麦克斯韦来说，光速不变原理其实就是一个“光速 $=C$”的数学公式，他可以应用这种定理进行电动力学方面的相关运算，但没有注意到这个定理的根基意义。而爱因斯坦是第一个发现了光速不变是物理学的第一性原理，也是所有物理学现象的绝对参考系的人。对我们而言，一句貌似正确的废话，对爱因斯坦而言，却是一场伟大的推演的开始。

从这个角度来讲，光速不变假设之于爱因斯坦，就如同惯性假设[1]之于牛顿，都是人类精神最伟大的成就。在《爱因斯坦传》中，有一段特别优美的文字描述了爱因斯坦发现光速不变这个公理：“爱因斯坦顿悟了光速不变重要性的那一刻，就好像宇宙中有一束光射中了爱因斯坦，也射中了我们整个宇宙。”所以，物理学以及一切以物理学为基础的学科或知识，能够在今天这个时代发展到现在的高度，至少有一半要归功于爱因斯坦当时获得的灵感。

与其说爱因斯坦是一位科学家，不如说他是一位自然哲学家，因为他根本既不需要实验，也不需要助手，只要自己一个人通过大脑的推演就可以进行思维实验。

---

[1] 首次提出惯性原理的并不是牛顿，而是意大利的天文学家、力学家伽利略，这个理论的提出最早被用来捍卫哥白尼的日心说。

推导出的狭义相对论

在明确了两种基石假设之后，爱因斯坦在相对性原理和光速不变原理的基础上进行了逻辑的推导。物理学定律在任何惯性参考系下都成立的假设和光速始终不变的假设结合在一起推导出了一个结论——光速不变在任何惯性参考系下都成立。也就是说，对任何以匀速直线运动的人来讲，光速永远不变。处在匀速直线运动的事物，不管运动速度有多快，对这个事物而言，光永远是以光速运动的。

虽然爱因斯坦推导出了这个结论，但他很快就发现这个结论中依然存在无法解释的问题。不同于常人会因为发现谬误或矛盾而产生苦恼和郁闷的心态，爱因斯坦面对理论中的谬误反而持一种积极的心态，因为在他看来，只有发现问题，才能通过解决问题推动学科向前发展。

这个谬误究竟是什么呢？在牛顿的经典力学体系中，他相信绝对时间[1]，认为时间就像河流一样，与任何物体和空间无关，是运动的绝对参考系。什么是运动的绝对参考系呢？我们可以用速度方程说明这个问题。

$$\text{速度}=\frac{\text{距离}}{\text{时间}}$$

在这个方程中，速度是时间的函数，时间是自变量，而速度是因变量[2]。换句话说，任何物体运动的速度是时间的函数推导出来的结果。时间是绝对参考系，是第一性原理，所有其他的物理运动量要从时间上推导出来。

如果我们按照这个方程去计算光的运动速度，那么光的运动速度也应该等于光运动的距离除以光运动的时间。但爱因斯坦已经确认了光速不变这个基石假设，从这个角度来讲，光速才应该是绝对参考系，所以佯谬[3]就出现了，即快速运动的人、慢速运动的人和静止的人，测量的光速都一样。与光速同向的

---

[1] 在牛顿的时空观中，时间是绝对的，与任何特殊的参考系无关，静止安放在不同惯性系中的时钟，对同一运动过程的计时结果是相同的。

[2] 任何一个系统（或模型）都是由各种变量构成的，当分析这些系统（或模型）时，可以选择研究其中一些变量对另一些变量的影响，那么选择的这些变量被称为自变量，而被影响的量被称为因变量。

[3] 佯谬指的是基于一个理论的命题，推出了一个与事实不符的结果。它在科学中是普遍存在的，但又区别于悖论这种逻辑矛盾。

人、与光速反向的人，测量的光速都一样。

为了解决这个问题，爱因斯坦用哲学推导的方式发现，如果在光速运动的情况下，时间不再是绝对参考系，光速不变才是绝对参考系。在光速运动的环境下，时间的地位从绝对参考系降级为“相对时间”，而时间也应该建构在光速不变的基础之上。在这个理论的支撑下，爱因斯坦提出了一个新的公式，即

$$\text{时间} = \frac{\text{光运动的距离}}{\text{光速}}$$

在这个方程中，时间是光的函数，光速变成那个绝对不变的参考系，时间变成相对可变的因变量。

实际上，这个佯谬的出现是爱因斯坦打破经典力学原有系统边界的契机。这个佯谬的实质问题是，光速和时间，哪个是绝对参考系？在牛顿的经典物理世界：“绝对时间”就像河流一样，与任何物质和空间无关，是运动的绝对参考系。经典物理学确立了绝对时间的隐含假设，时间是绝对不变的，而其他所有物理定律要从时间这个绝对参考系中推导出来。爱因斯坦通过刚才的佯谬，发现了时间并不是绝对的参考系，经典物理学系统的边界由此被打破。

打破原有系统的边界之后，爱因斯坦又建立了新的隐含假设，他认为光速不变才是真正的第一性原理。在这个基石假设之上，如果快速运动的人和静止的人测量的光速都一样，那么

解决佯谬的办法似乎只有一个，对于快速运动的人来说，时间变慢了。如果这个物体可以达到光速运动，对这个物体来讲，时间应该是相对静止的。实际上，这才是狭义相对论的内涵（见图 6-1），但这也是在现实世界中无论如何都很难被接受的结论。

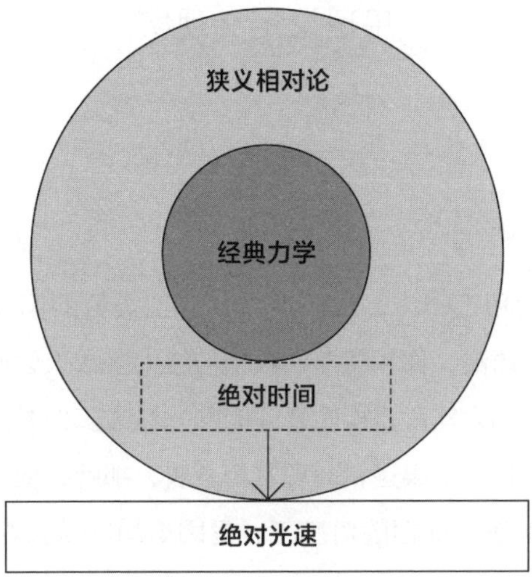

图 6-1　从绝对时间升级为绝对光速

爱因斯坦没有看到任何实验证据，而是单纯地从理论上看到了绝对时间的隐含假设存在问题，然后纯逻辑地提出了新的隐含假设，最后以这个基石假设为根基，推导出了整个狭义相对论。

用理论定义现实

在生活和工作中，我们经常会遇到类似的问题：当逻辑和实践相矛盾时，你相信谁？我相信绝大多数人会说选择相信眼见为实，因为实践是检验真理的唯一标准。但是爱因斯坦的经历告诉我们，如果逻辑与现实相矛盾，那就改变现实吧。所以，在没有任何证据的情况下，爱因斯坦的狭义相对论“悍然”宣布：时间的“绝对地位”被下移了，时间变成相对的，而光速才是运动的绝对参考系，光速不变是“一”。

虽然在当时受到科技水平的限制，爱因斯坦的理论无法通过科学实验被证明，但是现在，在先进的科技设备的支持下，我们通过对宇宙中天体运动的观测，已经证明了爱因斯坦狭义相对论的正确性，甚至有很多艺术作品，都开始以爱因斯坦的相对论理论为基础去塑造未来的时空旅行场景。

2014 年，由英国著名的导演克里斯托弗·诺兰（Christopher Nolan）执导的电影《星际穿越》在全球上映，影片讲述了一支科学探险队利用发现的虫洞进行时空穿越的故事。男主角是探险队中的一名宇航员，在进行星际穿越之前，他的女儿还是一个孩子。因为他们以光速运动的形式穿越了虫洞，所以对他们来说，时间是相对静止的，但他的女儿生活在地球上，在正常流速的时间之下。所以当他穿越回来，发现虽然他的容貌并没有明显的变化，但他的女儿已经变成了一位风烛残年的老者。虽然在这部电影中存在一些在科学家看来并不严谨的科学细节，但这个故事的主线充分地说明了爱因斯坦的狭义相对论。

从形式上讲，狭义相对论在提出之时还是一个假设理论，但后人用实际的证据和实验的结果证明了这种假设的正确性。换句话说，爱因斯坦是在不具备相对论理念诞生基础的时代，仅凭思想实验和纯逻辑推理，在没有通过观测实证的情况下，推翻了牛顿的绝对时空说，提出了超前的理论。

美国的科学哲学家托马斯·库恩（Thomas S. Kuhn）在其著作《科学革命的结构》中曾经说："一般人认为'新发现'是科学的标志，但几乎所有的科学革命都不是新发现的革命，而是概念的革命。"用超前的理念来重新定义已有的现实，这就是爱因斯坦狭义相对论建立的过程。

爱因斯坦的升维

狭义相对论的提出引发了严峻的时空观危机。时间和空间都变成相对的概念，这与大多数人在现实中的常规认知是相悖的，所以在爱因斯坦的物理学体系中，时间与空间已经不再是基本的自然定律和独立实体。如果我们把时间和空间合为一体，形成时空（Spacetime）的概念，就会发现，时空在任何惯性系中都保持不变。换句话说，时间是相对的，空间是相对的，但“时空”作为一个整体是绝对的（见图 6-2）。

实际上，这也是一种理解相对论实质的方式，是把三维空间升级为四维时空。这并不是在我们当前所处的三维空间的基础上机械地增加时间这一维度，时间和空间不再是独立的实体，而是将“时空”作为一个独立实体，时间和空间是这个实体不同的两个方面；同时，时间和空间还可以通过精确的数学方式相互转换。当然，这种认知在当时也属于一种设想，直至今日，仍没有充足的证据证明其有效性。

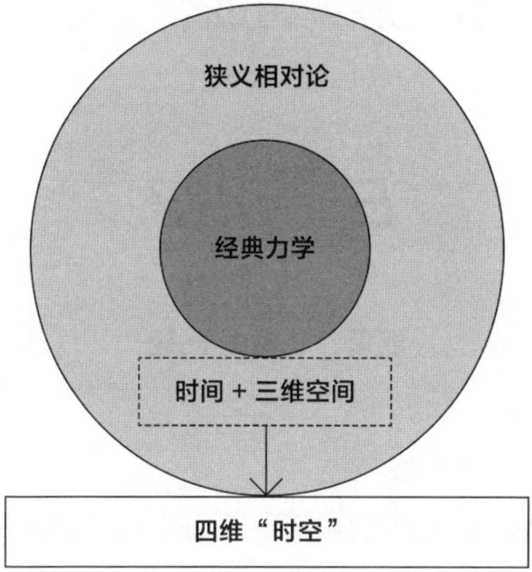

图 6-2　从三维空间升级为四维时空

走到这一步，爱因斯坦对于物理学万物至理的追求依然没有停止。他认为，如果时间和空间能够被统一，那么从逻辑上来讲，用时间和空间测量的每个东西也将发生变化，如质量和能量。

根据狭义相对论，物体的运动速度越快，质量越大。那么，增加的质量来自哪里？爱因斯坦认为，额外的质量只能来自能量。所以，爱因斯坦把狭义相对论和麦克斯韦方程结合在一起，推导出了科学史上著名的方程：

$$E = mc^2$$

能量　　质量　光速

实际上，这个方程打破了牛顿经典力学大厦的根基。在牛顿经典力学的体系中，物体的运动都要遵守“质量守恒定律”和“能量守恒定律”，这也是牛顿经典力学的基石假设之一。爱因斯坦再一次打破质量和能量之间的边界，将质量和能量融合为一个独立的实体，即“质能”，而质量和能量也就成了质能的一体两面。

爱因斯坦用狭义相对论将时间和空间统一为“时空”，将质量和能量统一为“质能”，他是如何做到的？答案是升维。爱因斯坦认为，在问题的原有维度上不能解决问题；在原有维度上，只能呈现问题；只有换一个维度，才能解决现有问题。

高能物理和理论物理领域重要的学者之一、日裔美籍物理学家加来道雄在其著作《超越时空》中提到，“自然规律在高维空间更简单。”升维不仅是一种简单的思维方式，还能够帮助我们有效地打破原有的认知边界。

推导出的广义相对论

在推出狭义相对论 10 年之后，爱因斯坦又提出了“广义相对论”[1]，彻底推翻了牛顿的经典力学。爱因斯坦发现，在牛顿经典力学体系中，最重要的隐含假设就是“万有引力”。

在牛顿经典力学系统中，科学家并没有就引力这种概念进行详细的阐述和说明，只是机械地把它作为一种天然存在的力来认知和使用。根据牛顿力学的理念，引力是远距离的、瞬时超光速的神秘作用，而根据狭义相对论，任何物理相互作用的传播速度都不能超过光速。在经典牛顿力学公式的运算下，如果太阳突然消失了，太阳对地球产生的引力会立刻消失，但根据狭义相对论，太阳消失后，对地球的引力还会存在 8 分钟，此处出现了逻辑失洽。

[1] 广义相对论（General Relativity）是描述物质间引力相互作用的理论。其基础研究由爱因斯坦于 1915 年完成，1916 年正式发表。这一理论首次把引力场解释成时空的弯曲。

为了打破原有系统的限制，爱因斯坦提出了最大胆、最彻底的推论，从根基上否定了经典力学。他认为，地球之所以围绕太阳做公转运动，并不是因为太阳对地球有一个引力，换句话说，万有引力并不是真正的力，而是时空弯曲的表现。按照爱因斯坦的设想，大质能的物体会造成周围的时空场弯曲，如果有其他物体在这个时空中运动，出于最小作用量原理，自然会呈现出弯曲的运动轨迹。

所以，与其说地球绕着太阳运动，不如说地球在最小作用量原理下，在寻求一个最佳的惯性运动方式而已。在狭义相对论中，爱因斯坦统一了时间与空间、质量与能量；在广义相对论中，爱因斯坦直接在时空和质能之间搭建起了桥梁，用两者的关系重新阐释了宇宙中星体运动的规律（见图 6-3）。

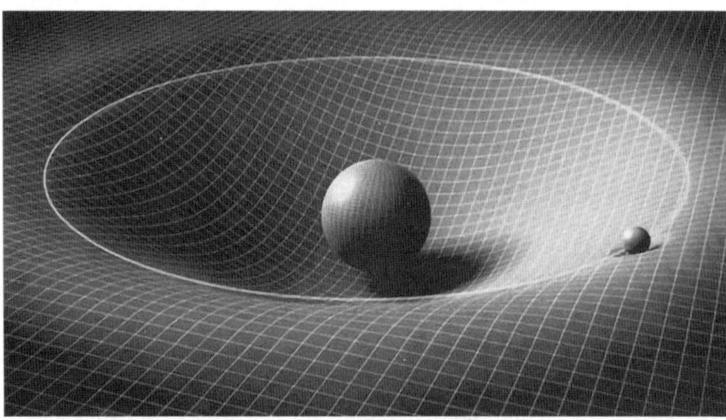

图 6-3　弯曲的时空场

如图 6-3 所示，大质能的物体让周围的时空场发生弯曲，爱因斯坦甚至还通过实验测量出了光在经过大质能物体所在时空时运动轨迹弯曲的度数。

1919 年，其他科学家根据爱因斯坦所说的测量方法，在日食时进行了实验和计算，最终得出的数据与爱因斯坦所说的完全一致。当这个消息被公布之后，爱因斯坦的名声大噪，成了科学界的顶级巨星，甚至被人们当成科学的代名词。

在爱因斯坦之前的很多年里，牛顿经典力学认为引力天然存在，出于认知局限，所有人都没有质疑这个隐含假设。爱因斯坦的伟大之处是能够果断地推断，这种群体认知的理念根本不存在，所以提出新的基石假设，推出了“广义相对论”。

爱因斯坦曾说：“宇宙最不可思议的是它居然是可以被理解的。”对我们来说，理解宇宙的那把钥匙就是爱因斯坦的广义相对论的公式。通过广义相对论的公式，我们甚至都可以推导出宇宙大爆炸那一刻的情况。所以，爱因斯坦的理论比爱因斯坦本人还聪明，从这句话中也不难理解万物至理的分量和重要性，这也是第一性原理思维之美。

当然，从方法论的角度来讲，我们也可以将爱因斯坦的理论突破认知为第一创新与破界创新。换句话说，爱因斯坦的历次重大突破，完全是哲科思维中第一性原理的突破。

回到商业界，大多数人连爱因斯坦相对论的理念和方程的皮毛都无法理解，这是由物理学的专业性所注定的。但关于他是如何打破原有的物理学系统边界，找到新的基石假设并在此基础上建立新的物理学系统的思维模式，却是我们需要学习和借鉴的。

章

七

从众效应："真理"的真相

在组织中，我们很容易被群体的信念影响，甚至会因此而怀疑并改变自己的观点，与他人保持一致以寻求安心，这就是"从众效应"。破界创新的难点就是隐含假设，而最重要的隐含假设之一就是"从众效应"。对我们来说，只有认知到这个桎梏，才有机会从中跳出来。

破界创新是本书最重要的思维模型，而破界创新的难点就是发现隐含假设。在所有的隐含假设里，我认为最重要的一种就是“从众效应”（Bandwagon Effect）。它是指个体受到他人的影响，会怀疑并改变自己的观点，与他人保持一致以寻求安心。

事实上，我们所做的绝大部分决策和事情的隐含假设，就是因为周围的人是这么想的，这就是隐藏在我们内心深处的从众效应，并且其在组织中常常表现为群体信念。本章我们将重点讲述什么是从众效应，以及它对组织（群体）意味着什么。

两种真理观

在讲解从众效应之前，我们先从一个有趣的话题开始：什么是真理？这个问题的答案，通常是最符合实际、永恒不变正确的道理。但究竟是什么决定了我们认为这个道理为真或者为假呢？这就涉及真理的认识论问题。

关于真理，美国费尔菲尔德大学（Fairfield University）的哲学系教授理查德·德威特（Richard Dewitt）的《世界观》[1]一书使我受益良多。在书中，德威特认为世界上存在两种真理观：一种是真理符合论；另一种是真理连贯论。

所谓真理符合论，就是信念是否与客观事实一致，某个信念如果与客观事实一致，就是真理。而所谓真理连贯论，是指信念与群体信念是否一致，某个信念如果与群体信念一致，就是真理。

1 理查德·德威特．世界观 [M]．孙天，译．北京：机械工业出版社，2018.

真理符合论

一般来讲，真理符合论是绝大多数人的真理观，我们通常认为自己相信的真理都是符合客观事实的。但是，事实并非如此，因为在认知过程中，人们容易把“眼见为实”作为隐含假设去推导客观事实。

虽然，我们一直认为，独立于我们之外、不仰赖于任何人的主观意识而存在的事实，与认知主体、认知思维没有任何关系。但悖论是，对人而言，根本没有独立于“主观信念”之外的“客观事实”，或者说所有的客观事实都存在于我们的主观信念当中。这句话虽然听起来抽象，但并不难理解，因为要想让客观事实成为事实，首先需要经历我们主观的认知。

在《世界观》一书中，德威特举了一个例子，有一个小姑娘萨拉看着一棵苹果树，然后她的大脑中出现了苹果树的客观事实。那么，问题就出现了，当她看到这棵苹果树并形成了对苹果树的印象时，这个印象是绝对客观的苹果树，还是她脑海中的苹果树呢？

答案当然是后者，任何一个客观事实都是与人类大脑中的某些主观意识融合在一起而形成的产物。萨拉所“看到”的苹果树，是且只能是客观事物在她“意识”中的视觉再现，如图 7-1 所示。即使客观事实确实独立于我们而存在，但在我们认知这个事物的过程中，必然会经过大脑的处理，而经历了大脑处理之后产生的认知，无论如何，它都只能是主观信念。

图 7-1　萨拉“看到”的苹果树

也就是说，所谓的客观事实，都是用主观信念覆盖于其上，而且根本无法与主观信念相剥离。如果你没有主观信念，你就无法感受到客观事实，而一旦你用主观信念去处理，那么“客观”两个字就不存在了。

我知道这种对于客观事实的解读，对大多数人来说是一次巨大的冲击。事实的确如此，人类的大脑如同一台照相机，可以把一切看到、听到、闻到、感知到的事物在脑海中“拍摄”成“照片”，但照片始终只是照片，可以反映事实，却永远不等于客观事实。我们只能将相片与相片进行比较，而不能将相片与物体进行比较；换句话说，我们只能将信念与信念进行比较，而不能将信念与事实进行比较。

说到这里，我相信很多人会产生疑问，如果人类大脑对外界认知的过程和使用相机拍照一样，只要相机拍摄得足够准确，那么我们是不是同样可以得到真理？单纯从拍摄的角度而言，随着技术水平的不断提高，相片确实可以越来越趋于完美地还原外物。但越来越高清的相片，真的就越来越接近事实吗？

事实上，人类对客观世界的感知有且只有眼、耳、鼻、舌、身 5 条感官通道，分别产生视觉、听觉、嗅觉、味觉和触觉。其中，视觉和听觉最为重要，人类一生中获得的所有认知，80% 来自视觉，18% 来自听觉。即便是最重要的视觉，其功能也并不足以认知到现实中的所有事物。我们的感官系统在认知过程中通常会“扭曲”外物，这就意味着，我们大脑

"拍摄"的照片往往都是错误的。

以颜色为例，视觉只能感应到对象全部属性中的感光属性，且只能感应到部分光段（700~400 纳米波长），俗称"可见光"。其实肉眼可见光在所有的频段中，只占了仅仅十万分之一，如图 7-2 所示。

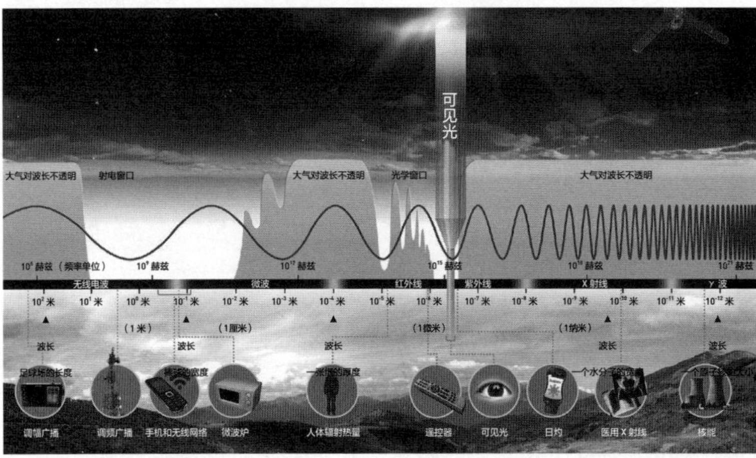

图 7-2　人的可见光频段示意图

更糟糕的是，光原本只是能量，是波长，但是视觉把光的波长扭曲成"颜色"。当我们看到绿色树叶的时候，实际上是光通过树叶折射到眼睛中经过大脑处理后，认为这个东西与既有的绿色模型接近，于是才产生了树叶是绿色的认知，如图 7-3 所示。所谓颜色，并不是客观事实，只是大脑中的主观模型而已。

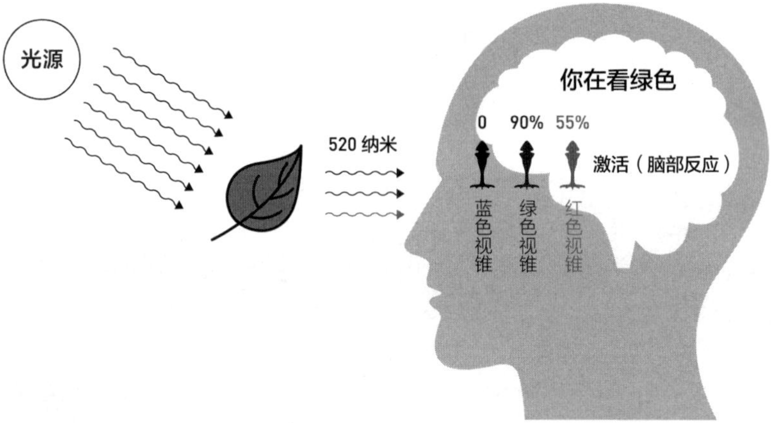

图 7-3　人对树叶的颜色认知示意图

除了视觉，其实还有听觉、嗅觉、味觉、触觉等感官所感知到的事物，都是我们的大脑对外界的主观认知。从这个角度讲，我们生存的真实世界，可能既没有颜色，也没有声音，它们都是假象。正如释迦牟尼在《心经》中所说的那样："是故空中无色，无受想行识，无眼耳鼻舌身意，无色声香味触法。"

其实明朝著名的心学家王阳明先生也说过这样的话："心

外无物，心外无理。”意思是说，所有的事物和道理都存乎于心。据说，有一次王阳明与朋友同游南镇，有一个朋友指着岩中花树问王阳明：“天下无心外之物，如此花树在山中自开自落，于我心亦何相关？”意思是说，王阳明认为心外无物，可是山中的花根据自然规律开放、凋谢，与人的心有什么关系呢？王阳明回答说：“你未看此花时，此花与汝心同归于寂；你来看此花时，则此花颜色一时明白起来，便知此花不在你的心外。”意思是说，人们没有看到这些花的时候，关于花的认知也不会在人的心中浮现，而当人们看到这些花的时候，内心自然而然就想到了花的颜色，所以这些花还是在人们的心中。

所以，我们从小到大信奉的“眼见为实”的准则未必很准，恰恰是眼睛扭曲和遮蔽了事实。我们所认同的正确，只是一种在“简化”和“扭曲”之后的约定俗成。

那么，感官系统为什么不能感知客体的全部属性？为什么一定要“简化”和“扭曲”外物呢？

从生物学的角度来说，“如果人的眼睛就是光谱仪，耳朵就是振频仪，从而要求人体的整个神经系统包括中枢系统，必须相应地变构为一个远比现代最先进的互联网和超大型计算机还要敏捷高效的信息处理系统，那么，即便把人体代谢所产生的全部能量都调动出来，也无法应付上列能量需求的万分之一。”这是王东岳老师在《物演通论》一书中写下的一段话。因为自然万物运动和结构总是采取某种最简便、最经济的方式，这就是所谓的“最小作用力原理”，从这个角度讲，“人类的感知系统，不是为‘求真’设定的，而是为‘求存’设定的。”

人类用这种简化和扭曲了物态的感官系统，有效地建立了我们的生存辨识系统，但同时也付出了永远无法认知世界“真相”的代价。我们只能感受到我们主观感受到的东西，永远不能直接感受到所谓客观存在的客体。从这个角度理解，我们从小到大学习的一切知识都是人类的主观思维模型，而不是客观世界的真实反映。

虽然听上去非常难以接受，但这就是事实，在人类与客体之间永远隔着一条大河或者深渊，我们永远不知道河的彼岸是什么。就像康德所说，我们完全无法了解真实的客观事物，能够知晓的只是表象，即所谓的“现象界”，而真实的世界被称为“物自体”，所以我们只能认知现象界，却无法认知物自体。我们沮丧地发现：由于人类思维不可克服的结构性缺陷，人类根本没有能力确定客观世界到底是什么样子的。

我们回到这种真理观的起点，真理符合论是绝大多数人默认的对真理的判定标准，但是其中的隐含假设，也就是客观事实这个定义居然是不成立的，如果客观事实无法判定某个信念是否为真，那么真理符合论自然也就不成立了。

真理连贯论

我们再来看人类判别真理的第二条路径——真理连贯论，也就是根据信念与群体信念的一致性，判断信念是否为真理的方法。简单来讲，如果某个信念与群体信念一致，那么这个信念就被认为是“真理”。

当我提出这个理论时，相信大多数人第一时间就会站出来反驳，认为自己不会受到他人的影响而改变自己的认知。实际上，我们一直在被群体信念影响，更可怕的是这种影响是潜移默化的，在不知不觉中就改变了我们的认知模式。

我们姑且不去考虑真理连贯论的后果如何，单纯从理论的角度推导，其实真理连贯论也有一个明显的漏洞。如果用群体信念作为判别真理的标准，那么这个群体信念本身是否为真由谁来判定呢？我们可以换一个角度来描述这个问题，作为身在群体信念之中的个体，如果群体信念本身出现错误，我们能否发现并纠正这个错误？

直觉上，我们觉得这很容易，只用将群体信念与客观事实进行比对就可以判断群体信念是否正确。但是，这不就是我们前面所讲的真理符合论吗？既然客观现实的真实性无法证明，即实践不能检验信念，那么我们就只能通过推导群体信念的第一性原理是否为真判断群体信念是否正确。

这样，我们就会陷入所谓的“群体连贯论”，也就是用一个更高维度的群体信念去证明另一个群体信念的正确性，换句话说，我们用来证明对象的证据，恰恰是我们要证明的对象本身。这种自证其明的推导，显然是一种无法完成的循环论证。

此时，我们发现无论是真理符合论还是真理连贯论，它们判定出来的真理实际上都是某种形式的群体认知，离真正的真理还有很大的差距。德维特在《世界观》一书中也解释过：“我们的信念有直接经验、事实证据的其实少得惊人。多数信念（甚至全部信念），我们相信它们，是因为它们与我们所在的群体信念体系连贯所致。”

所有人相信的真

所谓客观，其实一直是一个错误的词汇，因为只要具备“观”的过程，客体就会被主观认知覆盖；甚至连“真理”都是一个自我背叛的词，“真”经过“理”的过滤就会失真。

王东岳老师在《知鱼之乐》[1]中曾经提到，“‘真’这种东西，原本应该是指剔除了主观性之后所预留下来的纯客观成分，可你借以获知对象的唯一手段偏偏就是那主观属性本身，除此以外，你一无所有。”这句话深刻地阐明了人类思维的终极窘境，叫作“形而上学禁闭”，我们只能用我们的主观认知属性去认知客体，那么当然就被主观属性禁锢。

这种认知边界在商业场景中同样广泛存在，著名经济学家布莱恩·阿瑟（Brian Arthur）在《技术的本质》[2]一书中，

---

[1] 王东岳 . 知鱼之乐 [M]. 西安：陕西人民出版社，2012.

[2] 布莱恩 · 阿瑟 . 技术的本质 [M]. 曹东溟，王健，译 . 杭州：浙江人民出版社，2014.

写到这样一段话："当我们去处理情况时，会使用一个由一套假设、期望和经验构成的参考系。我们对那些不符合这种参考系的事物往往采取忽视、误解或否认的态度。结果是，我们通常只能看到我们想看到的东西。这个参考系是不可能被铲除的，没有了参考系，也就没有了我们自己。"

所谓真理的真相，就是这么沉重。根据最新的科学发现，大多数人自幼接受并确信的实证事实的信念，都是被错误理解的概念性事实。而世俗意义上的"真理"就是，所有人都相信的就是真的。

赫拉利在《人类简史》中也提到类似的理论，他认为有一种特别的虚构故事叫"主体间共识"，即使只是虚构的故事，但经过群体的认可，这个故事就成了所谓的真理。

比如，金钱是真的存在吗？现在大多数国家正在使用的纸币本身没有任何价值，只是人们形成了共同的认知，所以才默认了金钱是有价值的。同样的道理，宗教等好多概念，其实都是相信的力量而已。其实，这些现象的背后隐藏着一个可怕的现实，我们把群体信念当成了认知的隐含假设，如图 7-4 所示。

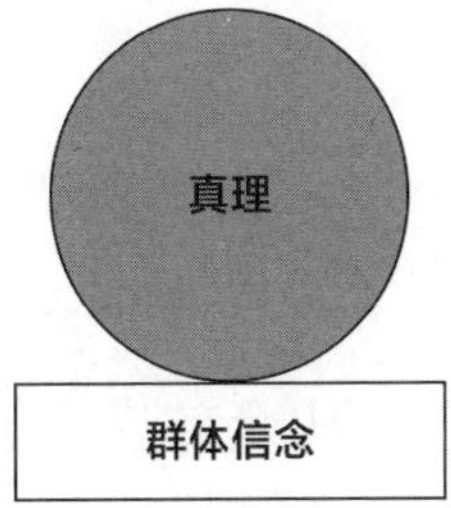

图 7-4　真理的隐含假设

在这种隐含假设的影响下，我们经常会以群体认知评判一个人的对错，如果我的信念与集体不一样，一定是我错了；如果你的信念与集体不一样，一定是你错了。难道媒体不如你、专家不如你、领导不如你？不合群的人注定错误，这就是从众效应下追求个性的原罪。

从众效应

从众效应是一种深深植根于每个人大脑中的信念体系，虽然我们可能察觉不到，但它一直在影响我们。为什么 P2P 等庞氏骗局屡屡得逞？为什么这些公司向人们承诺不合理的高投资回报率，依然有那么多人愿意相信？

究其根源，无非就是因为大量的人都参与了这个项目，无论是同社区的居民，还是其他的高级知识分子或专业投资人员，我们相信这些参与投资的人会做出自己的判断，既然这么多人做出了同样的判断，那么这个项目一定是可行的。事实告诉我们，诈骗者就是利用人们的从众心态，制造骗局吸引了大量的人跟风跳进了陷阱。贪婪、无知不足以解释这种盲目的跟风，即便在受伤害的人中有很多是聪明人，但共同的集体信念，哪怕是明显违背常识，也会主导群体思维。

类似的疯狂也曾经发生在 17 世纪末到 18 世纪初的英国，史称“南海泡沫”。1720年，英国突然出现股市的热潮，原本稳定的股市，从2月开始股价飞速增长。当时著名的科学家牛顿也投资了7000英镑入市小试牛刀，只用了短短1个月的时间，投资的本金就得到了双倍的回报。但是作为一个对经济规律有一定了解的科学家，牛顿认为这种速度的增长是不正常的，所以他果断地抛售了手里的股票。但事情并没有像牛顿预料的那样，在他退市之后，股市依然在增长，而且增长的速度再一次得到了提升，越来越多的人前赴后继地涌入股市。

于是，牛顿对自己的认知产生了动摇，他认为可能是自己忽略了某种商机的存在，既然这种增长可以延续，这么多人都进入了股市，说明这种增速是有道理可言的。所以，牛顿在7月，再次进入股市，虽然进入之后，股市又迎来了一波发展的高潮，但好景不长，从8月开始一直到11月，3个月的时间，股市就跌回原来的起点，牛顿受到“南海泡沫”的影响，损失了2万英镑。这对当时的牛顿来说，相当于他10~20年的薪水，如图7-5所示。

“我可以准确地计算天体运行的规律，却无法预测人们的疯狂。”这是牛顿在经历了“南海泡沫”之后所说的一句话。像牛顿这样引领了一个时代的伟大科学家尚不能免除从众效应的影响，更何况我们这些凡夫俗子。

身处群体之中，即使群体信念错了，原则上我们是不可能看出群体在犯错，这就是所谓的真理的结构性缺陷。所以“皇

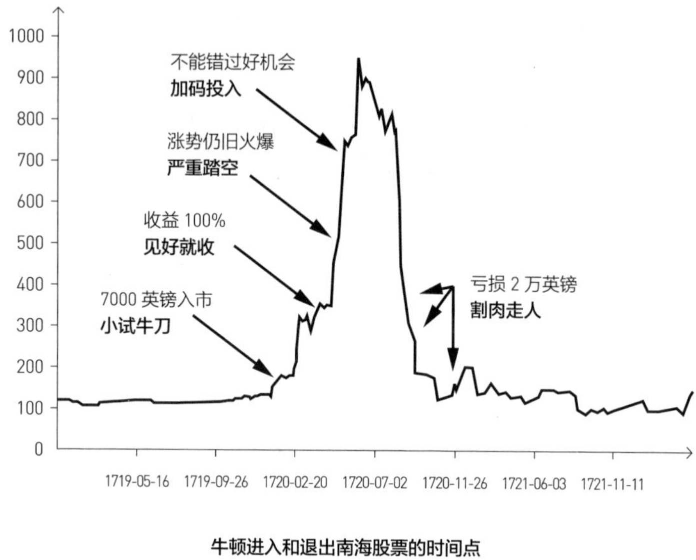

图 7-5　牛顿在英国“南海泡沫”中的投资表现示意图

资料来源：Marc Faber，Editor and Pablisher of "The Gloom, Boom & Doom Report."

帝的新装”只不过是童话而已，现实生活中的我们是看不出群体犯错的。即使我们看出来了皇帝新装的骗局也不敢说，即使说了也没有用。

“众人皆醉我独醒”其实是一种更可怕的状态。因为从众效应就像一个群体信念黑洞，独自对抗黑洞的孤独感和无力感需要极大的定力。这也是为什么在现实中，很多人认识到了群体信念的缺陷却始终不敢言于人前，个体的清醒在集体的狂欢中从来都不会引人注意。

逃不脱的乌合之众

说到从众效应，无论如何也绕不开群体心理学，而从这个角度进行引申的话，我们可以更清晰地看到从众效应的可怕之处。

《乌合之众》[1]是法国著名的社会心理学家、群体心理学的创始人古斯塔夫·勒庞（Gustave Le Bon）的著作，也是群体心理学的扛鼎之作。勒庞在这本书中把受到从众效应极端影响的人们称为“乌合之众”。虽然这不是一本理性论证的书，而且有点夸张，但从“以毒攻毒”的角度来说，效果拔群。

群体心理学的核心理论认为心理学上所谓的“群体”会表现出某些新的特征，它与群体成员原来具有的个体特征大相径庭。在这个基础上，勒庞又延伸出 3 个重要的观点，即群体无智慧、群体无逻辑和群体无意识。

---

[1] 古斯塔夫·勒庞. 乌合之众 [M]. 董强，译. 杭州：浙江文艺出版社，2018.

1. 群体无智慧

大多数人都认为群体智慧要高于个人智慧，比如我们常说的“群策群力”“众人拾柴火焰高”等。但勒庞认为，“人一到群体中，智商就严重下降，为了获得认同，个体愿意抛弃是非、智商去换取那份让人倍感安全的归属感。”

其实这个说法并不难理解，人类从狩猎时代开始就学会了抱团取暖，个人依附于集体而获取更强的对抗天灾与野兽的能力。在融入集体的同时，个体不得不压抑自己的个性，去按照集体的规则行事。在这个过程中，个体发现的、可能会让整个集体进步的可能性，就可能会因为不符合群体认知而被迫忽略。换句话说，集体中智商出现突破性提升的个体，碍于群体认知的限制，只能压抑自身智慧的进步。勒庞认为，群体的叠加只是愚蠢的叠加，绝大多数人构成愚昧的群体。正如人们常说的那样，整个世界并不比伏尔泰睿智。

虽然群体发展的水平会阻碍突出个体的迅速进步属于正常现象，但勒庞的这种说法非常极端，不一定对，甚至是不对的，我们在这里展示他的论断，更希望是“以毒攻毒”，引发观者的思考。

2. 群体无逻辑

既然群体无智慧，那么我们是不是可以用逻辑推理的方式帮助群体获取智慧呢？答案是否定的，因为在群体内部，逻辑始终无效。

一方面是因为推理属于人类的后天技能，而群体思维是人类还处于直立人阶段就植根于基因中的认知，所以“群体没有任何批判性精神，群体不会推理或总是错误地推理”；另一方面，“逻辑的法则对群体不起作用，群体只会形象思维，也只能被形象打动”。所以，优秀的演说家靠的总是感性而不是理性。

对群体而言，“做出简洁有力的断言，不理睬任何推理和证据，是让某种观念进入群众头脑最可靠的办法之一”，而“夸大其词，不断重复，言之凿凿，绝对不以说理的方式证明任何事情，是说服群众的不二法门”。

3. 群体无意识

群体无意识，我们也可以理解群体无自由意志，这是让我最为悲愤的一点。迄今为止，一个单独的客体是否具有自由意志在哲学领域并没有找到最终的答案，但是在群体中，个体没有自由意识这件事情几乎可以被称为最终论断。

勒庞认为“在群体中，个体不再是原本的那个自己，而变成了不再有独立思想的傀儡”，因为“群体最渴望的不是自由，而是服从”。

在狩猎时代，人们要想存活下来，必须依附于一个强大的群体或者说一个强大的群体领导者，因为只有群体和领导者足够强，才能捕捉到足够多的猎物，让人们生存下来。所以在人类内置的基因中，服从是与生俱来的，而自由才是随着社会的发展逐渐在人们的身上发挥作用的新元素。正因为如此，人们总是习惯于听从强者的指令，比如员工听从管理者的指示，子女服从父母的安排。

为了证明群体中不存在自由意志，1971 年，美国斯坦福大学的心理学教授菲利普·津巴多（Philip Zimbardo）组织了一次模拟监狱实验，这就是后来臭名昭著的“斯坦福监狱实验”。

在这个实验中，志愿者分别担任狱警和囚徒两种角色，在模拟真实监狱环境的地下室中共同生活。整个实验条件无限接近于现实的监狱。充当囚徒的志愿者穿上囚服，被关押在隔间中，使用编号代替姓名，不能自由活动，每天只有固定到走廊放风的时间。对于担任狱警的志愿者，没有进行预先培训，只是告诉他们可以使用一切手段来维持监狱秩序和法律的威严。

在这种极度接近于真实的场景中，实验从一开始就失控了，每个志愿者都很快地进入了自己的角色，狱警不断地通过虐待囚徒保持自己在囚徒中的威信，并利用各种安排让囚徒之间互相猜忌；而囚徒也从一开始的反抗到之后的顺从，像极了现实中的囚犯。

随着实验的推进，志愿者原本的个人意识逐渐被实验中的人格取代，甚至有部分充当囚徒的志愿者已经开始把自己看作真正的犯人，而忘记了原有的身份。

最终，主持实验的教授也深深地陷入这个场景，把自己当成主持正义的法官，所以当监狱中不断出现各种不人道的虐待行为时，教授已经忘记了终止实验。如果不是一个来参观的哈佛大学教授看到这些不人道的行为，从而提出抗议，惊醒了主持实验的教授，这个实验可能还会酿下更大的苦果。即便如此，参与实验的志愿者也受到了深入心灵的伤害。

实验的过程让人不寒而栗，正如勒庞所说："个体一旦成为群体的一员，他的所作所为就不会再承担责任，这时每个人都会暴露出自己不受约束的那一面。群体追求和相信的从来不是什么真相和理性，而是盲从、残忍、偏执和狂热，只知道简单而极端的感情。"

心理学家阿希（S. Asch）组织过一个简单的线段认知实验。被测试者需要从图片中选出与标准线段等长的线段。被测试者7人一组，其中6人是实验助手，他们被安排同时选择错误的答案。这只是一个简单的认知实验，但由于实验助手的加入，让原本可以轻松选出正确答案的唯一被测试者出现了心理上的动摇。最终的实验结果是，有高达33%的参与者选择了与协助者相同的错误答案，高达74%的人至少有一次同意了协助者的错误意见。

不涉及理论，不涉及价值观，只是简单的认知，明知道答案是错的，但在从众效应的影响下，人们还是选择了错误的答案，这是一个足以让人悲从中来的现实。所以，加利福尼亚州大学哲学系教授布鲁克·摩尔（Brooke Noel Moore）在《批判性思维》[1]一书中提到，“从众效应是扭曲我们认知的罪魁祸首之一。”类似的话，查理·芒格在《人类误判心理学》[2]中也说过，他认为“从众效应是商业人士最糟糕的误判心理之一”。

---

[1] 布鲁克·诺艾尔·摩尔，理查德·帕克．批判性思维 [M]．朱素梅，译．北京：机械工业出版社，2012.

[2]《穷查理宝典》的第十一部分。

认知如何跳出

了解了从众效应，就不难理解为什么发生在创投圈的一些怪现象。基金募集基本靠公关，判断风口基本靠媒体；项目获取基本靠抬价，尽职调查基本靠审计；风险控制基本靠对赌，投资勇气基本靠合投；投后管理基本靠放羊，GP 收益基本靠管理费。企业之所以这么做，主要原因就是其他人都在这么做。

关于商业社会中的从众现象，巴菲特的老师格雷厄姆讲过一个形象的隐喻——地狱里的石油商。

一位石油大亨去世之后想要升上天堂，但看管天堂大门的守门人告诉他，天堂接纳不同类型人的数量是有限的，而石油商的人数已经满员。石油大亨问守门人自己能不能向门里面喊话，守门人同意了。于是，石油大亨大喊一声："地狱里有石油。"

然后，天堂里所有的石油商推开天堂的大门，跳到了地狱。

最后，石油大亨顺利地获得了进入天堂的席位，但他不愿意进入。他告诉守门人，如果他们都去地狱，说明地狱里可能真的有石油，所以他也要去。

原本只是自己编织的一个谎言，当其他人都相信了之后，自己也就跟着信以为真。这是人类的天性，不可避免。英国的哲学家伯特兰·罗素（Bertrand Russell）说：“很多人宁可死，也不愿意独立思考。”因为群体中的独立思考等同于用自己的意识去对抗天性，用思想去对峙身体。

扪心自问，我们真的知道自己每天在忙碌什么吗？我们走的真的是正确的方向，还是仅仅只是随大流的选择。

过去两年，对我产生生理性震撼的事情就是我认识到“从众效应”，知道所谓的真理的隐含假设是“群体信念”，并且这是内置到我们基因里的，它使得任何人都难以逃脱。认知到这种桎梏，我们才有机会跳出。

怎么办？我们还是应该想着如何打破从众天性的限制。因为物种的进化总要依靠出现相对突出的个体，即便一个人的力量相对微小，但随着打破限制的人越来越多，人类终将打破这种限制，走向更远的未来。

章

八

批判性思维：我讲的可能都是错的

科学革命并不是知识的革命，而是无知的革命，商业领域的创新也是如此。批判性思维是创新精神的第一特征，也是打破认知边界的必要条件。只有学会独立思考、普遍怀疑，愿意承认自己的“无知”、敢于质疑群体共识的观点，才可以打破原有的认知藩篱，突破创新。

本书的最后一章将讲解批判性思维，全书也是在不断地应用这种思维方式——不是批判思维的内容，而是批判思维的结构，即寻找到任何系统的隐含假设并打破它。

在第七章中我们已经提到，世界上没有所谓的“客观真理”存在，既然如此，我们在认知、改变这个世界的过程中，应该从何处落脚、从何处起步呢？

首先，我们要明确一点，之所以“客观真理”不存在于现实环境中，是因为人类的认知受到边界的限制。实际上，我一直相信，在世界的源头一定存在一条绝对的真理，只是目前我们无法认知到。

其次，在现实世界中，虽然没有绝对的真理，但却存在大量暂时正确的信念和逻辑。对于活在当下的我们来说，这些暂时正确的理念，足以作为指导我们工作和生活的“基石”，这也是我们前面提及的“求存不求真”。

那么，我们应该怎样判断一个信念是否暂时正确呢？在逻辑学领域，信念“正确”的判断标准是“逻辑三洽”，即自洽、他洽和续洽。在讲解批判性思维之前，我们先了解一下什么是逻辑三洽。

逻辑三洽

1. 逻辑自洽

所谓逻辑自洽，有两层含义：一是这个信念的逻辑体系环节自身可以自圆其说；二是这个信念的逻辑与相关事实之间可以相互证明。

关于信念逻辑体系的自圆其说，不用多说，人们也能够理解。只要信念中的内容在逻辑上可以前后印证，相互说明，并且在印证的过程中没有逻辑错误，自然可以称得上是周全圆融。

逻辑与事实之间的相互验证，通俗的说法就是我们常说的“实践是检验真理的标准”。在通常情况下，成功通过实践考验的信念往往具备暂时的正确性。但在这里我们要注意，实践作为检验真理的标准只存在于逻辑层面。

2. 逻辑他洽

简单来说，逻辑他洽就是信念所处的逻辑系统，要与周边相关的逻辑系统以及更深层次的逻辑系统保持一致。

比如在物理学领域，爱因斯坦说过，自己的理论有可能很快被人推翻，但是热力学第二定律，即熵增定律是不太容易被推翻的。事实上也确实如此，截至今天，物理学领域有很多所谓的“定理”被推翻，但熵增定律始终保持自身的有效性，正因为如此，熵增定律被认定是物理学的底层定律之一。换句话说，任何物理学概念，只有在符合熵增定律、狭义相对论中的光速不变理论等物理学底层定律的基础上，才能作为暂时正确的公理被确认下来。比如，永动机概念，正是因为违反了熵增定律，才被判别为不可能实现的技术。

在商业场景中，所谓的逻辑他洽通常表现为，企业的商业模式和商业理念需要与经济学、社会学、心理学、数学、物理学、生物学、复杂性科学等商业的根基性学科保持一致。

3. 逻辑续洽

逻辑续洽是指原有被证明暂时正确的信念，在时代和场景发生变化之后，依然可以保持逻辑正确。换个角度来讲，当信念涉及的领域内出现新事物、新信息和新证据时，我们必须判断原有的信念是否依然可以与新的经验或信息相融。如果原有信念的逻辑体系出现错乱，就意味着这个信念已经不再正确，不再具备指导意义。

主体性认同

虽然我们可以以逻辑三洽为标准去衡量信念是否具备暂时的正确性，但在实际操作的过程中，依然有两大难点无法克服。首先，逻辑三洽虽然听起来简单，但它是一门高深的逻辑学技能，没有学过逻辑学专业知识或受过专业逻辑训练的人，很难自如地应用这种方法；其次，在逻辑和理性之上，始终存在一个更强大的力量，它阻碍了我们对理念正确的判断，这个力量叫作“我执”，而破除“我执”的过程需要应用批判性思维。

如果说专业知识和能力还能通过勤奋学习和刻意训练来提升，那么“我执”作为人类天性中自然存在的认知局限，很难从思维层面进行自我纠正。

实际上，“我执”属于佛教用语，小乘佛法认为人们对于自我的偏执是一切痛苦的根源，也是轮回的原因。但在这里，我用“我执”这个词想表达的其实是英文“ego”的概念。原本这个词被翻译为“自我价值感”“自我”或“小我”，但我认为用“我执”这个词来表达更加准确。

想要深刻了解“我执”这个概念，我们首先需要思考一个问题，“我”作为一种人称代词，是人类从幼年牙牙学语阶段最先掌握的词汇之一，也在日常工作生活中被广泛使用，但这个“我”究竟是什么意思呢？

我相信很少有人会觉得这是个问题，因为在我们的潜意识中，“我”就是我。如果一定要为这个问题确定一个正确答案，大多数人会把这个“我”融入场景进行解释，比如我的身体、我的家庭、我的名字、我的事业等，但这样并不能充分解释“我”究竟为何。

实际上，如果从逻辑实体的角度分析，“我”作为人的主体，其实是不存在的。而由于“我”这个概念不存在，所以“我”必须依附于某个主体才能证实自身的存在，这也是为什么我们在表达“我”的时候，经常把它与其他物质联系在一起。从这个角度来说，“我”更像是一种主体性认同，就像在网络环境中，每个人的身份 ID 一样。

作为一种主体性认同，“我执”实际上面向两个不同的维度：一是内容，二是结构。我们主体性认同的内容千变万化，但是结构一直存在且始终如一。主体性认同的结构非常简单，就是我们前面提到的“我的 × ×”这种结构。

关于这种主体性认同的结构，在儿童尤其是幼儿身上非常常见，因为幼儿阶段的孩子尚未接受系统教育，在认知和行为方面，受人类天性本能的影响比较大。比如，在我们的生活中，当多个孩子聚集在一起时，经常会出现争抢玩具的现象。因为在孩子的认知中，他把主体性赋予自己拥有的玩具之上，换句话说，“我的玩具”从某种程度上代表“我”，别人抢走我的玩具，等于抹杀了“我”的主体性，“我”自然要拼命抢回来。这种行为在大人看来是不可理解的，但换个标识物，当别人来争抢我们在意的东西时，我们同样也会奋起反抗。

在我们的主体性认同中，玩具作为内容会不停地变化，随着年龄和阅历的增长，我们主体性认同的内容会越来越多，我的名字、我的父母、我的工作、我的社会身份、我的钱财、我的家庭，等等。无论内容如何变化，主体性认同的结构都始终如一。这种结构其实充分说明了“我”并非一个逻辑实体，正因为“我”不存在，所以我们常常忽略这个事实。但同时这种隐性的事物对我们自身的禁锢其实最为强力，就好像思维模式这种思想层面的隐性存在，虽然不可见，却经常将人置于思维定式的旋涡当中，令人无法自拔。

笛卡儿所说的“我思故我在”，其实表达的也是主体性认同的结构，正因为“我”在思考，所以“我”才存在。在这个结构中，不可知的“我”占据了主体的地位，而在大多数人的认知中，“我”的思考却被常常等同于“我”自身来看待。这种常规的认知习惯，实际上导致了一个非常可怕的后果，那就是人类的思想和语言会持续性地陷入二元对立的矛盾中。

因为“我”的思考等同于“我”的存在，所以没有什么东西比思想的正确性更能强化“小我”的存在，而为了证明“我是对的”，必须证明“你是错的”。当人们站在己方正确而对方错误的逻辑制高点上，自然会产生一种思想层面的优越感，因为他们在这个二元对立中证明了自己的存在。

这也是人与人为什么总是会发生争吵，在我们的生活中，99% 的争吵其实都不是为了捍卫“我的思想”，而是一种出于本能的对自身存在性的防卫。

我们可以回想一下我们自身以及身边其他人在争吵中的反应，原本只是一个小小的摩擦或矛盾，但在争吵的过程中，这些摩擦或矛盾会逐渐上升到人格与尊严的高度。当我们感受到尊严受到侵害时，实际上就是“我”的存在受到了威胁。我相信很多人都发现过一个诡异的现象，在争吵的过程中，我们会不由自主地从为了某个事件或问题而争吵，变成为了争吵而争吵。而且，即便我们发现了这种争吵的无效性，大多数人依然无法及时停止。这背后就是并不存在的“我”一直在推动着我们，为了自身的存在性而争斗。这不是道理之争，而是尊严之争。

群体信念

主体性认同作为一种在人类基因中天然存在的认知与行动倾向，在现实中经常会为我们带来很多不必要的麻烦。但在我们的工作和生活中，还有一种比主体性认同更加可怕的影响力，那就是群体信念，即比“我的思想”更可怕的是“我们的思想”。在这个语境中，“我们”的“我执”更强，而“我们的思想”更能够自证其明。

在群体信念中，最重要的隐含假设就是群体经验。简单来讲，就是一旦大家相信了一件事情，作为群体中的一员，我们也会惯性地认同这种观点是正确的。群体信念反映的是个体的认知，但在群体中，原本只是主体性认同的非理性观念，因为得到了群体内部其他人的认可，所以它在一定程度上完成了自证其明的过程，具备了逻辑上的正确性，从而加强了个体的“我执”。

随着这种自我认同的逐渐加深，每个群体都会相信自己掌握了真理，并认为“我们”是对的，然后认为“别人”是错的，所以“别人”是邪恶的。

正如人与人之间会为了证明自身的存在而争吵一样，群体之间会为了证实自身理论的正确性而产生斗争，同时这种斗争也会从道理之争逐渐转变为主体存在之争。因为每个群体都坚信自己掌握着真理，而真理是颠扑不破的永恒存在，其他群体反对自己的主张，自然是缺乏理性甚至邪恶的。当某个群体对于其他群体的定位从竞争对手上升到敌人的时候，有序的理性对垒就会逐渐转变为伦理层面的对骂甚至大打出手。

人类最悲哀的理性障碍莫过如此，我们所遭受的最大伤害不是来自所谓的犯罪分子，也不是来自天灾，而是道理之争带来的自我屠杀。

比如乔尔丹诺·布鲁诺（Giordano Bruno）为了维护“日心说”被罗马教廷处以火刑，这只是宗教或信仰之间为了存在之争而相互倾轧的一个小小缩影而已。纵观人类发展的历史，不少战争都是宗教、国家、种族等不同的群体之间的道理之争造成的。

这种所谓群体认知中的道理，实际上也并不是道理，它更像是一种立场，站在群体的角度，尽量捍卫自身存在性的立场。从这个角度来讲，一些群体之间的争论，不是道理之争，而是立场之争，这种争论并不是为了捍卫“我们的思想”，而是为了捍卫“我们自己”。

批判性思维

正是因为有了“主体性认知”和“群体信念”的存在，所以在破除隐含假设的逻辑之前，必须先破除两件事：一是“我错了”；二是“我们错了”。把“我”“我们”和“我的思想”“我们的思想”之间密不可分的结打开，我认为这是批判性思维最重要的预备性的工作。简单来说，我们要勇于承认两件事情：一是“我错了”；二是“我们错了”。

1. 可证伪的“我错了”

这里所说的承认自己的错误，并不是在日常的工作和生活中，我们因为某些失误而承认错误的行为，它本质上是在要求人们否定自己的存在。所以，承认“我错了”是一件违背人类天性与本能的事情，非常难以实现。

这种否定自身存在的行为，在科学领域被称为“可证伪性”。可证伪性来自犹太裔思想家卡尔·波普尔的批判理性主义，他认为“是否具备可证伪性，是区分科学和非科学的第一指标”。在波普尔的理论中，所谓科学一定具备一个特性，那就是它有可能是错的，所以他认为科学家的第一要务，就是去证明自己研究的科学有可能是错的。

可证伪性并不是从这个理论自身出发去探讨其具备可证伪的或是不可证伪的特性；它更像是一种人类面对理论所抱持的态度。比如一个人相信奇点大爆炸理论，但是如果有新的证据否定了这个理论，而他也愿意承认自己错了，那么这个人看待理论的态度就是可证伪的。

波普尔认为，不具备可证伪性的都不是科学，所以他特别不喜欢西格蒙德·弗洛伊德（Sigmund Freud，奥地利著名心理学家，精神分析学派创始人）。通常来讲，科学家所具备的哲科思维分为两步：第一步是假设；第二步是证明。而弗洛伊德总是提出一系列令人瞩目的、当时看上去非常有道理的假设，但他从未以严格的、科学所要求的方式采取关键的第二步。所以波普尔认为弗洛伊德的心理分析并不能被称为科学，因为分析的标准都是主观的论断，所以无论分析的结果是向左还是向右，总会有不同角度的合理解释方法。换句话说，弗洛伊德的论断是不可证伪的。

此外，波普尔也不喜欢占星术，因为他认为占星术实际上也是在利用人们习惯于对事物进行归纳的解读，再加上一些放之四海皆准的广泛性描述，从而激发人们的共鸣。所以占星术从某种程度上可以被定义为一种语言艺术，既不能证伪，也与科学无关。

真正的科学，比如说爱因斯坦的广义相对论，就具备明显的可证伪性。他甚至预测出光从太阳旁边通过时弯曲的具体角度，这样，如果之后有人验证这个角度是错误的，那么等同于说明了广义相对论是错误的。爱因斯坦之所以愿意将具体的数字公布，就是因为他认为科学研究本身就是一个证伪的过程，他希望有人能够证明他是错的，然后继续将这个学科发展下去。

换个角度讲，如果一个理论总是被置于“不可被证伪”的保护之下，这个理论就不能被称为科学。因为在绝对正确的保护罩下，无论从哪个角度进行展开，这种理论都是完美的。一旦离开了这个保护罩，这种理论就会失去保持有效性的根基。加拿大心理学家基思·斯坦诺维奇（Keith Stanovich）在自己的著作《这才是心理学》中提出了一个小精灵假设，大致的意思是人的大脑中住着两个小精灵，它们控制了人类的一切思想和行为。但是，有一个问题阻止我们看到它们，那就是小精灵有能力发现任何对大脑的侵入（外科手术、X 线等），一旦觉察到外界的探测，它们就会消失。无论如何，我们都无法证明这种理论是错的，所以它是不可证伪的非科学。

在现实的工作和生活中，我们随时随地会看到一些不可证伪的信息，但它们对我们的不利影响实际上并不强烈，而最有害的信念就是明目张胆地抵制批评的信念。比如“不要质疑我，否则坏事就会发生”，再比如“信则灵，不信则不灵”，这种既带有一定强迫意味，又没有提出具体参照标准的信息，基本上都是无法证伪的。更可怕的是，信息中的强迫和威胁会令宿主丧失对其进行评估的能力，使逻辑、理性和科学等认知武器纷纷丧失功效。在这里，我奉劝大家，一旦发现身边有人用这样的方式输出信息，一定要及时离他而去。

虽然我们在前面提到，可证伪性是科学领域的一种定义，但同时它也是一个哲学概念，作为一种思维层面的认知态度，我们是否可以据此设计一个可操作的思维工具呢？答案是肯定的，而且这个工具非常简单，那就是承认“我错了”。

虽然听起来简单，但人类并不经常承认自己的错误。无论是在生活中还是在工作中，人们更习惯于为自己的错误找到一个合适的理由进行解释，而不是坦然地承认并接受这个事实。

波普尔认为“能够认识到并承认自己错了，是证明一个科学家仍旧是科学家的标志”。量子物理学领域的顶尖学者朱利叶斯·奥本海默（Julius Oppenheimer）也说过，“在科学界，犯错并不是罪过。生活中也需要这种能力，即脸不红心不跳地说：‘我当时搞错了。’这与人们没完没了地去寻找一些合理化说法来为自己先前的错误辩解的做法完全不同。”

实际上，在商业环境中也是如此，我一直认为能够认识到并承认自己错了，是证明一个创业者仍旧是创新者的标志。

2017 年，87 岁的沃伦·巴菲特在一场讲座上，在自己的学生与“信徒”面前，坦然地承认了自己早年投资生涯的遗憾，他说："投资 IBM 是我错了，错过亚马逊因为我太蠢，没有买谷歌股票是一个失误。"他把自己早年投资失败的原因归结于自身的主观原因，被称为"股神"的巴菲特也愿意承认自己犯下的错误，丝毫不会因为虚名而遮掩。

在这里，我要提醒各位投资人，如果遇到认为自己的战略肯定没错，即便出现问题，也要将责任推给负责具体执行的工作人员的经营者，一定不要投资给他。

在一个企业中，经营最大的成本不是试错，而是领导者的"尊严和面子"。当一个领导者认为自己不能犯错的时候，企业内部通常会出现所谓的"承诺升级效应"（Escalation of Commitment）。简单来讲，就是领导者为了维护自己的面子，即便发现错误，也不会停止投入，甚至还会继续追加投入，以证明自己是对的。这样，企业用来保护领导者面子的成本，自然会超过解决问题的成本，而且最终这种追加投入非但不能带来有效的收益，甚至还会成为企业走向下坡路的引路石。

"人非圣贤，孰能无过"，即便是像我们这些授人以渔的讲者，也不敢夸下海口说自己永远是正确的。相反地，我一直相信，能够认识到并承认自己错了，是一个讲者还有资格站在讲台上的证明。就像我在授课时常说的那句话一样："我讲的可能都是错的！"

查理·芒格说过这样一句话："如果哪一年你没有破坏至

少一个你最爱的观念，那么你这一年就算白过了。”这句话对我的影响非常深远，因为我知道大多数人碍于面子，为了拥护自己的观念，经常会坚持一些明显是错误的认知，这也是很多人在离开学校之后，自我发展停滞不前的主要原因之一。但是芒格一直在践行自己的理论，1995 年，71 岁的芒格演讲心理学，10 年后，他把这篇讲稿修改成了著名的“人类误判心理学”。当时 81 岁的芒格认为他能够比 10 年前做得更好，原因在于 71 岁的他没有 81 岁的他知识丰富。承认现在的自己比过去的自己更好，等同于在否定过去的自己，这足以说明芒格早已通过可证伪性打破了自己的主体性认知限制。

美国企业家瑞·达利欧（Ray Dalio）在《原则》一书中提到，“如果你现在不觉得一年前的自己是个蠢货，那么说明你这一年没学到什么东西。”以目前的时间为起点，人们认为过去多久以前的自己是个蠢货，代表了人们自我成长的周期，达利欧的周期是一年，我们自己的周期又是多长呢？这也是判断一个人自我更新速度最有效的指标。

2. 普遍怀疑的“我们错了”

相对于承认“我错了”，承认“我们错了”的难度其实更大，因为在群体中，个体往往是没有主观意识的。换句话说，个体在群体的影响下，很难想到要去证伪。只有在大脑中建立“普遍怀疑”的思维模式，才有可能让个体对群体认知产生怀疑，为证伪奠定基础。

作为生活在社会中的人，我们常常会认为是我们拥有并表达思想，实际上，我们并不是思想的主人。肯尼斯·霍博（Kenneth Hopper）在《清教徒的礼物》一书中提到，“当足够多的人相信一种思想以至于它成为常识的时候，它就控制了我们。不是我们拥有了思想，而是思想占有了我们。”经济学家约翰·凯恩斯（John Keynes）也说过，“困难不在于接受新观念，而在于摆脱旧观念。”

我们每天都在为我们的身体洗澡，但是可曾为我们的思想洗过澡？笛卡儿认为，每个人在一生中都应该至少一次彻底地对自己的全部见解进行一次大扫除。因为我们把许多错误见解当作真理接受下来，这些知识都是非常可疑的。

如果一个人有一篮子苹果，他担心其中有一些是烂苹果，想把它们挑选出来，以免使其他苹果也发生腐烂。那么，他该如何着手呢？其实方法很简单，他应该先将篮子倒空，然后把苹果一个一个地检查一遍，将那些没有腐烂的苹果挑选出来，重新装回篮子里，同时将那些腐烂的苹果扔掉。

其实，这种处理方式就是典型的主体性认知指导行动，只有我们看到并认知到这个苹果腐坏的事实，我们才能把它挑出来，而群体信念掩盖了腐坏的个体。为了解决群体信念对个体认知的遮蔽，笛卡儿设计了一剂猛药，但同时也是一剂毒药，那就是“普遍怀疑”。

说普遍怀疑是猛药，是因为它默认任何信念都是错的；说它是一剂毒药，是因为它让我们从群体信念黑洞直接跳到不可知论的旋涡中，甚至导致虚无主义和相对主义这种不良思维的产生。事实恰恰相反，“不可知论”不但没有造成虚无，其背后的“普遍怀疑”精神反而成为人类文明进步的推动力。这也构成了我们定义的“批判性思维”，即建立在普遍怀疑之上的不可知论，如图 8-1 所示。

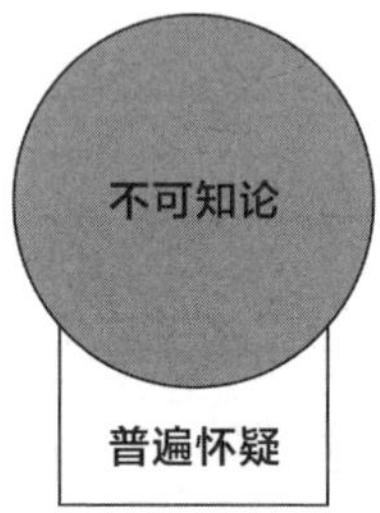

图 8-1　批判性思维示意图

不可知论

关于不可知论，赫胥黎说："不可知论是唯一可靠的哲学。"当然，这句话并不全对，但它说明西方哲学家和科学家秉承的基本观念是不可知论。这与我们通常的认知刚好相反，我们认为所谓知识，就是确定的结论，我们思考的逻辑是探寻"正确答案"。

西方流行一句话："人类一思考，上帝就发笑。"王东岳老师说："我们一旦展开感知，一旦觉得我们有所知，就会陷入愚蠢和可笑。由此可见，知识本身是需要无穷追究的深刻话题。而能以不可知论看待世界，表达了对一切确定的知识和结论永远持怀疑态度。"

事实上，不可知论最早出现在古希腊的哲学理论中。苏格拉底被称为雅典最聪明的人，而他最为人所知的一句话就是"我唯一知道的就是我一无所知"。而亚里士多德也说过类似的话，他说："哲学起始于对自然万物的惊异。"惊异象征着未知，而未知代表着不可知论。

自休谟和康德以来，西方主体哲学思想也是不可知论。休谟认为，人类的知识都来自归纳法，如果来自归纳法，那么人类所有的知识都不成立。休谟是第一个质疑知识、时间、空间、因果律存在的哲学家。虽然没有给自己的质疑找到一个准确的答案，但他持续追问这个行为本身比答案的意义更加深远。

康德说过是休谟的追问将他从独断论中唤醒，让他认识到人类永远不能了解这个世界的本源真相，只能了解你所处的这个现象界。所以康德提出了“物自体在彼岸，现象界在此岸，物自体不可知”理论。根据这个理论，康德进一步提出：“人为自然立法。”我们的认知越深，边界就越宽，但真正那个世界是不可知的。

说到这里，我相信很多人还是会心存疑虑，为什么不可知论会与进步有关呢？其实道理很简单，我们在讲解破界创新时提到，破界创新最大的障碍就是我们的认知边界，而不可知论告诉我们之前所了解的所有信息和观念都不一定是正确的，这从根本上打破了我们的思维模式。所以“不可知论”不但没有造成虚无，反而是进步的动力，敢于打破一切认知边界，成为“科学革命”的主旨精神。

尤瓦尔·赫拉利在《人类简史》中提到，科学革命不是“知识的革命”，而是“无知的革命”。他认为，科学革命与前现代知识体系的第一个不同之处就是“愿意承认自己的无知”。

1492 年，哥伦布发现了地图上并不存在美洲大陆，让人们突然发现地图原来是错的。于是，1525 年欧洲人更换了世界地图，在地图上留下了大片的空白，激励着欧洲人前赴后继地去填补。从这个角度来说，“科学革命并不是知识的革命，而是无知的革命”。真正触发科学革命的是发现。

既然我们对最重要的问题毫无所知，那么我们为什么还要固守我的思想和我们的思想。历史告诉我们，几乎所有伟大的科学家和哲学家都是普遍怀疑和不可知论者，牛顿在自己的著作《原理》的封面上，写道：“我不相信任何假设。”同时他还有一句名言：“柏拉图是我的好朋友，亚里士多德是我的好朋友，但我最好的朋友是真理。”

达尔文也在自己的回忆录中，明确表示“我是一个不可知论者，我的后半生坚持传播怀疑主义”。他写道：“我在贝格尔舰航行期内，完全是信奉正教的，我把《圣经》中的词句，看作天经地义的权威言行。可是，在 1836 年至 1839 年间，我又做了进一步的思考，就是必须有最明显的证据，才能使任何一个头脑健全的人去相信那些作为基督教支柱的奇迹。因此，我逐渐变得不再相信基督教是神的启示了。”

作为一个不可知论者，达尔文通过对科学的持续追问，明白了神学的局限性。普遍怀疑、不可知论的哲学理论对我们的商业认识有什么启发？虽然从众效应将大家禁锢在群体信念黑洞之中，但换个角度想，如果我们可以打破这种群体信念的限制，不正是发展的机会吗？在这里，我们需要了解一个新的概念——反共识。所谓反共识，其实就是将批判性思维、普遍怀疑、不可知论运用到工作和生活中。

反共识

在商业领域，我们来看一个真实的反共识案例。

2001 年，互联网泡沫破灭。为了重振经济，美国政府推出一系列的经济刺激计划，其中包括刺激中低收入者购房的计划，以及多年连续降息，令贷款利率大幅走低，房地产市场也因此蒸蒸日上，房价节节攀高。

但是，巨大的繁荣之下潜藏着危机。2006 年，被称为“华尔街空神”“对冲基金第一人”的约翰·保尔森（John Paulson）敏锐地发现，在 1975—2000 年期间，美国房价年度增长只有 1.4%；但在接下来的 2001—2005 年，房价每年的涨幅却在 7%，远远偏离过去的增速，并且当时还出现了房价涨得越厉害、贷款违约率就越低的规则，很多没有偿还能力的人，依然可以轻松地获得贷款。这也意味着，一旦房价暴跌，大批人将还不起房贷，资金链随时会断裂。

看到危险信号的保尔森，在 2006 年 7 月筹集了 1.5 亿美元，以此为第一支用于做空 CDO[1] 的基金建仓。但危机并未立刻显现，房价一路高涨，保尔森的基金也在不断赔钱，同时背离了主流投资方向，他受到了各方的质疑和嘲笑。

2006 年年底，次贷危机初现端倪，保尔森的基金开始扭亏为盈。2007 年 8 月，次贷危机全面爆发，美国房地产市场瞬间崩盘，并席卷了美国、欧盟和日本等世界主要金融市场。最终，反共识让保尔森在次贷危机中获益颇丰。

电影《大空头》（*The Big Short*）便是以保尔森为事迹原型，真实地再现了当时跌宕起伏的剧情反转。当然，保尔森后来并没有回到他鼎盛时期的战绩，甚至从 2015 年开始，保尔森基金连续 3 年亏损，平均亏损率为 16.88%。也许他还有东山再起的机会，但这些都不是我们关注的重点。我们的案例都是“借假修真”，不用在意具体的内容，而应该通过案例去理解思维的框架。

罗素说：“这个世界的问题不在于聪明人充满疑惑，而是傻子们坚信不疑。”王东岳老师也提出，“大多数人的共识一定是愚蠢的。但凡常识的东西，都是行将抛弃的谬误。”这种说法可能会言过其实，甚至有偏颇之处，但矫枉务必过正，必须以毒攻毒，才有可能打破群体效应、从众效应的影响。

---

1 一般指担保债务凭证（Collateralized Dedt Obligation, CDO）。

在物理学领域，普通人对物体运动的常识观念几乎都是错的，每破除一个直觉常识，物理学都进步一大步；在心理学领域，心理学家也是通过不断的实验论证，证明之前许多关于人类行为的常识信念是错误的，从而推动心理学向前发展；在商业场景中，达利欧提出，“要想在投资中获得成功，你必须成为一个独立的思考者，因为共识通常都是错误的。”

彼得·蒂尔（Peter Thiel）在《从0到1》中说过，“每当我面试应聘者时，都会问这样一个问题：‘在什么重要问题上，你与其他人有不同看法？’好的回答是这种模式：大多数人相信X，但事实却是X的对立面。”他把这种东西称为“秘密”。他坚信，假如一个人能够出人头地，必须有这样的秘密。如果你在所有事情上都与所有人的观点是一样的，你凭什么出类拔萃呢？

贝索斯也从创新的角度论证了打破共识的重要性，他说：“我相信，如果你要创新，你必须愿意长时间被误解。你必须采取一个非共识但正确的观点，才能打败竞争对手。”

为什么芒格一直强调“反过来想，反过来想，总是反过来想”，而巴菲特也认为应该“在别人恐惧的时候贪婪，在别人贪婪的时候恐惧”？归根结底，他们都是为了通过反共识找到一个独特且具有优势的发展角度。

我一直认为乔布斯是企业家中最具有反叛精神的一位。在《成为乔布斯》一书中，作者写道：“和60年代的其他年轻人一样，乔布斯浸润于反文化运动的浪潮中，充满了质疑精神，渴望挣脱传统的桎梏。乔布斯属于战后婴儿潮一代，他既沉醉于鲍勃·迪伦、披头士乐队的充满叛逆精神的歌词中，也会钻研思想家的著作。在乔布斯的眼中，这些大师都是哲学之王。那个时代所传递的信息显而易见：质疑一切，特别是权威；勇于尝试；上路流浪；无所畏惧，创造一个更美好的世界。”

我过去并不理解反叛的嬉皮士文化，长头发、喇叭裤，无论从哪个角度看都不像是优势文化的代表，但后来才发现嬉皮士运动对于美国是极其重要的运动。因为自从大量的欧洲人移民美国之后，几百年的发展最终导致了思维僵化，而在既有的这个世界中如何形成新的思想呢？有一个很重要的建议叫“隔离”，就是在某一个人群当中形成一个小的趋势，然后慢慢变大直到足以影响整个社会。嬉皮士运动就是年轻人组合起来，与主流隔离开来，反抗主流文化的一次运动。

总而言之，创新精神的第一特征是批判性思维，独立思考，普遍怀疑，反共识。没有批判性思维，认知边界便无法打破，我们需要承认“我错了”“我们错了”的勇气。所以，我讲的都是错的，我的内容就是指向月亮的手指，重要的不是指头，而是月亮，不要专注于内容本身，而更应该专注于思维的模型。

后记

走入混沌，是为了走出混沌。

柏拉图在著名的“洞穴隐喻”里说，我们大家都生活在一个洞穴中。你看着墙上的影子，以为那是真实的世界。其实，是火光把洞穴之外的活动，用影子的方式投射到墙上而已。由于你生活在洞穴里，并不能意识到这一切。

所以，柏拉图说，真正的教育不是把墙上被投射出来的光告诉洞穴里的人，而是把洞穴里的人带到洞穴之外，让他自己沐浴在真理的阳光之下。

真理，在洞穴之外，阳光之下。

柏拉图游历各国，在 40 岁的时候回到雅典建立了柏拉图学园。从某种意义上讲，这是西方历史上出现的第一所大学。与所有其他教育机构不一样的是，柏拉图在学园里讲授哲学、数学、物理学等“无用”的学科。

伟大的哲学家、科学家亚里士多德 17 岁加入柏拉图学园，在那里作为学生和学者一直待了 20 年。他按柏拉图“哲学王”

的标准培养了伟大的亚历山大。后来，亚历山大把这种思维方式传遍了西方世界。

“教育是真正的转变”，柏拉图的理念深刻地影响了我。关于什么是教育，柏拉图给了我最坚定的力量。我想，从今以后，我需要改变对自己的定义——我不再只是一名讲者。

过去，我把自己定义为一个老师。我在混沌学园有且只有一个身份，那就是一个教书匠。但是，如果我把自己定义为课堂里的一个老师，讲完之后，人们说“教授，你讲得真好”，这件事情就结束了。换句话说，只要把课讲好，我就没事了。但是，如果你没有真正的收获，我讲得再好，又有什么用？

所以，从今往后，我把自己定义为一个摆渡人，一个传播者。我相信，我讲课讲得好不好并不重要，重要的是大家有没有真正的收获，有没有发生真正的改变。让改变当场发生，这才是一件极其美好的事情。否则我讲得再好，如果听众没有触碰到，所受的教育就是没有用的。

我的书的内容全部来源于我的课程，课程的研发历经9年的打磨、沉淀，诚挚地感谢每一位曾参与共建的老师、同学、朋友。只希望你真正习得、发生改变，这是我们向你承诺的交付。

很多人此前都问我，为什么会给混沌学园起“混沌”这样一个奇怪的名字。我想告诉大家，其实，走入混沌，是为了走出混沌。而走出混沌的唯一方式，就是更深刻地理解这个世界。

第二曲线创新

（第2版）

李善友
著

人民邮电出版社
北京

图书在版编目（CIP）数据

第二曲线创新 / 李善友著. -- 2版. -- 北京 : 人民邮电出版社，2021.1
ISBN 978-7-115-54805-4

Ⅰ. ①第… Ⅱ. ①李… Ⅲ. ①企业创新－研究－中国 Ⅳ. ①F279.23

中国版本图书馆CIP数据核字(2020)第169652号

◆ 著　　　　李善友
责任编辑　郑　婷
责任印制　周昇亮

◆ 人民邮电出版社出版发行　　北京市丰台区成寿寺路 11 号
邮编　100164　　电子邮件　315@ptpress.com.cn
网址　https://www.ptpress.com.cn
天津裕同印刷有限公司印刷

◆ 开本：880 × 1230　1/32
印张：9　　　　2021 年 1 月第 2 版
字数：240 千字　　　　2025 年 8 月天津第 15 次印刷

定价：69.00 元

读者服务热线：（010）81055522　　印装质量热线：（010）81055316
反盗版热线：（010）81055315

自序

2020 年，突如其来的疫情是一场灾难，身处其中的每个人都需要反思：我们应该在此时此刻做些什么，才能迎来完全不同的未来？于我而言，这是一个暂停键，让我停下来反思：混沌学园应该做什么，才能更好地帮助中国广大的创业者？

9 年前，我弃商从教，起初在中欧国际工商学院讲课，后来创办了混沌学园。这些年里，我主持了 7 期创业营、4 期创投营、3 期创新院，听起来做了很多事，其实只做了一件事。我是一个讲课的手艺人，我的理想就是做一门世界级的课程，我将所有的时间、精力都用在讲课这件事上。

创新式生存

疫情之后，每个人、每个组织都回不到过去，所有人都将面临挑战和选择。此时，有一个词非常打动我——创新式生存。

我们突然发现，已经适应的环境突然改变，脚下赖以生存的根基正在坍塌，要想生存下来，只有两条路可以选：一是在原有的基础上，加固即将坍塌的根基，这一条路相对容易一些，这也是大多数人的选择；二是找到新地基。

此时，我想起了英国前首相丘吉尔的一句话："永远不要浪费一场好危机。"也许脚底的根基坍塌了未必是件坏事，我们可以找到一个更加稳固的新地基，并在新的地基上盖起高楼，所以我称它为"创新式生存"。当然，这可能是一条正确但艰难的路。

在过去，创新是一种奢侈品，只要管理做得足够好，第一曲线足够扎实，就可以从容地开始第二曲线创新。如今，行走在刀刃上的危机感从脚底向上蹿升，创新变成必需品，只有创新才能活下来，面对快速变化的环境以及巨大的不确定性，唯有创新才能帮助我们打赢这场必须打赢的仗。

用哲科思维点亮创新

在过去，我无时无刻不在思考以下两个问题："什么是创新？""我们应该如何创新？"寻找这两个问题的答案，已经成为我余生最大的使命。

当你不知道自己是谁的时候，想一想你的偶像是谁。我的偶像是柏拉图，他说真正的教育不是传授知识，而是唤醒，把大家带到洞穴之外。

公元前 387 年，40 岁的柏拉图失意地回到雅典，建立了柏拉图学园，专门讲授哲学、科学、数学等看似无用的学问。这个学园历时 900 年，可以说是西方第一所真正意义上的大学。

公元 1440 年，希腊人普勒托在佛罗伦萨重建柏拉图学园。在黑暗的中世纪，柏拉图的哲学点亮了达·芬奇、米开朗琪罗、拉斐尔，点亮了欧洲，引发了伟大的文艺复兴、科学革命、工业革命，以及后世数不清的变革与发展。

如果再往后看千年，我们不禁要问：哲科思维在今天还重要吗？当代高速的社会发展是否仍然与哲科思维有关？苹果联合创始人史蒂夫·乔布斯（Steve Jobs）说过："我愿意用我所拥有的科技，去换取与苏格拉底相处的一个下午。"这句话也道出了我的心中所愿——学习哲学与科学先哲的智慧在当代社会依然非常重要，尤其是在创新创业领域，而用哲科思维点亮创新，也将是我未来奋斗的主场。

英雄之旅

柏拉图把人类的认识分为 4 个等级，由低到高依次为：想象、信念、理智和知识。类似地，我将人类的思维分为 4 层，由低到高依次为：感性思维、理性思维、哲科思维和觉性智慧。我们所学习的一切内容，都是帮助我们从较低的楼层上升到较高的楼层。这种攀登的过程，也是进阶的过程（见图 0-1）。

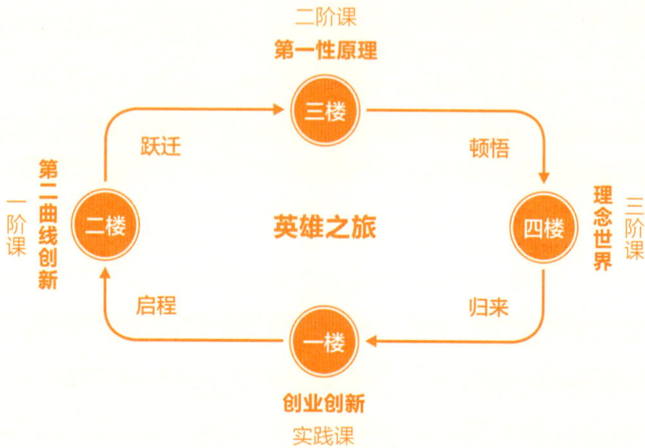

图 0-1　英雄之旅

一阶课

在图 0-1 中，一楼是实践课，混沌学园的一阶课就是二楼，我们称为“第二曲线创新”。这是混沌学园的基础课“创新”，理论源自熊彼特的“创造性破坏”和克里斯坦森的“颠覆式创新”。

熊彼特有一句名言：“你无论把多少辆马车连续相加，也绝无可能出现一辆火车。”他坚信，只有从一条曲线到另外一条曲线的非连续性创新，才能产生经济的十倍速增长。

主流商学院教授的是在同一条曲线之内的管理和运营，但是混沌学园从成立的第一天就专注研究曲线转换的创新方法论。历时 9 年的研究，我们摘取 8

个创新思维模型，努力把创新变成一套通用的语言体系，变成可练习、可实践的能力。

“让创新助力每一个人，每一个组织成就不凡。”这是我们的使命之一。

二阶课

三楼是二阶课，我们称为“第一性原理”，这是混沌学园的核心课：哲科思维。课程根基是亚里士多德的“第一性原理”和欧几里得的“公理化思维”。

欧几里得用几条公理和公设，演绎推导出了整个几何学，这是人类思维的奇迹。他影响了西方许多哲学家、科学家、企业家的思考方式。甚至可以说，哲科思维就是工商业文明的底层算法语言。混沌学园是第一个，到目前为止可能还是唯一一个，把哲科思维推荐给中国创新者的学校。

“把哲科思维灯火传薪给中国的创新者。”这是我们的使命之二。

三阶课

四楼是三阶课，我们称为“理念世界”，这是混沌学园的前沿课：根智慧。它还在疯狂生长中，扎根于柏拉图的“理念世界”和乔达摩的“觉性智慧”。

科学时代的根本问题是：它成立于一个巨大的黑洞之上，却无人关心这个黑洞到底是什么，每个人只顾快速向前奔跑。今天人类面临的各种问题，都是这个结构性缺陷的表现而已。

人类正在进行一场生死攸关的大竞赛，是奇点临近的速度和人类意识进化速度之间的一场大竞赛。我认为，这是文艺复兴之后最重要的一件事情。

“用智慧铺就一条通往至善的路。”这是我们的使命之三。

从一阶课到三阶课完美地构成了《千面英雄》中所描绘的英雄之旅，从启程开始，经历跃迁、顿悟，最终回到实践，并帮助更多的人一起看到更大的未来。

人人都是创造者

9 年中，混沌的同学群体越来越大，我们欣喜地发现，“90 后”乃至“95 后”等越来越多的年轻人加入其中。关于创新的话题也越来越深入本质、融入日常：

如何找到个人事业的第二曲线？
第一性原理式的思考，如何帮助我突破职场晋升瓶颈？
个人使命如何与组织使命同频共振形成合力？
……

创新学科如同具有能量的春雨，不仅滋养着千万个商业组织，同时也滋润着极富生命力的个体！逐渐地，“创造”这个词从“创新”中生长而来。

如果你是组织的领导者和管理者，你会非常渴望与组织中的每个个体分享创新的心法，让每个个体都成为组织前进的创造者。从“创新”到“创造”，赋能每个人，使之成就不凡。

“人人都是创造者”，正是创新学科走到当下，我们对每个混沌人内心力量的呼应。而混沌学园的创新学科也正基于每个个体都是拥有与生俱来的创造力这一基石假设之上。生逢其时，与你共振，探寻使命。

人，生而追寻意义。疫情过后，尤其如此，此刻，或许大部分人的心中，既心怀劫难后的幸运，又略带惶恐，渴望走向未来的笃定。欢迎你和我们一起走进混沌学园，找到你内在的力量，创造出一个全新的世界。

企业转型难在何处？不在于具体招式，而在于看不见、摸不着的心智模式。它无时无刻不在影响着企业，并且一旦形成，就难以改变。能够实现心智模式自我突破的企业可谓少之又少。一旦突破，企业便会迎来天翻地覆的全新局面。

151 第六章

第二曲线：跨越极限点，引领破局增长

与传统认知不同，市场的秘密是用创新企业破坏老旧企业，因为创造性破坏越激烈，整体的回报率反而越高。类似的道理，企业也只有像市场“破坏”过气企业那样去“破坏”自己的过气业务和过气产品，完成从第一曲线向第二曲线的转换，才有可能让基业长青。

第一章

组合创新：拆解基本要素并重新组合

组合创新将原本属于天才的创新变成可解构、可学习、可执行的创新方法。创新不是发明创造，而是把基本要素拆解至最小单元，再用新的方式重新组合的过程。在此过程中，拆解要素的能力与正确组合要素的方法都必不可少。

在提到“创新”这个词时，可能有很多人将它与发明和创造联系起来，甚至有些人会将创新和技术直接结合在一起，认为创新是从无到有的创造性过程，似乎只有百分之百原创的东西才叫创新。实际上，这是对创新的误解，创新并非创造全新的事物，而是把不同的要素重新组合起来形成新事物的过程。

因此，创新绝非无迹可寻，恰恰相反，我们可以通过一定的方法论加以习得，这就是本章的主题——组合创新。为什么会选择组合创新作为创新的第一个模型，因为它将原本属于天才的创新，变成可解构、可学习和可执行的实践方法。

无论你是作为单独的个体去组合自己的事业发展道路，还是初创企业急需找到前行的方向，抑或是成熟企业有志于连续创新，都可以采用组合创新的方法。

创新不等于发明创造

2016年年初，《财经》杂志对美团创始人王兴进行了一次专访，其中的一段对话令我印象深刻。记者对王兴提了一个较为尖锐的问题："很多人说你始终没有做出一些颠覆性的东西。"

言外之意，美团总是在借鉴他人的思路。王兴睿智地答道："我同意我做的事情并不都是百分之百原创的，这也不是我所追求的。大家可能对发明和创新、创造的理解有点偏差，原创是一回事，你做选择判断是另一回事。

"举个夸张的例子，你写一篇文章，里面每一个字都是汉字，你所做的事情是通过重新排列组合展示自己的想法，你不创造任何一个汉字，但是你的创造是在排列组合层面上的，这也体现了你的判断。从本质上讲，用户真正关心的是谁更能满足他的需求，而不是谁采用了完全不一样的想法。"

王兴对创新的看法，与乔布斯的十分相似。在全球大数据权威、麻省理工学院人类动力学实验室主任阿莱克斯·彭特兰（Alex Pentland）的著作《智慧社会：大数据与社会物理学》[1]中，记录了

[1] 阿莱克斯·彭特兰．智慧社会：大数据与社会物理学[M]．汪小帆，汪容，译．杭州：浙江人民出版社，2015.

史蒂夫·乔布斯的一段话："创造力只不过是把事物关联在一起而已。当你问有创造力的人，他们是如何做成某件事的时候，他们会感到一丝愧疚，因为他们其实并没有做什么，他们只是明白了某些东西。一段时间之后，这对他们而言就是显而易见的了，因为他们能够把自己的经验联系起来，合成新事物。"

> 乔布斯一生中做了两次重大的创新，这两次重大的创新将全世界的科技水平往前推进了一大步。乔布斯的第一次重大创新是将个人计算机与图形界面相结合，制造出了第一台个人计算机，以此将计算机从商业领域过渡到个人，并使其进入千家万户。
>
> 乔布斯的第二次重大创新便是 iPhone 手机，将人类正式带入移动互联网的时代。细观初期的 iPhone 手机，你会发现天才如乔布斯者，关于 iPhone 手机的创新依然是由三个旧要素重新组合而成的，分别是音乐播放器（iPod）、手机（Mobile）和互联网（Internet），三者中没有一个是真正从无到有由乔布斯首创的，他的伟大之处在于将三者创造性地加以结合。

王兴和乔布斯的观点都印证了"创新理论之父"约瑟夫·熊彼特（Joseph Schumpeter）对创新方法的定义。熊彼特在 1912 年出版的《经济发展理论》[1] 一书中指出，所谓创新，就是建立一种新的生产函数，把一种从来没有的关于生产要素和生产条件的新组合

[1] 熊彼特．经济发展理论 [M]．何畏，易家祥，译．北京：商务印书馆，1990.

引入生产体系，以实现对生产要素或生产条件的新组合。

熊彼特进一步阐明了这种新组合涵盖的 5 个方面："生产出一种新产品、采用一种新的生产方法、开辟一个新的市场、获得一种新原料或半成品的新的供应来源、实现一种新的企业组织形式。"换言之，在熊彼特看来，任何经济结构都可以拆解为产品、技术、市场、资源和组织这 5 个基本要素。将这些旧要素进行重新组合，便可称之为创新。我将这种创新的方法论，简称为"组合创新"。

从上文不难看出，熊彼特的"组合创新"与"还原论"[1]具有高度的同构性，都有两个基本步骤：第一步是拆解基本要素（产品、技术、市场、资源和组织），第二步是将旧要素进行重新组合。

看到这里，或许有些人会大失所望："熊彼特仅仅提出了如此简单的两大步骤，也能算是'创新理论之父'吗？"殊不知，最简单的理论往往才是最了不起的理论，正所谓大道至简。

> 牛顿的第二运动定律，只需要用一个简单的数学表达式 $F=ma$ 即可概括；爱因斯坦的质能转换理论，可以用 $E=mc^2$ 表达；达尔文的进化论学说，一言以蔽之，便是"自然选择"4 个字……

真正的经典理论，通常都是极简的理论，看起来就像大白话一

[1] 还原论或还原主义（Reductionism），是一种哲学思想，认为复杂的系统、事物、现象可以将其化解为各部分的组合来加以理解和描述。在哲学中，还原论是一种观念，它认为某一给定实体是由更简单或更基础的实体所构成的集合或组合；或认为这些实体的表述可依据更基础的实体的表述来定义。还原论方法是经典科学方法的内核，它将高层的、复杂的对象分解为较低层的、简单的对象来处理。

样通俗易懂，其中却蕴含极为深刻的道理。所以，判断一个理论是否经典，一个重要的标志是看它是否足够简洁，“组合创新”便是如此。以下的几个例子，或许会让你对“组合创新”有一个更加深入、直接的感受。

先以大疆无人机为例。无人机绝非大疆[1]的首创，它的诞生甚至可以追溯到第一次世界大战期间。

大疆创始人汪滔的高明之处在于，他将摄像头与无人机这两个旧要素巧妙地组合。无人机加上摄像头就变成了全新的航拍无人机，满足了低成本的航拍需求，从而使大疆在极短的时间内，一举打破了航拍市场的原有格局。

再来看看在日本最受欢迎的茑屋书店。在人们的传统观念中，书店和咖啡厅是两个毫无关系的地方，而茑屋书店居然将书店与咖啡厅完美地结合在了一起。在茑屋书店中，不仅有书店、阅读区和咖啡区，还有文创用品、生活用品和一些娱乐用品等，甚至开发了会员卡，用它可在茑屋书店买书和进行其他消费。2018 年，全日本的人口总数约为 1.25 亿，而茑屋书店的会员人数竟然达到惊人的 6000 万。换言之，将近一半的日本人购买了茑屋书店的会员卡。从这个角度来看，茑屋书店既是一个书店，又是一个咖啡厅，同时还是一张卡，或者说是三者的组合创新，这便是它的有趣之处。

[1] 公司全称“深圳市大疆创新科技有限公司”，2006 年由汪滔等人创立，是全球领先的无人飞行器控制系统及无人机解决方案的研发和生产商，客户遍布全球 100 多个国家和地区。

用还原论拆解最小单元

既然创新是各种旧要素的重新组合，那么拆解基本要素，便是创新的基本功。将基本要素拆解至最小单元，从中找出全新的组合方式，是创新的题中之意。“最小单元”这个词充满了魔力，当你看某个事物的整体时，往往含糊不清，无从下手，此时不妨将整个事物进行拆解，看看它是由哪些最小单元组成的。将不同的最小单元重新组合起来，就是一个好的创新。

当然，拆解的方式有很多种，你既可以从时间层面入手，也可以在空间层面上进行。在此，我们推荐其中一种拆解方式，它未必是最有效的方式，但却能让你对世界产生全新的认知，这就是按尺度拆解，它符合我们前面提及的“还原论”。

还原论的起源最早可追溯至 2500 多年前的古希腊时代。当时，一部分古希腊哲学家认为世界是机械的，其中以德谟克利特的观点最为著名。德谟克利特是原子论的创立者之一，他的导师留基伯最早提出原子论，并创立了原子学派，德谟克利特则将原子论发展成为一套系统的理论。

德谟克利特在其著作《小宇宙秩序》[1] 中提出：“所有事物的本原都是原子和虚空，原子是一种最小的不可分的物质微粒。宇宙中

[1] 古希腊时期重要思想家和哲学家，原子唯物论的创立者之一德谟克利特仅有残篇存世。

的一切事物都是由在虚空中运动的原子构成的。所有事物的产生就是原子的结合。”

其实，德谟克利特的“原子论”表述的正是后世“还原论”的观点：整体可分解为部分，部分可以组成整体；整体等于部分之和。这一观点，对东西方的近现代科学产生了深远的影响，哲学家培根、霍布斯、笛卡儿和科学家伽利略、牛顿、麦克斯韦、爱因斯坦等人，在此基础上继承和发展，形成了一套哲学和科学的思维体系和方法，在近现代数百年的哲学和科学探索中取得了辉煌的成果。

无论是物理学、化学、生物学，还是社会学等领域，那些伟大的科学家绝大多数运用的都是“还原论”的方法：当事物的整体研究不清楚时，可以把整体拆解成部分，然后部分可以重新组合成整体，整体等于部分之和。

事实上，各学科的发展也是伴随着最小单元的层层拆解而不断前行的。以基础物理学为例，从分子拆解到原子，从原子拆解到原子核和电子，从原子核拆解到质子和中子，又从质子拆解到夸克，甚至拆解到弦。每往下拆解一个层级，人类的基础物理水平便能前进一大步，从而带动人类文明不断向前迈进。

但凡看过刘慈欣创作的系列科幻小说《三体》[1]的读者，一定会对书中的“智子”印象深刻。因为这个小小的东西威力极大，三体文明正是通过“智子”锁死了地球人往下拆分基本粒子的能力，使得地球的基础物理研究近乎停滞，从而遏制了地球文明的发展进程。

[1] 刘慈欣 . 三体 [M]. 重庆 : 重庆出版社 ,2008.

虽然小说是虚构的，但是通过这一桥段，你或许便能理解拆解最小单元的重要性。

纵观整个 20 世纪，科学技术最大的进步便源于找到了物理学、信息学和生物学 3 大学科中的基本要素。这 3 个学科的发展存在惊人的相似之处：它们的框架均由最基本的组织单元组成。比如，原子是物质的基本单元，比特是信息的最小单元，基因则是遗传的最小单元。在这里，我们看到了不同学科的同构性，正是因为拆解到了最小单元，这 3 个学科才得以蓬勃发展。

需要注意的是，在具体的实践过程中，并不需要将所有问题拆分至终极性的最小单元，只要能够拆解到模块层面，将现有系统的某个成熟模块独立出来即可。比如在公司业务层面，你只需要把现有业务往下拆分，哪怕只往下一两个层级，并且形成可单独操作的模块，都会比他人进步一大截。

比如，腾讯早期的最小单元是即时通信领域的 OICQ；百度早期的最小单元是搜索领域的搜索框；淘宝也是如此，它的最小单元就是一个个麻雀虽小、五脏俱全的淘宝店。在拆解要素时，拆解至类似的可独立的基本模块即可。

再次重申，组合创新就是基本要素的重新组合，而拆解最小单元的能力是创新的基本功，需要不断地进行刻意练习。就好比同一个事物，普通人看到的是混乱的一团，高手看到的却是条分缕析的基本单元。

供需连组合法

将组合要素拆解到最小单元之后，我们还需要将这些要素重新组合，才能实现创新的目的。当然，要素重新组合的方法有很多，比如，前面提到熊彼特提出了五要素，从产品、技术、市场、资源配置和组织5个角度对基本要素重组的方法进行了阐述。但在我看来，五要素模型略微复杂了一点，我个人更倾向于美国学者克莱顿·克里斯坦森（Clayton M. Christensen）的颠覆性创新理论。

克里斯坦森说过："技术无所谓颠覆，市场也无所谓颠覆，技术和市场的组合才具备颠覆性。"实际上，这里的技术代表供给侧，市场代表需求侧，而供给和需求之间天然存在一个连接，所以克里斯坦森的颠覆性创新，其实就是供给侧、需求侧、连接端3种基本要素的重新组合，我们将这种方法命名为"供需连组合法"，并简化成如图1-1所示的模型。

如图1-1所示，现代社会的任何经济结构，都离不开供给、需求和连接3个层面。企业需要从供给侧提供技术或产品，并将产品或服务提供给需求侧的客户或用户，而连接供给侧和需求侧的是平台或组织。需要强调的是，"供需连组合法"只是一个极简的创新方法，并不意味着不存在其他组合方式。

供需连组合法

1. 供给： 技术、产品等

2. 需求： 客户、用户等

3. 连接： 媒介、平台等

图 1-1　供需连组合法示意图

在美国硅谷，类似供需连组合法的模型早已存在，那就是 PMF 模型（见图 1-2）。简单来讲，企业在打造产品的时候，需要做到产品（product）与市场（market）的完美契合（fit）。而在电商领域，供需连模型的影响更加深远，比如我们常说的人、货、场，“货”就是卖家，即供给侧，“人”就是买家，即需求侧，而“场”提供的就是连接（见图 1-3）。

PMF 模型

1. 供给： 产品（product）

2. 需求： 市场（market）

3. 连接： 契合（fit）

图 1-2　PMF 模型示意图

电商领域的“人货场模型”

1. 供给：货（B 端）

2. 需求：人（C 端）

3. 连接：场（平台）

图 1-3　电商领域的人货场模型示意图

这里需要强调的，在进行组合创新时，不同的企业选择的切入角度也是不同的。对于一些在行业内占据绝对优势地位的企业而言，通常会选择从连接侧切入，因为改变产品与市场的连接方式，等于变相地改变了行业的生态。只有这样，巨头企业才能创造新的业务增长点，实现企业的继续发展。当然，改变产品与市场的连接方式需要企业具备一定的影响力和号召力，同时需要投入的成本也相对较高，所以对于一些创业企业来说，更多的还是会选择从需求侧或供给侧切入。

好未来的组合创新

在现实中，有很多企业已经在应用组合创新的方法不断提升发展的层次与阶段。比如在教育行业，好未来[1]就是典型的组合创新案例。

好未来是中国青少年素质教育和课外辅导领域屈指可数的行业领军企业，其前身是国内最早开始在线教育模式探索的“学而思”培训机构，成立于 2003 年。2010 年 10 月 20 日，好未来的前身学而思在美国纽约证券交易所挂牌上市，成为国内首家在美国上市的中小学教育机构。

好未来的发展实际上分为明确的 3 个阶段，接下来我们就针对不同的阶段对好未来的组合创新模式进行具体的阐述。

第一阶段：线下培优

21 世纪初，国家取消了小升初的升学考试，而奥数成绩成为进入重点中学的重要因素，在教育培训行业掀起了一股“奥数热”。2003 年“非典”疫情期间，中小学学校停课。如今好未来的 CEO 兼董事长张邦鑫在当时创办的一个在线答疑论坛“奥数网”，意外走红，同年 8 月，他与同窗曹允东注册了公司，办起了辅导班。

[1] 2013 年 8 月 19 日，好未来宣布将沿用了 10 年之久的集团名称从“学而思”更改为“好未来”。为便于阅读，除特指外，本文中关于该公司的名称统一用“好未来”。

好未来进入市场之前，国内的教育培训市场一直以新东方为龙头。而新东方早期的培训模式是以英语为主，通过名师线下授课的方式，服务于企业和私人客户。新东方成立于 1993 年，好未来 2003 年成立之时，新东方风头正盛。为了能够在与行业头部企业的激烈竞争中存活下来，好未来从一开始，就对企业的供需连进行了重组（见图 1-4[1]）。

<table>
<tr><th colspan="2">供给</th><th>需求</th><th colspan="2">连接</th></tr>
<tr><td>学科</td><td>老师</td><td>面向对象</td><td>师生比</td><td>场景</td></tr>
<tr><td>英语</td><td>名师</td><td>B 培训机构</td><td>1 对 1</td><td>线上</td></tr>
<tr><td rowspan="2">数学 + 理科</td><td rowspan="2">教研 + 普通老师</td><td>C 差生补差</td><td rowspan="2">小班</td><td rowspan="2">线下</td></tr>
<tr><td>C 优生培优</td></tr>
<tr><td>语文</td><td>AI 老师</td><td>G 全日制学校</td><td>大班</td><td></td></tr>
</table>

图 1-4　好未来的组合创新

1. 供给端

考虑到新东方在英语培训方面的绝对优势和自身在奥数培训领域的相对优势，张邦鑫决定以奥数培训作为核心项目，进入市场。虽然从竞争的角度讲，张邦鑫选择的发展路径可以有效地避免与强大的竞争对手短兵相接，但对于重视盈利的董事会来说，避开当时主要的培训热门学科，显然不利于盈利。为此，张邦鑫与董事会之

[1] 图中橘色字体代表好未来采取的模式，其余为其他培训机构所采取的模式。图 1-5 至图 1-8 与此相同，特此说明。

间产生了分歧。最终，在他的极力坚持下，公司还是选择了以奥数作为主要培训项目。

凭借创业初期的第一个十倍速发展要素，也就是奥数培训的指数级需求增长，与“奥数网”所带来的“MVP”验证，好未来实现了快速发展。作为联合创始人之一，曹允东也提到，“这个点（指奥数）抓得特别准，这让我们渡过了最初的难关。”到 2005 年的时候，好未来的销售额达到 1000 万元。

除了主要的学科奥数，好未来也在提供语文和英语学科的培训，但张邦鑫为了进一步巩固自身在奥数培训方面的优势，果断将语文和英语学科的课程取消，开始集中精力与资源提升奥数学科的教学质量和水平。在当时看来，这种决策近乎疯狂，放弃业已成熟的学科，等于将很多潜在的用户拒之门外。但是张邦鑫认为，做强比做大重要，质量比数量重要，要么不做，要做就做到第一名。在澎湃新闻对张邦鑫的一次专访中，他讲道：“那时候，因为资源有限，学而思在语文、英语方面并不能做到和数学一样专业，三科同时研发不能实现，所以索性将英语和语文课程停掉了。”

换句话说，只有在供给端集中力量发展具备优势的领域，后进企业才能拥有与行业头部企业竞争市场的能力。而实际的结果也告诉我们，好未来凭借在奥数学科方面的优势，在教育培训市场成功脱颖而出，最终成为能够与新东方相提并论的业内顶尖企业。值得一提的是，在凭借奥数学科实现了突围以后，好未来分别于 2008 年和 2010 年重新将语文、英语等学科添加进课程系统当中，形成了新的业务增长点。但是迄今为止，在好未来的产品体系中，数学培训依然占据核心位置。

除了对课程科目的设置，好未来在供给端也重组了培训服务的具体方式。与新东方不同，好未来坚决不走名师路线，而是选择以标准化课程研发打破名师数量的限制和束缚。

好未来投入了大量的资源进行教研，并根据教研的结果设计高效且合理的课程和教师培训计划。所以，在之后的经营中，好未来只需要从人才市场招聘一些刚刚走上社会的大学毕业生，然后通过培训的方式，就可以批量培养出具备专业素养的教职员工，同时还能保证教学的质量与水平。这一举措，继选择奥数培训作为核心产品之后，成为好未来第二个十倍速增长要素。

2. 需求端

在好未来创办之初，教育培训市场的主流逻辑是“学习成绩差的学生才需要补课，学习成绩好的学生不需要补课”。好未来“反其道行之”，开设了培优班。“学而思培优”是为成绩优秀的学生开设的培训班，当时学而思提出的口号是“北京优秀学生俱乐部”。想要进入这个培训班，学生首先要进行入学考试，成绩达不到要求就无法报名，达到要求的还要进行分层，然后才能进入相应的班级学习。

在这种用户筛选逻辑下，好未来第三个十倍速增长要素出现了，因为学习成绩好的学生的学习意愿、主动性、学习效果都是高于学习成绩差的学生的。凭借这种优中选优的培训模式，2016 年好未来的优秀学员几乎包揽了北京各个区县的中考状元，同样的事情也出现在好未来培优落地的其他城市中。

3. 连接端

在好未来成立 15 周年的庆典上，张邦鑫发表了自己对教育行业的看法，其中提到“教不好学生等于偷钱和抢钱”“不靠口碑招生的学校不受尊敬”“和客户不亲的学校没有未来”等观点。实际上，早在好未来发展的初期阶段，张邦鑫就非常重视学生的授课体验，所以从一开始就对连接端（课堂）进行了合理设计。

张邦鑫说过：“规模在 15 人以下，可以保证每一次课堂每名学生都有两次公平的提问机会。”好未来采用的正是这种小班教学的方式。因为老师面对的学生数量少，所以能够更有针对性地根据每名学生的特点进行辅导，教学质量自然水涨船高。再加上“免费试听”和“随时退费”两大政策进一步提升了学生家长对教学质量的信心，小班教学模式就成为好未来第四个十倍速增长因素。

经过从供给端、需求端、连接端出发的组合创新，好未来找到了一条与新东方大相径庭的发展路径。好未来由此形成了自己的特色优势，通过理科为主、重视教研、小班教学、线下授课的经营系统，有效地填补了市场空白，赢得了大量用户的青睐，同时也迈出了向全国市场扩张的第一步。

第二阶段：学而思网校

尽管学而思培优的发展顺风顺水，但张邦鑫依然没有停下创新的脚步。在互联网刚刚在国内形成规模影响时，他就已经注意到线上教育的优势与未来发展潜力。借助互联网发展初期的东风，好未来顺势对教学培训的连接端再一次进行了重塑，推出了“学而思网校”。当然，一开始的时候由于各种各样的原因，这种在当时看来非主流的培训方式并没有被市场认可。但张邦鑫没有轻言放弃，在线上教育这个领域，他带领好未来进行了一次又一次的尝试。

1. 第一次尝试：录播

张邦鑫在线上教育方面做出的第一次尝试，就是以线上录播的新连接形式为学生提供可以在线观看的视频课程。录播课程可以几乎不受限制地被无数人观看，而直播课程受时间限制只能被有限的人观看。对教育培训企业来说，网络的最大价值在于可以利用少数名师覆盖多数群体，因此好未来在此时不仅调整了供给端的形态，选择了名师模式；同时也调整了需求端的形态，从主打培优，转变为培优 + 补差的全覆盖模式（见图 1–5）。

<table>
<tr><th colspan="2">供给</th><th>需求</th><th colspan="2">连接</th></tr>
<tr><td>学科</td><td>老师</td><td>面向对象</td><td>师生比</td><td>场景</td></tr>
<tr><td rowspan="2">英语</td><td rowspan="2">名师</td><td rowspan="2">B 培训机构</td><td rowspan="2">1 对 1</td><td>线上录播</td></tr>
<tr><td>线上直播</td></tr>
<tr><td rowspan="2">数学 + 理科</td><td rowspan="2">教研 + 普通老师</td><td>C 差生补差</td><td rowspan="2">小班</td><td rowspan="2">线下</td></tr>
<tr><td>C 优生培优</td></tr>
<tr><td>语文</td><td>AI 老师</td><td>G 全日制学校</td><td>大班</td><td></td></tr>
</table>

图 1-5　好未来录播模式的组合创新

虽然好未来的网课采用了名师授课，教学质量很高，但实际的销售情况并不理想，而且完课率始终处在一个较低的水平上。后来，张邦鑫意识到自己陷入了认知误区，他以为“名师 + 录播”的模式，凭借高质量的课程可以实现各种类型学生的全面覆盖。但是，录播的线上教学模式存在一个天然的漏洞——缺少必要的互动。当然，对于一些自律性较强的优秀学生来说，这种缺点影响不大，但对大多数需要不断鼓励才能持续学习的学生来说，录播教学的效果自然难以保证。

从这个角度来讲，好未来互联网转型的第一次尝试以失败告终，主要原因就是录播课程、全覆盖的学员范围与线上录播的课堂模式三者之间的核心要素没有形成合理的匹配。

2. 第二次尝试：直播

好未来在网校发展的第二阶段引入直播课程的新模式，直播课程提升了互动频次，显著提升了学生的学习热情，解决了录播课程与各种类型学生之间的有效连接问题，提升了授课质量，但同时对企业的供给端发起了新的挑战。直播不同于录播可以提前录制的特性，需要大量的师资力量作为支撑，而好未来的名师数量有限，无奈之下，只好调整供给端，从名师录播转变为“教研 + 普通教师”的直播模式（见图 1–6）。相对于经验丰富的名师，凭借高水平教研才能胜任教学工作的普通教师显然无法达到名师的教学水平，所以好未来在在线教育方面的第二次探索，再一次出现了教学质量参差不齐的问题。

<table>
<tr><th colspan="2">供给</th><th>需求</th><th colspan="2">连接</th></tr>
<tr><td>学科</td><td>老师</td><td>面向对象</td><td>师生比</td><td>场景</td></tr>
<tr><td rowspan="2">英语</td><td rowspan="2">名师</td><td rowspan="2">B 培训机构</td><td rowspan="2">1 对 1</td><td>线上录播</td></tr>
<tr><td>线上直播</td></tr>
<tr><td rowspan="2">数学 + 理科</td><td rowspan="2">教研 + 普通老师</td><td>C 差生补差</td><td rowspan="2">小班</td><td rowspan="2">线下</td></tr>
<tr><td>C 优生培优</td></tr>
<tr><td>语文</td><td>AI 老师</td><td>G 全日制学校</td><td>大班</td><td></td></tr>
</table>

图 1-6 好未来直播模式的组合创新

3. 第三次尝试：海边双师——直播 + 辅导

为了找到一种最佳的线上教育模式，好未来开始开放试错，采用了赛马机制，将当时具备的所有在线教育模式统统上线，交由消费者决定谁才是最佳选择。最终，好未来旗下的直播平台——海边直播首创的“直播 + 辅导”模式（见图 1-7）脱颖而出。

简单来讲，所谓“直播 + 辅导”模式就是名师在线上通过直播的形式为大量学员一起上课，而在课下，学生会被拆分成小班，由各自的辅导老师进行有针对性的指导。这种在线培训方式，实际上是把学习拆分成了两个部分。其中“学”是在课堂上完成的，通过互联网，名师可以给大量的学生一起上课；而“习”就是课前的预习、课后的复习，包括辅导作业、有针对性的答疑，都是由辅导老师完成的。如此一来，好未来在保证名师授课的同时，也加强了对在线

<table>
<tr><th colspan="3">供给</th><th>需求</th><th colspan="3">连接</th></tr>
<tr><td>学科</td><td>学：直播老师</td><td>习：辅导老师</td><td>面向对象</td><td>学：师生比</td><td>习：师生比</td><td>场景</td></tr>
<tr><td rowspan="2">英语</td><td rowspan="2">名师</td><td rowspan="2">名师</td><td rowspan="2">B 培训机构</td><td rowspan="2">1 对 1</td><td rowspan="2">1 对 1</td><td>线上录播</td></tr>
<tr><td>线上直播</td></tr>
<tr><td rowspan="2">数学
+
理科</td><td rowspan="2">教研
+
普通老师</td><td rowspan="2">教研
+
普通老师</td><td>C 差生补差</td><td rowspan="2">小班</td><td rowspan="2">小班</td><td rowspan="2">线下</td></tr>
<tr><td>C 优生培优</td></tr>
<tr><td>语文</td><td>AI 老师</td><td>AI 老师</td><td>G 全日制学校</td><td>大班</td><td>大班</td><td></td></tr>
</table>

图 1-7　好未来“直播 + 辅导”模式的组合创新

学生的关注度，突破了在线教育的瓶颈。

从组合创新的角度来讲，好未来把“学习”拆解为“学”和“习”，重塑了教育产业链的基本结构。实际上，这种双师教学的模式也是组合创新的产物。虽然线上直播与线下授课都不是新鲜事物，但张邦鑫将这两种事物组合在一起形成了好未来独有的全新教育模式——双师教学。

“双师教学”模式推出之后，好未来的线上教育水平得到了迅速提升。2018 年，好未来的完课率和续报率超过面授班。因此，好未来继续单一要素最大化，将新开学校的教学模式都改为“双师教学”模式，不再开设面授班，同时从来不做广告的好未来从 2018 年开始大规模地进行网校的饱和式广告宣传，结果营业收入呈现爆发式增长，超过 30 亿元。

第三阶段：教育

随着线上教育的蓬勃发展，张邦鑫再一次回归初心，开始重新思考好未来在未来的发展应该从哪个领域入手？最终，张邦鑫找到了答案。他说："从某种程度上来说，作为课辅机构，我们已经走到了前面。但我们发现，仅仅从课外去影响孩子这件事，它的边际效应越来越小。"所以，张邦鑫决定进军教育行业，他想要将好未来从一个培训机构打造成一个教育机构；从一个运营型公司成长为一个数据驱动型公司；从一个线下公司变成一个科技服务公司；从一个中国公司成长为全球性公司。

2018 年，张邦鑫重新定义了好未来，开始将面向企业和公立学校的业务放在了极高的战略位置上，并且推出了面向全教育培训行业的企业级产品"未来魔法学校"，全方位开放好未来内部的教学教研成果和设备资源，并通过这种方式与公立学校合作，形成新的发展模式（见图 1-8）。

供给		需求	连接
教研	学习资料	面向对象	学的师生比
自研	自研	学生	—
外购	外购	学生	公立学校

图 1-8　好未来在公立教育行业的供需连

对于外界甚至企业内部的人来说，这无异于又是一次疯狂的冒险。在好未来内部有一种担心是，如果公立学校的教学质量得到了提升，那么学生为什么还要来课外辅导机构上课。但张邦鑫认为："未来教育一定是以公立学校为主体、课外教育机构为辅的均衡态势。今天确实有这么一个问题，像新东方、好未来这样的公司在研发领域投入大量资源，在某些领域、某个阶段很容易走到前列。但如果我们大力支持公立校，就能把这种态势扭转过来。这样，校内与校外就可以保持一个均衡的发展，从另一方面讲，这也能让课外辅导机构保持长期健康的发展。"

现在来看，好未来正在向教育平台的定位逐渐靠拢，这也意味着它在线上教育领域保持良好发展态势的同时，通过组合创新找到并发展自己的新方向，甚至已经有所成就。最近，好未来公布了它的新使命，将原本"科技让教育更美好"改为"爱和科技让教育更美好"，把"爱"字放在了最前面，而我最喜欢的就是它把"爱"放在前面的美好，这是一家有使命、有责任感的公司。

第二章

单点破局：找到并击穿“破局点”

对于第一曲线，识别“极限点”价值千金；对于第二曲线，突破“破局点”至关重要。只要过了“破局点”，便有较大可能产生正循环和自增长。复杂并不意味着成功，聚焦单一要素并将其做到极致才是成功的关键所在。

在第一章中，我们重新定义了“创新”并重点介绍了组合创新的两大步骤：拆解最小单元和要素重新组合。在本章中，我将讲解另一个创新问题——单点破局，即如何力出一孔，形成十倍速的增长。

请大家先思考一个问题：“为什么要创新？”对于这个问题，不同的人会给出不同的答案。就我而言，创新有两个目的：第一，创新直接的、功利性的、正面的目的是增长，并且是取得持续性的增长；第二，如果对创新进行哲学式思考，将来我们会深刻地理解到，面对不断变化的内外部环境以及日益加剧的不确定性，创新成为一件不得不做的事，不仅为了增长，也为了生存。

对个人来说，成长（增长）是每个人的首要人生课题；同样，对企业来说，增长是所有企业的首要战略目标。上市公司的市值和创业公司的估值是由未来的增长率决定的，而不是由现在的收入绝对值决定的。如果企业在可预见的未来不再有增长空间或增长率比较低，即便现在拥有再高的收入绝对值，市值（估值）也会下降。

只有拥有一条昂扬向上的增长曲线，投资者才会蜂拥而至，企业的市值（估值）才会越来越高。企业一旦丧失了增长的可能性，就相当于被宣判了“死刑”。

S 曲线与破局点

既然创新是为了持续增长，在讲解“单点破局”之前，我们需要引入一个重要的创新元模型——著名的“S 曲线”。事实上，任何一个品类，无论是技术提升、产品创新还是公司和产业的发展，随着时间的推移，最后的增长形态都是“S 曲线”（见图 2-1）。

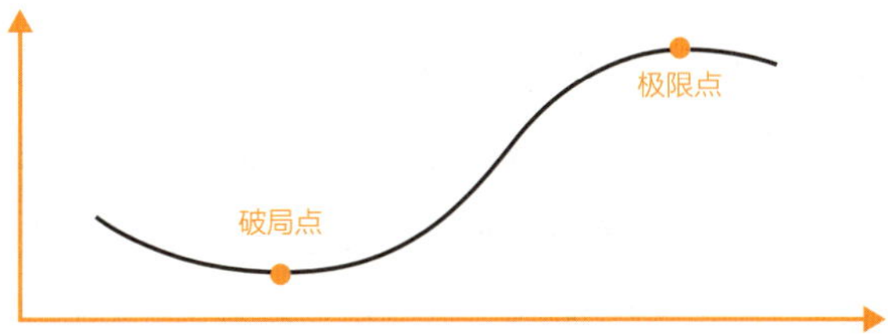

图 2-1 S 曲线示意图

S 曲线的应用范围极广，你几乎可以将它代入一切事物的发展周期当中，它不仅适用于企业的发展周期，也适用于个人的职业生涯和人生发展。

我们从图 2-1 中能够明显看出，S 曲线在开始时呈下降趋势，说明此时的投入高于产出；由下而上的翻转点被称为“破局点”，突破了“破局点”之后，曲线的上升幅度明显增强；靠近曲线上方时，增长速度开始放缓，虽然还保持着增长态势，但相较之前的高速增长已远远不足；曲线由上往下的翻转点就是“极限点”，极限点也是“失速点”，此后曲线便走向下坡路。在本章，我将重点讲解“破局点”，后面的章节将详细介绍“极限点”。

西方管理学大师、被誉为“管理哲学之父”的查尔斯·汉迪（Charles Handy）在《第二曲线：跨越“S 型曲线”的二次增长》[1]一书中，有过这样的论断：“任何一条增长的 S 曲线，都会滑过抛物线的顶点（极限点），持续增长的秘密是在第一条曲线消失之前，开始一条新的 S 曲线。此时，时间、资源和动力都足以使新曲线度过它起初的探索挣扎的过程。”为了便于区分和理解，我们将前一条 S 曲线称为“第一曲线”，而将新的 S 曲线称为“第二曲线”。

在 S 曲线中，破局点非常重要。过了破局点，就能够产生正循环自增长；如果不能过破局点，只是低水平的重复而已。事实上，95% 的企业没有过破局点，95% 的人生也没有过破局点。

所以，如何击穿破局点，就是单点破局需要解决的问题。单点破局的适用范围极广，对初创企业而言，它适用第一曲线如何破局的问题；对成熟企业而言，已经有了第一曲线，它可以解决第二曲线如何破局的问题，而这对于个人也同样适用。

[1] 查尔斯 · 汉迪 . 第二曲线：跨越“S 型曲线”的二次增长 [M]. 苗青，译 . 北京：机械工业出版社，2017. 本书第 6 章将会详细讲解“第二曲线”。

用“供需连”寻找破局点

击穿破局点非常困难。在一般情况下，我们会听到两种建议：一种是不要把所有鸡蛋放在同一个篮子里；另一种是集中优势资源打歼灭战。这两个建议都有道理，问题是如果破局点的面过于宽，你永远找不到那个点；如果没有足够的范围可供选择，你可能会漏掉重要的点。

所以，我的建议是通过一个简单且全面的分析框架，找出单一要素进行单点破局。这个分析框架就是第一章提及的“供需连模型”。这个模型只有 3 个基本点，并不复杂，但这 3 个基本点同时又是 3 个关键的点，所以不会漏掉重要的信息（见图 2-2）。有了模型，我们就需要找到最为重要的破局点。

供需连组合创新

· 供给

· 需求

· 连接

图 2-2 供需连组合创新模型示意图

我们说组合创新就是旧要素的重新组合。在此基础之上，我们需要思考一个问题：“依存条件（组合要素）是不是越多越好？”

考虑到人类的天性，很多人或许会认为组合要素多多益善。然而，真相恰好相反。企业需要的组合要素越少越好，尽量用最少的基本要素满足生存所需。

我十分认同王东岳先生在《物演通论》[1]中讲的这段话：“每一个条件就像一枚鸡卵，你需要的生存条件越多，相当于把众多鸡卵垒得越高，你置身于那高高叠起的累卵之上，心里岂能不疑惧、忐忑？倘或其中的某一个必需条件突然崩溃，就像那叠罗汉似的某一个鸡卵骤然碎裂，你的整个生存基础难免立刻轰然坍塌。”

所以，如果企业仅需特别少的基本要素便可存活，则无疑具备较高的生存度。反之，如果企业需要的依存条件越多，则意味着它的抗风险能力越差，稍有风吹草动，它就有可能万劫不复。因此，创业公司（尤其是初创公司）切忌生态化、集团化、多元化、复杂化，不宜过度营销、联盟、战略合作等，不宜高、大、全。即便是巨头，也必须有所取舍。

混沌学园内部有句流传很广的说法：“什么是你的‘一’？”因为资源有其上限，均等发力就等于没有发力，有可能哪个层面都击不破、打不穿，所以你选定的那个“一”，就是单点破局的关键。

比如，当今世界最大的两个电商企业亚马逊和阿里巴巴，虽然都是电商平台，但在发展的过程中，它们选择了截然不同的破局点。我们用供需连模型来分析一下电商的组合创新。任何电商都需要“人”“货”“场”，构成自己整个生态体系，这里的人、货、场

---

[1] 王东岳．物演通论 [M]．北京：中信出版社，2015.

对应的就是需求、供给和连接（见图 2-3）。

电商的组合创新：人货场模型

- **需求侧：**消费者（人）
- **供给侧：**商家（货）
- **连接端：**平台（场）

图 2-3　电商的组合创新：人货场模型示意图

首先来说亚马逊。亚马逊从建立之初，就确立了企业的使命——成为全世界最以消费者为中心的公司。所以，在创业阶段，亚马逊选择消费者（需求端）作为发展的破局点，亚马逊的“一”就是消费者。

作为经营者，亚马逊的创始人贝索斯脾气暴躁，和很多亚马逊的高层管理人员在公司运营过程中发生过争执；作为企业家，他与媒体的关系也堪称恶劣，在长达 19 年的时间里，媒体一直在批评他；作为合作伙伴，他与供应商之间的关系也非常紧张，因为他总是拖欠货款，将大量的现金攥在自己的手中并用于亚马逊的运营。

他最大的优点是非常重视消费者。与其他零售平台相比，连续近 10 年，亚马逊都被评为消费者满意度最高的一家零售商。在亚马逊的企业价值观中，消费者始终处于最核心的位置。这种价值观促使亚马逊选择了需求端作为破局的单一要素。

阿里巴巴创业之初的使命是“让天下没有难做的生意”。我们不难看出，阿里巴巴选择的“一”是商家，也就是供给端。

我们可以回想一下，阿里巴巴成功的业务几乎都是企业端的，同样的道理，阿里巴巴针对消费者端的经营，大多数以失败告终。最终，成就阿里巴巴辉煌业绩的都是面向企业的业务，比如阿里云。这种基因的存在，也是阿里巴巴选择以供给端作为破局点的主要原因。

两家电商巨头，一个选择了买家，另一个选择了卖家，却没有任何一个同时选择需求端与供给端。或许有人会问：“二者是否可以兼得？”很抱歉，世间安得双全法？什么都想得到，往往什么也得不到，你必须且只能选择其一作为企业的元起点。这是涉及企业根本的问题，切不可掉以轻心。

如果你选择了某一方作为你的元起点，你的商业模型也会建立在这一基点之上。换句话说，企业的价值观、组织心智都是从这个角度入手建立起来的，而之前选择的单一要素其实就是这个小生态系统的第一性原理[1]。上层建筑容易调整，而基础一旦变化，企业面临的将会是灭顶之灾。

当然，我们可以深入地探讨一下这个问题。如果亚马逊选择供给端而阿里巴巴选择需求端作为自己的破局点，会产生什么样的结果呢？我认为，如果真的出现这样的情况，或许就不会有亚马逊和阿里巴巴日后的辉煌了。因为，两家企业之所以会树立截然不同的

[1] 关于第一性原理的内容，请参看拙作《第一性原理》。

两种使命，是因为这是它们受到市场环境影响的必然选择。

> 比如在美国，市场经济起步较早，供应链发展已经达到一个非常成熟的阶段。所以亚马逊可以直接选择消费者作为自己的经营核心。反观阿里巴巴，在起步阶段，中国的商业供应链体系刚刚起步，尚不成熟，甚至连最基本的在线支付都无法简单完成。所以，马云只能从商家入手，通过平台的带动促进供应链的逐渐成熟。

提出以上两个案例，其实是为了强调，在选择单一要素的过程中，上策是通过打破二元对立，找到企业发展的第一性原理；中策是简单权衡，选择优势较为明显的一方；下策则是既要A，也要B，全盘接受。也就是说，无论供给端、需求端甚至连接端，我们最好只选择其中一个，即选择最符合企业发展逻辑的一种作为元起点。

我们用供需连拆解破局点时，仅仅停留在供需连的尺度还是太大，还需继续拆解。如何具体拆解？其中有两个问题需要解决：第一，如何识别破局点；第二，识别破局点之后，如何有效击穿破局点。下面我们将分别阐述。

识别破局点：单一要素十倍速变化

在《只有偏执狂才能生存》[1]一书中，美国著名企业家、工程师安迪·格鲁夫（Andy Grove）提出了战略转折点的概念。什么是转折点？在数学上，当曲线斜率变化比率开始改变符号时，就意味着遇到拐点，而拐点也是转折点。曲线经过拐点之后，开始改变原来的方向从而向另一方弯曲。战略问题也一样，在拐点上，旧的战略被新的战略替代，促使企业上升到新的高度，这时的拐点就是破局点；经过拐点后，企业开始滑向低谷，这时的拐点就是极限点（见图 2–4）。

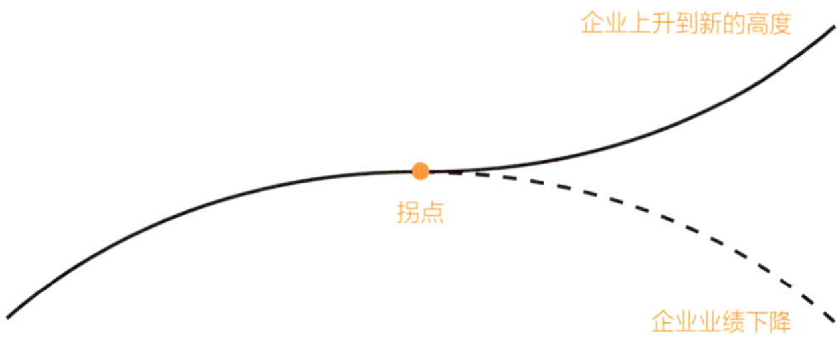

图 2-4　拐点（转折点）曲线

[1] 安迪·格鲁夫. 只有偏执狂才能生存 [M]. 安然，张万伟，译. 北京：中信出版社，2010.

格鲁夫在书中坦言："由于绝大多数的战略转折点都伴随着一个影响其产业的某个因素的十倍速变化，人们因此会问：'每一个战略转折点，都表现出十倍速变化吗？每一个十倍速变化，都会导致战略转折点吗？'我认为，在实践中，这两个问题的答案都是肯定的。"

既然如此，识别破局点的关键自然落在了"十倍速变化"上。大家需要注意的是，出现十倍速变化的绝不是所有基本要素的组合整体，而是其中某个单一要素的短时间巨变。这个要素既有可能位于企业内部，也有可能属于外部环境。当单一要素发生了十倍速变化时，就标志着这条曲线即将产生"破局点"。你要做的事，便是选择它作为破局点，并围绕它构建新组合、形成创新产品。

格鲁夫在《只有偏执狂才能生存》一书中，援引"竞争战略之父"迈克尔·波特（Michael Porter）的竞争分析模型，列举了几种可能产生"破局点"的单一要素："它们（战略转折点）的直接诱因是竞争力量的十倍速变化、技术上的十倍速变化、顾客作用的十倍速变化、供应商和互助企业作用的十倍速变化，以及规章的建立和清除带来的十倍速变化。"

我们将各种单一要素代入供需连组合创新模型，便会让破局点的识别变得更为简单、清晰。它们分别如下。

- 供给端：技术革新的十倍速变化，比如5G技术的大规模应用。
- 需求端：顾客作用的十倍速变化，比如用户的需求强度、年龄层次、兴趣爱好等。
- 连接端：供应者和互助企业的十倍速变化，比如媒介和渠道的变化。从微信的 10 亿月活跃用户数到今日头条的异军突起，概莫能外。

在以上 3 个方面，任何一个要素发生十倍速变化都有可能是破局点出现的象征。

从以上 3 个方面中不难看出，当我们提到“破局点”时，通常与“风口”或周期性变化息息相关。加州大学洛杉矶分校管理学院的教授理查德 · 鲁梅尔特（Richard Rumelt）在《好战略，坏战略》[1]一书中，记载了下面的故事。

> 1997 年 9 月，距离苹果公司几乎破产只有两个月的时间。在此危急关头，此前被排挤出局的史蒂夫·乔布斯临危受命，担任苹果公司的 CEO。在不到 1 年的时间里，乔布斯通过一连串令人眼花缭乱的“组合拳”，让苹果公司的情况彻底改观，将其从破产的边缘中拉了回来。
>
> 1998 年夏季，鲁梅尔特对乔布斯进行了一次采访。鲁梅尔特说：“史蒂夫，这次苹果的绝地逢生给人留下了深刻的印象。但是，根据我们对计算机行业的了解，苹果无法真正地突破这种微利模式。网络效应太强了，Windows 和英特尔的标杆地位根本无法撼动。那么，你有什么长远之计吗？制定了什么战略吗？”
>
> 乔布斯没有反驳鲁梅尔特的论据，但也没有认同，他只是淡然一笑，说道：“我在等待下一个大机遇。”

[1] 理查德 · 鲁梅尔特 . 好战略，坏战略 [M]. 蒋宗强，译 . 北京：中信出版社，2012.

乔布斯没有说简单的增长目标或市场份额目标，也没有矫揉造作地说通过某些手段就能奇迹般地让苹果公司主导个人计算机市场。与之相反，乔布斯真正在意的是下一个“机会之窗”。

想必大家都还记得小米公司创始人雷军先生的那句名言：“站在风口上，猪都会飞。”为了避免大众的误读，雷军专门在自己的微博上对此加以解释：“我引用这句话，是为了说明创业成功的本质是找到风口，顺势而为。”

事实正是如此，亚马逊公司的蓬勃发展与当时的互联网技术迅猛发展的风口息息相关；苹果公司的涅槃重生和小米公司的快速生长，都深度依赖于智能手机兴起的风口；美团和字节跳动公司的快速破局，也离不开移动互联网、4G 和 Wi-Fi 等技术迅速普及的风口……这些都是单一要素发生了十倍速变化带来破局点的实例。

击穿破局点：单一要素最大化

在找到十倍速变化的单一要素作为破局点之后，下一个亟待解决的问题便是如何击穿破局点。所谓击穿，是指突破“阈值”。

西方经济学对“阈值”的定义是：在两个相关经济要素中，一个经济要素对另一个经济要素能够产生影响所必需的最小变化量或变化幅度。如果小于这一变化量，前者对后者的变化不会产生作用或影响。这两个经济要素之间的关系被称为“阈值效应”。

> 生活中有很多这样的例子，比如要想让水沸腾，就需要将水加热到100℃，即便只差1℃，也得不到真正的开水。换言之，如果将水的沸腾状态表述为“1”，则99℃的水温也只能约等于“0”。

在这个案例中，水温达到100℃是击穿阈值的“阈值临界点”，击穿了就是1，没有击穿就是0。要么全有，要么全无。人生也是如此，很多人说：“我很努力，为什么不能成功？”很可惜，没有击穿阈值，自然永远无法拥抱成功。如果击不穿，永远被禁锢在一个低水平的重复里，一旦击穿了，才会有一个全新的世界和空间等着你。击穿阈值之前，遍地都是红海，击穿阈值之后，一花一世界。

击穿阈值的突破点可能是很小的一个点，或者说是最小切口，比如水温或个人的某项能力等，击穿的过程是不断地集中资源投入最小切口的过程，当力出一孔的投入达到一定程度时，量变产生质变，最终便击穿了阈值。

我们再来看看投入产出比。击穿阈值之前，你投入 1，产出的可能是 1/10，产出远低于投入，但是一旦击穿阈值，你的投入是 1，产出的就很有可能是 10，这便是“十倍速变化”的秘密所在。一旦突破了最小切口的阈值效应，你将收获巨大的回报。

当然，击穿阈值需要极大的能量，但是任何企业的资源和条件都是有限的，如果像撒胡椒面一般多处平均用力，当任何一点都无法突破阈值时，前期的投入很容易付诸东流。在这种情况下，我们应该怎么办?

关于这一点，华为的创始人任正非曾经提出了一个口号叫“饱和攻击”，我非常赞同他的这个说法。任何一个企业的资源都是有限的，如果把最核心、最主要的战略方向确定之后，就要把所有的精兵强将、发展资源调配上去，饱和攻击，聚焦在这一点上，先在这一点上取得突破；待击穿阈值后，让其产生自发增长的动力，从而带动其他要素，形成正向循环。

我相信大家应该都听说过木桶理论，简单来讲，一个木桶能盛多少水取决于它的短板。芒格坚决反对木桶理论，他认为那些取胜的系统，没有一个是因为自己的短板取胜的。取胜的系统往往在最大化一个单一要素和最小化所有其他要素上，会走到近乎荒谬的极端。

所以，他提出一个模型叫“最大化模型”[1]，也就是聚焦此前系

[1] 查理·芒格，彼得·考夫曼．穷查理宝典 [M]．李继宏，译．北京：中信出版社，2016.

统中的一个核心要素，重度投入资源，击穿阈值，让它生长为全新的系统。我们称之为“单一要素最大化”，即发现某一个十倍速变化的单一要素，聚焦重度投入资源，击穿阈值，最终将其生长为第二曲线的全部。

硅谷企业家和作家埃里克·莱斯（Eric Ries）在《精益创业》[1]一书中提到这个方法论时，将其称为“放大式转型”，即重新聚焦在以前产品的一项功能上并将其放大为一个整体。

> 马斯克曾在公开演讲中，表达了他对曾经走过的一些弯路的反思：“管理 PayPal 最重要的领悟来自于它的诞生过程。我们原打算用 PayPal 提供整合性的金融服务，这是一个很大、很复杂的系统。结果，每次在向别人介绍这套系统时，大家都没有什么兴趣。等到我们再介绍系统中有一个电子邮件付款的小功能时，所有人对此都很有兴趣。于是，我们决定把重点放在电子邮件付款功能上，PayPal 果然一炮而红。”

PayPal 曾经取得的辉煌，无疑得益于克制。PayPal 将重点力量从大而复杂的金融服务系统中抽出，转投到电子邮件付款功能的单一要素中，最终使其成长为企业的第二曲线。

再来看看苹果公司的经典产品 iPod。苹果公司原创意总监

---

[1] 埃里克·莱斯 . 精益创业 [M]. 吴彤 , 译 . 北京 : 中信出版社 , 2012.

肯·西格尔（Ken Segall）在《疯狂的简洁》[1] 一书中，将乔布斯的成功因素归纳“简洁”。书中是这样描述苹果公司的：“在很多领域，苹果公司并没有真正地从零开始发明产品。苹果公司吸纳了原本比较复杂的东西，巧妙地把它们变成简洁的东西。”

以 2001 年 10 月投入市场的 iPod 为例。乔布斯当时想要寻找一款功能简单的音乐播放器，iPod 因此诞生。在 iPod 设计之初，乔布斯会浏览用户界面的每一个页面，并且会做严格的测试：如果找某一首歌或使用某项功能，按键次数超过 3 次，乔布斯便会非常生气。为了将简洁做到极致，乔布斯甚至还要求 iPod 上不能有开关键。

当时与 iPod 同时期推出的还有索尼公司的一款产品，名叫 Sony Clie，主要定位为个人数字助理（见图 2-5）。这款产品是索尼的集大成之作，将各种高端技术融为一体，可以听歌、录像、上

Sony Clie

Apple iPod

图 2-5　Sony Clie 和 iPod 的外观对比示意图

[1] 肯·西格尔. 疯狂的简洁 [M]. 王岑卉，译. 北京：北京联合出版公司，2013.

网……但最终这款“万能”的产品败给了功能单一的 iPod。2004 年 6 月，Sony Clie 退出欧美市场，并于 2005 年 2 月停止在日本的生产和销售。

iPod 的胜出与 Sony Clie 的败北再次印证了单一要素最大化的重要性。复杂并不意味着成功，聚焦单一要素并将其做到极致才是成功的关键所在。只要击穿阈值，就能打开一个全新的世界。

Netflix 的单点破局

迄今为止，Netflix 已经经历了 3 条发展曲线。1997 年成立时，Netflix 是一家 DVD 产品的线上租赁公司，这是它的第一条曲线。2007 年，Netflix 开始转型从事流媒体，把互联网交易的平台变成了播放的平台。从 2013 年开始， Netflix 逐渐转型成一家内容制作公司。

在第六章中，我将重点用 Netflix 的流媒体案例讲解第二曲线。在本章中，我想用 Netflix 的第三曲线来解读单点破局（见图 2-6）。

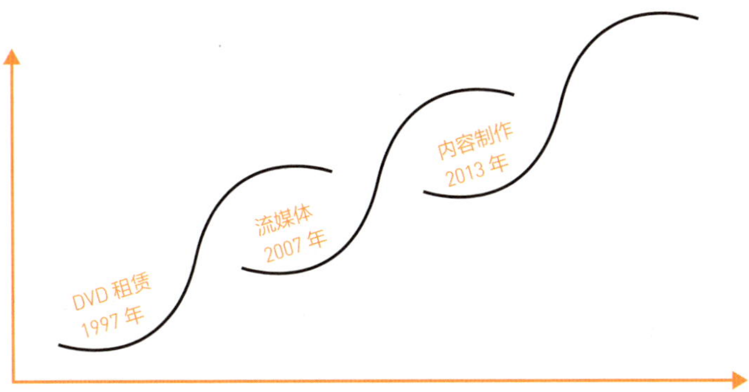

图 2-6　Netflix 的第三曲线

2008 年，Netflix 与内容供应商 Starz 电视网达成了为期 4 年的合作协议，Netflix 每年向 Starz 支付 3000 万美元的版权费用，让 Netflix 用户可以在自己的平台上直接观看迪士尼和索尼公司的影片。

但在 2011 年 9 月，Starz 想要提高版权的价格，从原来的 3000 万美元提高到 3 亿美元，涨价幅度高达 10 倍，一个十倍速变化的单一要素出现了。

对 Netflix 来说，面对这种巨大的成本涨幅只有两个选择：一是继续合作，即使涨价了 10 倍也购买版权；二是自己去做原创内容。自主创作原创内容的难度很大，而且 Netflix 之前只是一家技术型公司，在内容方面并不具备优势。

关键时刻的选择体现了 CEO 的综合能力。关键时刻，哈斯廷斯决策的依据是什么？什么是当时的“一”？ 答案是原创内容成为十倍速变化的单一要素。所以，Netflix 果断地选择了自主创作原创内容这条路。从此，原创内容就成了 Netflix 的第三曲线。

2011 年年底，Netflix 开始主推自己的原创内容。2013 年，Netflix 投资 1 亿美元推出网剧《纸牌屋》。当时，用 1 亿美元投资一部电影已经算是大投入了。也就是说，里德·哈斯廷斯（Reed Hastings）用拍电影的资金投入，拍网剧。尽管当时 Netflix 缺乏在影视剧制作方面的经验，但是作为一个内容平台，它非常理解用户的喜好。

在影视制作方面，Netflix 通过用户收藏、推荐、回放、暂停，以及用户的搜索请求等行为，预测出凯文·史派西、大卫·芬奇和 BBC 出品 3 种元素结合在一起的电视剧产品将会大火。于是《纸牌屋》的男主角是史派西，大卫·芬奇则是第一季导演。

在影片宣传发行方面，相比传统电视网“预订→试播→全季预订→周播→续订”的模式，Netflix 采取整季预订整季上线的模式，让用户在上线当天开启连续收看的“马拉松”。而且，完全没有广告！

《纸牌屋》改变了一切，让一个初出茅庐的技术型公司一战成名，不仅获得了 9 项艾美奖提名，并最终获得 3 个重量级奖项。该剧也成为 Netflix 经营方向上的关键转折点，从此走向注重原创内容的全新模式。

当然，在这个过程中，Netflix 管理层的勇气也是重要的促进因素。作为一家依靠技术优势发展起来的企业，想要在内容方面赢得市场的青睐，并不是一件简单的事情。我相信，Netflix 的高层管理者在不断提升原创内容方面预算的时候，内心也是犹豫不决和焦灼不安的。即便如此，在影视剧投资方面，Netflix 也从未吝惜过资本的投入（见图 2-7）。

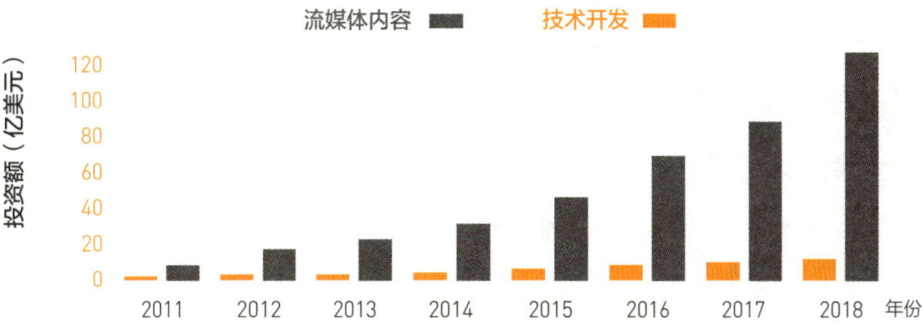

图 2-7　Netflix 内容与技术投资额度对比

图片来源：华尔街日报。

从 2011 年开始，Netflix 在内容方面的投资就已经超过了在技术方面的投资。2017 年，Netflix 全年营收 117 亿美元，在电影和电视节目方面投资 389 亿美元。截至 2018 年，Netflix 在原创内容上的投资额达到 120 亿 ~130 亿美元，而对比同期的 HBO，在原创内容上的投入仅为 25 亿美元。实际上，Netflix 已经成为全球最大的娱乐供应商。高盛预计，2022 年，Netflix 在内容方面将投入 225 亿美元，这要比所有美国网络和有线电视的投入总和都要高。

2018 年，Netflix 推出 82 部自制电影、700 集自制或独家电视剧，而同期著名的影视剧制作公司华纳兄弟和迪士尼，分别只有 23 部和 10 部。

大量的原创内容为平台赋予了充足的活力。对内容平台来说，影响运营效果的最重要的因素就是用户的转移。如果购买版权，就意味着其他平台可能也会拥有一样的内容资源，在这种环境下，用户的转移会频繁发生。

而 Netflix 的内容都是通过独家授权或自主原创的方式产生的，在不对外销售版权的前提下，内容都是 Netflix 平台独有的，因此用户与 Netflix 的黏性自然牢不可破。从某种程度上讲，这就是单一要素最大化或者说单点破局带给企业的极致竞争力——把原本只是第一曲线一点点分量的“原创”，变成第二曲线的重点和未来。

2018 年，作为后起之秀的 Netflix 在获得艾美奖提名方面，居然超过了 HBO（见图 2-8）。这是一个关键性的转折点，其投拍的电影《罗马》，荣获 2018 年奥斯卡的最佳导演奖、最佳外语片奖和最佳摄影奖。Netflix 平台上 2018 年发布的影视作品中，约 51% 为 Netflix 的自制内容，这也使得 Netflix 影视库中的自制内容占比达到 11%；作为对比，APV 和 Hulu 这两家的合并自制内容占比仅为两家影视库内容总和的 1%。

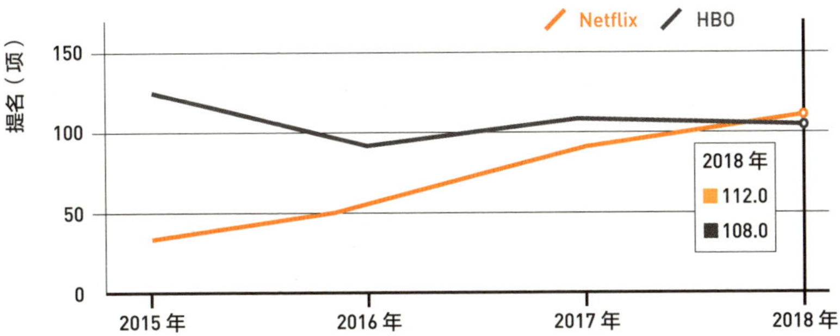

图 2-8　Netflix 与 HBO 获得的艾美奖提名数对比示意图

资料来源：Academy of Television Arts & Sciences。

Netflix 这个案例令人印象深刻的是：单点破局，坚决做减法。其商业模式、收入模式、增长模式都非常简单，只有流媒体付费一种主营业务，甚至连其他内容平台赖以为生的广告业务都不存在。

Netflix 的制胜法宝是尽量保持专注，集中精力做好内容，虽然在发展过程中，Netflix 也曾经尝试在硬件、技术服务等方面寻求新的突破，但最终全部放弃了。即使电视盒子 Roku 已经成功了，但 Netflix 还是将其从企业中拆分出去，建立了独立的公司。从 1997 年成立到 2017 年，Netflix 没有做出任何收购动作。直到最近，Netflix 收购 Millarworld，仍然是为了投资漫画内容领域，以此对抗漫威。

Netflix 的增长指标只有一个，那就是付费用户，不是收入，不是利润，甚至不是正向现金流。其商业模式就是：收入 = 用户数 × 年费。凭借简单的商业模式，2018 年第一季度，Netflix 的收益达到 140 亿美元[1]。

在单点破局的模型下，Netflix 唯一的获客成本就是独家的原创优质内容，只要确保高质量内容的持续输出，就可以实现用户的持续增长和长久留存。Netflix 的优质原创内容就是增长引擎，高投入等于好内容，好内容等于多用户，所以高投入等于多用户。用简单粗暴来形容这种发展模式最为贴切。为了确保高质量内容的持续产出，Netflix 不惜举债投资，长期的全部押进，很少去考虑现金流的问题。

2018 年，Netflix 在内容方面投入 120 亿美元，而 Netflix 在 2018 年上半年负债 83.42 亿美元，净利润 6.74 亿美元，经营活动现金流为 -7.55 亿美元。哈斯廷斯说：“Netflix 每年借债数十亿美元的现象，还会持续数年。”他认为，公司账面上的现金越多，说明创新动力越不足，他要进取到让自己“毛骨悚然”的程度。

这种近似疯狂的单点破局方式促使 Netflix 获得了飞速增长。2017 年，Netflix 实现了一个曾经似乎不可能实现的目标：Netflix 用

[1] Netflix 单用户 ARPU 值 120 美元 / 年，2018 年第一季度全球订阅用户 1.25 亿。

户数量超过了美国有线电视用户总数（见图 2-9）。

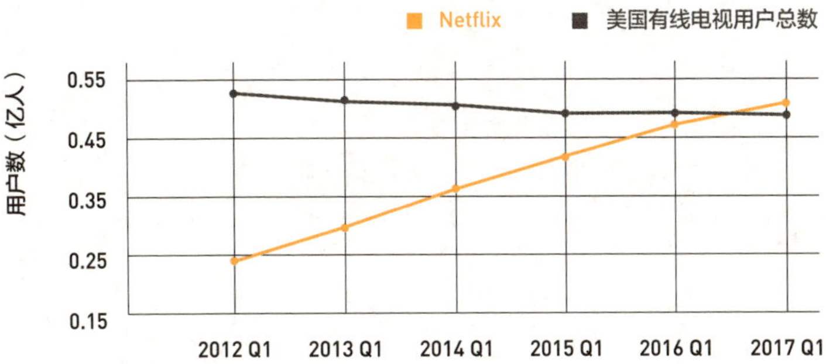

图 2-9 Netflix 用户数量与美国有线电视用户总数对比

资料来源：Leichtman 研究小组。

2018 年，Netflix 全球在线视频收入 426 亿美元，首次超过全球电影票房（411 亿美元）。Netflix 已经成为第一个全球化的互联网电视平台。2018 年 5 月 25 日，Netflix 市值 1526 亿美元，首次超过迪士尼的市值（1518 亿美元）。Netflix 的标签——“世界最大的流媒体公司”中的“流”字可以拿掉了。

Netflix 的竞争对手是谁？哈斯廷斯的野心有多大？著名投资人罗斯·嘉宝评价道，现在好莱坞硝烟弥漫，而交战双方正是 Netflix 模式和好莱坞模式。原来哈斯廷斯的竞争对手不是其他视频网站，也不是有线电视台，而是整个好莱坞。一个巨大的野心建立在单一要素之上，投入所有的资源，甚至不惜举债投入，“杀气腾腾”地单点破局。容易的时代过去了，我们一定要开始适应难而正确的事情。

第三章

错位竞争：与其更好，不如不同

“组合”与“组合”之间的错位，是“创业的第一法则”。创业者真正应该做的，是通过独立思考找到技术与市场全新的组合方式，搭建“新兴价值网”，在独有的生态位里发挥优势、成为领军者，充分享受创新红利。

在前文中，我们将熊彼特的创新方法论归结为“旧要素的重新组合”，也可称之为“组合创新”。企业一旦选择了基本要素并完成了组合，也就选择了自己的生存环境或生态位[1]（Ecological Niche）。我们将会在后文中详述“你所拥有的，往往就会变成制约你的”，换言之，企业一旦选择了生态位，也会反向被其生态位禁锢，这将决定企业的成败。

在克里斯坦森的眼中，技术和市场没有所谓的颠覆，只有技术和市场的新组合才具有颠覆性。这里大有熊彼特的组合创新的味道，而所谓的新组合就是“价值网”。一旦选择了基本要素并完成了组合，企业也就选择了自己的价值网，即企业的生态位。

为了更好地理解“价值网”理论，我将其进一步简化（见图3-1），其中纵向供给端代表技术，分为主流技术和新兴技术两类；而横向的需求端代表市场，分为主流市场和新兴市场。

图 3-1　价值网体系示意图

[1] 生态位是指一个种群在生态系统中，在时间、空间上所占据的位置及其与相关种群之间的功能关系与作用。生态位又称生态龛，表示生态系统中每种生物生存必需的生境最小阈值。

从图 3-1 中我们可以看出，在价值网理论中，最先出现的是为主流市场和客户服务的主流技术，它们创造了最大的价值网，我称之为“主流价值网”，它占领了市场的绝大部分份额。而为新兴市场和边缘客户服务的新兴技术构建起一个相对较小的价值网，即“新兴价值网”，这里存在双重风险，既有市场竞争的风险，也有技术成熟性的风险。

说到这里，我们不妨思考一个问题：“初创企业的机会存在于主流价值网中，还是新兴价值网中？”答案显然是后者。毫无疑问，每一个主流市场都有先行者，它们有些顺利地占据消费者心智，成长为所谓的“在位企业”。在位企业已经占据最肥美的主流价值网。初创企业要想获得生存空间，最好的选择便是依靠新兴技术与新兴市场的全新组合，进入新兴价值网，这里能为初创企业带来最大的回报。

主流价值网和新兴价值网存在较为明显的差别。在主流价值网中，市场空间是既定的，已有较为成熟的盈利模式和企业，市场的潜在风险较低，但竞争风险较高。初创企业要面对的是一个又一个的行业“巨无霸”，要想和“在位企业”一较高下，只能凭借特别突出的效率或执行力。

在新兴价值网中，市场的潜在风险较高，无法准确预估市场的规模和未来的发展方向，但是竞争风险低，初创企业成功的概率更大。因此，我认为新兴价值网“几乎是初创企业唯一的机会窗口”。需要提醒大家的是，新兴价值网的市场规模并不是恒定的，它很有可能成为未来的主流价值网，而初创企业也有可能坐享市场“蛋糕”

变大的红利，成为让后来者望而却步的在位企业。

遗憾的是，很多创业者并没有意识到这一点。他们看不到新兴价值网，或者说看不上新兴价值网；他们眼中只有现有的、肥美的主流价值网。在巨大利润的诱惑下，这些创业者宁可摩拳擦掌与那些行业巨头正面较量，正面对抗顶级对手，明知不敌也要亮剑，血溅五步也在所不惜。我个人认为，在创业层面，这种正面竞争方式只是一种匹夫之勇，实不可取。创业一定不要靠激情，那是毫无意义的，创业需要冷静思考。

大家常说创业需要冒险，而“现代管理学之父”彼得·德鲁克（Peter Drucker）在其著作《创新与企业家精神》[1]中说：“创业之所以含有风险，其主要原因是在所谓的企业家中，只有极少数人知道自己在干什么。他们缺少方法论，并违背了基本且众所周知的规则，高科技企业家尤为如此。”

在德鲁克看来，创业者需要的并不是勇于冒险的精神，而是一套科学的创业方法论。而克里斯坦森在其《创新者的窘境》[2]一书中，恰好为众多创业公司提供了一套提高创业成功率的方法，即率先采用破坏性创新的方法，进入新兴价值网，从而有效地提升增长业务的成功概率。

他的研究中有一组数据，包含了1975—1994年近20年的时

---

[1] 彼得·德鲁克．创新与企业家精神[M]．蔡文燕，译．北京：机械工业出版社，2007.

[2] 克莱顿·克里斯坦森．创新者的窘境[M]．胡建桥，译．北京：中信出版社，2010.

间里，全球硬盘驱动器行业的各个企业每年推出的各种硬盘驱动器的技术和性能规格。通过认真回顾硬盘驱动器行业技术变革的历史，克里斯坦森得出了创新成功的大数据规律[1]（见图 3-2）。

选择战场	成功率	收入规模
新兴价值网（破坏性创新）	37%	620 亿美元
主流价值网（跟随策略）	6%	33 亿美元

图 3-2 创新企业成功的大数定律

克里斯坦森发现，如果创新企业进入主流价值网，与在位企业正面直接竞争，成功率大概是 6%，但如果创新企业能够开创一个全新的价值网，率先进入新兴市场，成功率会提高 5 倍以上，达到 37% 左右。这是成功率的对比，对创业者来说，这个数据很有价值。

再来看收入规模的对比，克里斯坦森发现，进入主流价值网的磁盘企业在近 20 年的时间里，创造了约 33 亿美元的销售收入；而进入新兴价值网的磁盘企业，在同样的时间段中创造了约 620 亿美元的销售收入。单从收入规模的角度而言，二者存在近 18 倍的差距。

[1] “大数定律”又叫“大数概率”，发现者是瑞士数学家雅各布·伯努利。该定律是指随机事件大量重复出现，几乎呈现必然的规律。通俗地说，在试验条件不变的前提下，重复试验多次，随机事件的频率近似于它的概率。换言之，偶然中包含某种必然。

错位竞争法则

我将克里斯坦森的研究结果提炼为“错位竞争法则”：与其更好，不如不同。所谓“错位”，是指创新企业在技术和市场两大要素上的组合方式，与在位企业的组合方式之间存在明显的不同，即你的“组合”与在位企业的“组合”之间的错位。在我看来，这是“创业的第一法则”。错位竞争是混沌学园最欢迎的 3 个模型之一，也是初创企业寻找自己最佳切入点的思考模型；同样地，个人也可以利用这个模型寻找自己的职业发展方向。

德国生物学家恩斯特·迈尔（Ernst Mayr）的著作《生物学思想发展的历史》[1]中也有类似的表述：“在很多情况下，取得成功仅仅是由于变得与众不同或更加不同，这样就减少了竞争。达尔文提出性状趋异原则[2]时就清楚地了解这一点，它促进不断变化，但并不一定是进步。”某一物种得以生存的真正原因，不一定是它比其他物种更强壮，而在于它与其他物种之间存在明显的不同。

这也印证了前面提到的生态位概念。在大自然中，凡存在者都有自己的生态位。亲缘关系相近的、具有同样生活习性的物种，不会在同一个地方竞争同一生存空间。若同时在一个区域，则必有空

[1] 恩斯特·迈尔．生物学思想发展的历史 [M]. 涂长晟，等译．成都：四川教育出版社，1990.

[2] 在地理位置上重叠分布的两个物种，某些性状表现出明显差异的现象。

间分割。即使弱者与强者共处同一生存空间，弱者仍然能有生存的空间，没有两种物种的生态位是完全相同的。

如果我们将生态位的思维应用到企业，会发现很多人的做法违背了这个规则。他们把正面竞争和击败竞争对手作为出发点，事实上完全没必要，我们的目的是让自己活得更好，而不是战胜别人。

创业者真正应该做的事情是，通过独立思考找到技术与市场全新的组合方式，搭建一个新兴价值网，在独有的生态位里发挥优势、成为领军者，充分享受创新带来的红利。所以，德鲁克说："小企业的成功依赖于它在一个小的生态位中的领先地位。"也就是"与其更好，不如不同"。

看到这里，大家可能会认为小的初创企业需要错位竞争。那么，巨头企业是否需要错位竞争呢？

> 如今的中国互联网巨头之一腾讯，在早期的发展过程中也走过一些弯路。对此，马化腾进行过十分深入的总结："我们过去其实有很多失败的案例，比如搜索。我们的团队完全照着百度来，人家有什么我们就有什么，没有想到别的路径。搜狗就很聪明，它们拼搜索拼不过百度，就拼浏览器。浏览器靠什么带动？输入法。输入法带浏览器，浏览器带搜索，迂回地走另外的路，就比我们做得好。人家花的钱是我们的 1/3，最后（取得的成效）是我们的 2.5 倍。
>
> "像我们电子商务原来的团队是照淘宝做，做来做去，越做越没希望，一模一样的东西很难（胜出）。包括微博，我们下大力气做腾讯微博，也没有超越新浪微博，始终没办法突破。最后发现让

> 新浪微博绝望的不是腾讯微博，而是微信，特别是加了朋友圈（功能）之后。
>
> “……这个东西也给了我们启发，打败微信的肯定不会是另一个微信，肯定是另外的更好玩的应用，它会让用户用掉所有的时间。”

这段讲话来源于马化腾于 2013 年 11 月 8 日在中国企业家俱乐部的道农沙龙上发表的主题演讲。将近 7 年的时间过去之后，马化腾当年的预言正慢慢变为现实——如今的字节跳动系，包括抖音和今日头条，正慢慢成长为腾讯的强大对手，给微信带来了巨大的冲击和威胁。

在领先企业已经建立主导性优势的环境中，采取跟随策略的“me too”型产品，绝大多数都会沦为鸡肋。腾讯做过的搜索、电商和微博是这样，马云曾经力推的社交类产品“来往” 也是如此。

> 2013 年 10 月下旬，马云在阿里巴巴内部论坛发帖，强调了移动通信产品“来往”对阿里巴巴的重要性，并宣告“火烧南极”，向正处于快速上升期的微信正式发起挑战。马云甚至在帖子中写道：“……谁不参与（这场战争），谁就不该待在这家公司里。因为这是我们每个人可以做的事，这不是战略，这是阿里人在无线时代争取生存权利的努力。”
>
> 宁可死在“来往”的路上，也绝不活在微信的群里，这是马云对“来往”的态度。马云向来不缺“亮剑精神”，他曾率领阿里人向国际电商巨头 eBay 亮剑，并趁着对方水土不服、落足未稳之际，

向其发起大举进攻，最终取得了那场战役的胜利。

那么，“来往”与微信的这场较量最终结果如何？艾瑞咨询发布的《2014 年 Q3 中国移动社交通信研究报告》显示，2014 年第三季度，微信的月活跃用户数量是 3.86 亿，占有 81% 的市场份额，排在第二的是腾讯的另一款社交产品手机 QQ，月活跃用户数量为 3.74 亿，而“来往”的月活跃用户数量是 438 万，连微信的零头也不及，市场份额占比仅为 0.92%，在全国同类产品中排第 15 位。

为什么运营能力强悍如阿里者，集全公司之力推“来往”，也没有获得成功？这是因为阿里的基因是 To B 的，而依靠即时通信业务起家的腾讯拥有的是 To C 的基因，它在社交领域有着深厚的技术优势、用户基础和品牌影响力，属于不折不扣的“在位企业”。还记得前面提及的数据吗？与在位企业巨头正面直接竞争，成功率大概是 6%，竞争结果不言自明。我非常喜欢《定位》[1] 中的一句话：“任何公司向巨头已经占据的领先地位正面直接发起挑战，都无望获得成功。”

再强调一下，你选择了你的生态位，你就会被生态位禁锢。在“来往”失败之后，马云痛定思痛，决定绕过微信，将突破口错位定于 To B 智能移动办公平台，“钉钉”应运而生。

[1] 1969 年，美国的两位营销大师艾·里斯和杰克·特劳特为《工业营销》杂志写了一篇文章，题为《定位：同质化时代的竞争之道》。

> 最早的“钉钉”，功能极其简单，它就是公司内部员工的沟通工具，兼具上下班打卡功能。当时的马云已经将问题想得十分明白：正面进攻微信牢牢占据的 To C 市场纯属自寻死路，而在 To B 市场，却没有一个能够横扫行业的超级工具。“钉钉”从一出现，就以一种破局者的姿态闯入企业级服务市场，一发不可收拾。
>
> 2015 年 1 月，“钉钉”1.0 版本正式上线，此后势如破竹，年底已坐拥 100 万家企业客户。2019 年 4 月 17 日，毕马威和阿里研究院联合发布《百年跃变：浮现中的智能化组织》报告。报告显示，智能移动办公软件市场逐渐向头部聚集，“钉钉”以破亿的用户总数，比第二名到第十名活跃用户数的总和还高，占据市场绝对领先地位。用户覆盖近 200 个国家和地区，活跃用户数增幅为 400%，组织数增幅为 500%。
>
> 在短短 4 年的时间里，“钉钉”就像是一颗钢钉，深深地插入 To B 市场，稳稳地占据了该市场的头把交椅，其功能也从最早的聊天、打卡，进化到解决办公场景中的其他需求，打造了属于自己的新兴价值网。

“钉钉”植根于商业环境的土壤，相较于“来往”对社交功能的执念，更符合阿里巴巴 To B 的基因和使命，这也是“来往”失利而“钉钉”成功的原因之一。其实，人生和职场的成长也是如此，只有找到自己的赛道，求同存异，才能走得更快、更稳。正如加州大学洛杉矶分校管理学院的教授鲁梅尔特在《好战略，坏战略》一书中所述的好战略的其中一个标准："找到一个能够扬长避短的领域，放大你的优势，同时让你的劣势变得不那么重要。"

仅看腾讯和阿里巴巴的案例，或许有人会说："它们财大气粗，拥有丰厚的资本底蕴和人才储备，对创业公司来说，借鉴意义不大。"为了增强说服力，我们不妨看看当年的美团——一个典型的小微创业公司，如何通过错位竞争成长为今天的中国互联网第三极[1]。我将从美团团购和美团酒旅两个方面的业务分别进行阐述。

[1] 2019年5月，百度和美团点评相继公布了第一季度财务报告。受此影响，百度股价暴跌，截至5月24日休市，百度市值为400.66亿美元，同期美团点评的市值约合443亿美元，二者差距超40亿美元。单从市值上看，美团点评已暂超百度，成为中国互联网的第三极。

美团团购的错位竞争

在团购兴起之前，中国互联网电商第一巨头毫无疑问是阿里巴巴。王兴在2010年创立美团之初就在思考，如何与阿里巴巴错位竞争并明确了自己的发展道路：绕开当时已被阿里巴巴占位的主流价值网，不与巨头正面交战。为此，美团提出两个错位竞争的理论：一是三横四纵模型（见图3-3）；二是AB分类法。

	资讯	交流	娱乐	商务
搜索	百度	腾讯	盛大游戏	阿里巴巴
社交	新浪微博	人人网	开心网	?
移动	?	?	?	美团

图3-3　美团的三横四纵模型示意图

在美团的三横四纵模型里，“四纵”主要是指互联网用户的需求发展方向，包括资讯、交流、娱乐与商务，“三横”则是指搜索、社交、移动互联网等互联网技术变革的方向，它们分别对应我们常说的Web 1.0、Web 2.0和Web 3.0。

纵观中国互联网的发展历程，每隔几年就会出现一次巨大的技术变革，从搜索、社交到移动，逐渐影响“四纵”领域。每当一个新技术浪潮出现时，在“三横四纵”的交会处，就会出现创业者进入的机会。

为了避开与巨头的直接竞争，早期美团选择了用 Web 2.0 的方式做商务，也就是一个新的电商，所以取名为“美团”，当然后来给美团带来巨大成功的不是 Web 2.0，而是 Web 3.0。我们再来看看美团通过“三横四纵”找到错位竞争的方向后，是如何通过 AB 分类法更加细化地选择切入点的。

> 2017 年 12 月 13 日，美团点评高级副总裁王慧文在“2017 亿欧创新者年会暨第三届创新奖颁奖盛典”上，做了题为《对互联网的一点点认知》的主题演讲。在演讲中，王慧文从偏传统互联网特征的角度，对行业进行了“AB 分类”。
>
> “如果只切一刀，我们认为要把整个互联网分成两类，A 类是供给和履约在线上，B 类是供给和履约在线下。上面是 A，下面是 B，A 和 B 的面积大小是有差别的（见图 3-4）。

A: 供给和履约在线上（腾讯）

B: 供给和履约在线下（阿里巴巴）

图 3-4　AB 分类法示意图（1）

“A 是视频类网站、直播、在线游戏等；B 是淘宝网、京东商城等，美团点评大部分业务也属于 B……如果我们必须再切一刀，我们可能会得到下图（见图 3-5）：A 的部分没有变，B 则分出了 B1 和 B2。

<table>
<tr><td colspan="2">A: 供给和履约在线上</td></tr>
<tr><td>B1
实物电商
（阿里巴巴）</td><td>B2
生活服务电商</td></tr>
</table>

图 3-5 AB 分类法示意图（2）

“B1 是以库存量单位为中心的实物电商，B2 是以定位为中心的生活服务类电商。为什么这两个要分开？因为它们的信息组织模式、产品的交互流程、业务经营方法会有非常大的区别……

“如果 B2 再细分一个颗粒度，给 B2 再切一刀是什么样子的？基于定位，有消费者的定位，以及供应方的定位，定位动不动是非常重要的要素（见图 3-6）。”

<table>
<tr><td colspan="2">A</td></tr>
<tr><td rowspan="2">B1
实物电商
（阿里巴巴）</td><td>异地生活服务电商
（携程旅行网）</td></tr>
<tr><td>本地生活服务电商
（美团）</td></tr>
</table>

图 3-6 AB 分类法示意图（3）

图 3-4~ 图 3-6 体现的是美团 AB 分类法的变迁。在图 3-4 中，美团将自己归于 B 类，但是 B 类已被阿里巴巴占位。为了错位竞争，美团在图 3-5 中对 B 类又做了细分，将阿里归于以库存量单位为中心的实物电商，而将自己划入以本地生活为中心的生活服务电商。表面上看，市场越切越小，实际上无论从任何哪个点深入，只要击穿阈值，都有大市场。

我们在竞争中经常会有错觉，认为眼睛看到的世界就是全部，错把在位企业的生态位等同于全部行业的生存空间，这是平面、静态的思维。错位竞争就是通过不同组合找到特有的生态位，也就是找到企业的生存空间。

所以，我们用错位竞争来分析美团团购（见图 3-7），阿里巴巴选择的是 Web 1.0 的实物电商，属于主流价值网，而美团主动选择了 Web 2.0 的生活服务电商，属于新兴价值网。

图 3-7　美团团购的错位竞争示意图

或许有人会问：“为什么美团选择的是本地生活服务团购，而不是实物团购？新兴价值网的市场这么小，值得进入吗？”美团进入新兴价值网，原因有以下 3 点。

1. 打不过巨头

在《九败一胜：美团创始人王兴创业十年》[1]一书中，李志刚记录了王兴的这样一段话："实物团购选品、价格、物流等都一定要有明确的体验优势，如果没有，肯定打不过淘宝网，淘宝网有非常大的流量，你做的事情它也能做，因为用户的交易行为都是一样的。如果要和聚划算差异化竞争，那么就必须自建物流，保障良好的用户体验。

"在竞争对手更偏好实物团购的时候，美团一直坚守以服务类团购为交易主流，实物团购基本控制在总交易额的 10% 以下。仓储、配送环节是美团做不了的，不是美团的价值所在，干脆不做。"

简而言之，美团如果去做实物团购，肯定打不过巨头，这是美团选择本地生活服务这一新兴价值网最重要的原因。

2. 巨头不屑做

生活服务是典型的非标准化商品，更加注重细节运营，毛利率极低，这些"脏活""累活"，巨头们一般看不上。而在王慧文看来，"美团爱上了含金量极低的活儿。一个事情又不怎么赚钱、又难、又慢，BAT[2]是看不上的。所以美团专门做鸡肋业务，把肥肉留给BAT。"[3]

---

[1] 李志刚．九败一胜：美团创始人王兴创业十年 [M]. 北京：北京联合出版公司，2014.

[2] 百度、阿里巴巴、腾讯三大集团的简称。

[3] 出自《中国新闻周刊》2019 年 3 月的深度报道《美团的亏损，为何停不下来》，记者白白。

3. 市场足够大

2013 年 2 月 23 日，王兴在美团三周年内部年会上，发表了名为《千亿销售目标并不激进》的演讲。在他看来，服务业的电子商务有着巨大的市场潜力，淘宝天猫是商品的电子商务，王兴相信服务的电子商务市场是一个规模不逊于商品的电子商务市场，甚至更大。他说："如果大家关注宏观形势，就可以看出 2012 年全国 GDP 和各个产业的分布，我相信 2012 年是第三产业产值小于第二产业产值的最后一年。第三产业就是服务业，它与第二产业工业的产值差距正在飞速缩小。从今年开始，统计报告肯定会是第三产业服务业总产值大于第二产业，而美团恰恰做的是第三产业，是服务业的电子商务。"

我们看完美团坚定不移的错位竞争策略，再来看看同期友商们的选择。易观智库的统计结果显示，在 2010—2011 年的千团大战中，实物团购的占比是 58%（见图 3–8）。

换句话说，在大多数人的常规认知中，国内的团购网站是因为美团的崛起而被排除在市场之外的，事实并非如此。千团大战的硝烟散尽之后，人们发现这些选择做实物团购的网站，实际上并非败于美团之手，而是被阿里巴巴的聚划算打败的。美团则得益于错位竞争策略，完美地避开了巨头的拦截，开辟了一条全新的航道。从这个角度分析，美团能够取得今日的成就，离不开王兴卓越的战略分析能力，在未战之前便先勾画一片全新的天地，这比盲目亮剑的血气之勇重要许多。

在 2010—2011 年的千团大战中，实物团购比例在 50% 以上。

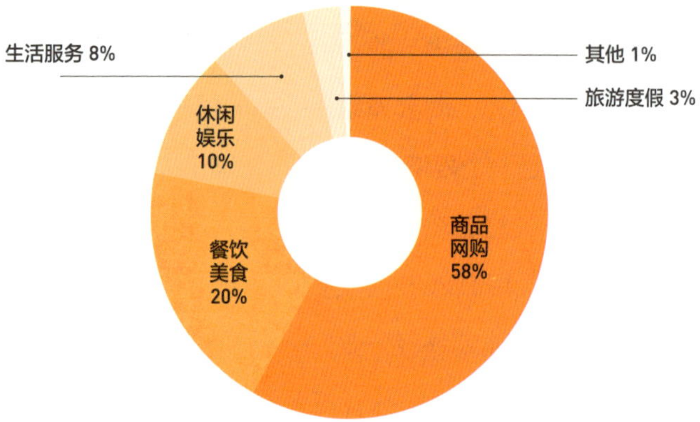

图 3-8　2011 年中国团购成交类目比例

资料来源：Enfodesk 易观智库。

2016 年，当时《财经》杂志的记者问王兴："美团和滴滴这样未上市但体量巨大的独角兽公司的出现，是否会使原来以 BAT 为主导的互联网秩序发生变化？"王兴给出了与克里斯坦森极其相似的答案，他认为在互联网领域的竞争规律并没有发生本质上的改变，从来都是这样，不是在原有领域一个人把原来的人替代，而是新的战场在扩大，新的玩家占住了新的战场，创新永远在边缘，但边缘会长大。

美团酒旅的错位竞争

2015 年是互联网企业的并购大年，在这一年中，携程旅行网并购了去哪儿网，投资了艺龙网和同程网。根据梁宁在其课程《产品思维 30 讲》中给出的数据，2015 年，携程旅行网在线住宿市场的占有率是 40.2%，到了 2016 年，这一数值接近 60%，是中国在线住宿市场中当仁不让的第一（见图 3-9）。

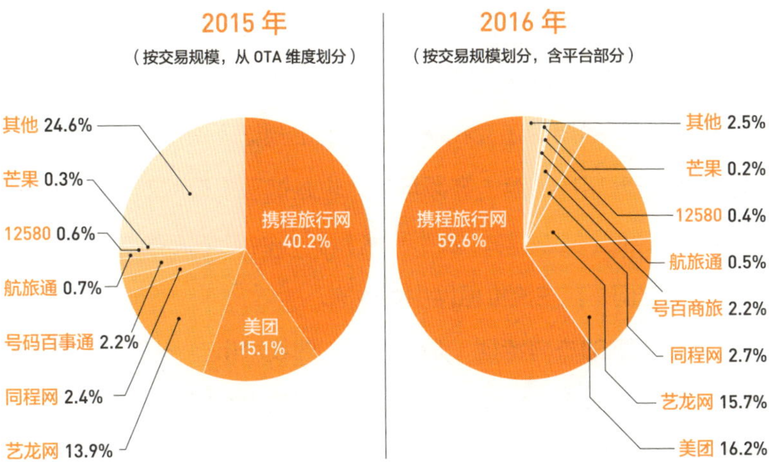

图 3-9 中国在线住宿市场份额示意图（2015—2016 年）

在这两年中，美团的市场份额基本保持平稳，均为 15% 左右。如果与携程旅行网正面硬拼，美团的胜算很小。为此，王兴再次祭出了看家法宝——错位竞争，在短短两年的时间内，让整个酒旅市场的竞争格局发生天翻地覆的变化。

2013 年，美团派出 3 名产品经理和 2 名实习生，组成了一支独立小分队。这支小分队的任务是在丽江跑通一个业务小闭环，寻找关键的成功要素。通过这次尝试，美团发现了一个携程旅行网没有覆盖的市场——本地人在本地住宿的需求。

2014 年，美团成立了酒旅事业部，建立了独立的供应链团队；2015 年，美团建成在线预订酒店系统。两年磨一剑，美团酒旅搭建了自己的新兴价值网。

奇怪的是，携程旅行网对此似乎完全不在意。原因何在？其实这与携程旅行网的基因相关。携程旅行网起家于商旅市场，90% 的用户会通过携程旅行网购买机票，45% 的用户会在携程旅行网上预订酒店，20% 的用户还会在携程旅行网上预订度假产品。商务出行是携程旅行网用户的第一高频场景，也是携程旅行网的主战场。不仅携程旅行网，艺龙网、去哪儿网和同程网服务的都是商旅人群。换言之，它们是在主流价值网中竞争的。

商旅人群的流向特征，是从三线、四线城市向一线、二线城市转移，以出差居多，主要落脚于每个城市的中心区域。而商旅人群的用户画像通常是企业的市场和销售人员，人数规模并不大。事实上，携程旅行网的生态位，也就是商旅人群的需求并不是酒旅的全部，本地人较为旺盛的本地住宿需求亟待满足。

从这个意义上讲，你或许可以理解王兴在 2017 年接受《财经》杂志采访时给出的说法："在我们入场之前，携程旅行网只有小几万家酒店，还有几十万家没去签，我们去了。”

基于王兴对新兴价值网的独到判断，美团酒旅从本地消费做起，从被携程旅行网、去哪儿网等友商忽略的三线、四线城市酒店做起，遵循“错位竞争、侧面进攻”的策略。

在短短几年的时间里，美团便发展成为中国最大的在线酒店预订平台。以酒店的间夜量[1]为标准，2015—2017 年，美团的市场占有率一路飙升。2018 年上半年，在线酒店预订行业从异地预订为主逐步转向本、异地场景并举，本地预订占比已超三成；一线城市本地预订已突破 40%（见图 3-10 和图 3-11）。

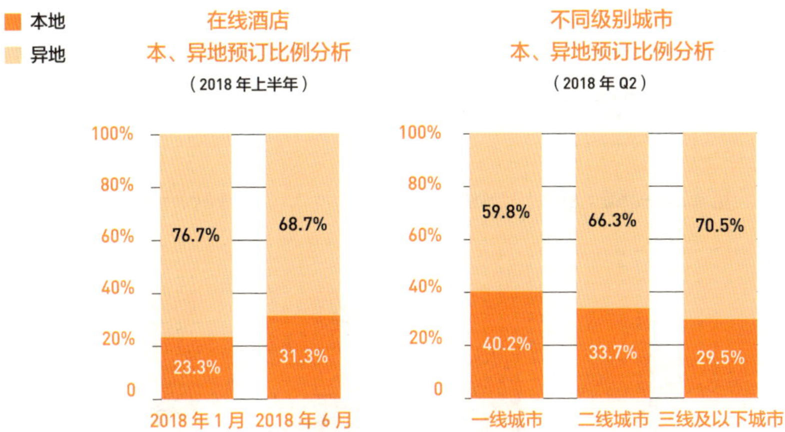

图 3-10　在线酒店本、异地预订比例分析

资料来源：Trustdata：2018 年 Q2 中国在线酒店预订行业发展分析报告。

[1] 间夜量，也叫间夜数，是酒店在某个时间段内房间出租率的计算单位。计算公式为：间夜量 = 入住房间数 × 入住天数。

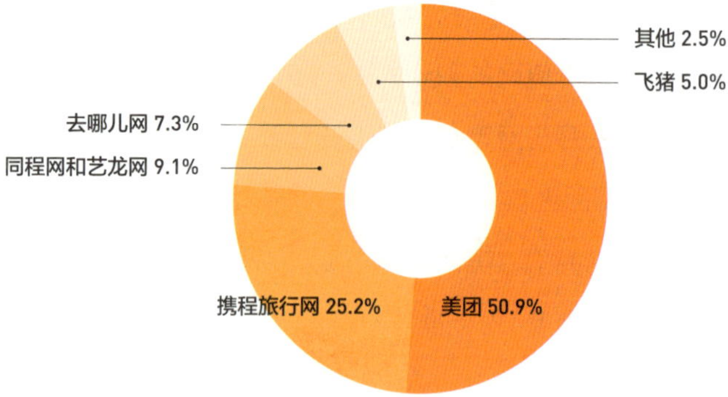

图 3-11　2019 年中国在线酒店预订行业订单占比

资料来源：Trustdata：2018 年 Q2 中国在线酒店预订行业发展分析报告。

2019 年，美团酒旅占中国在线酒店预订量的 50.9%，已超过行业其他企业预订量的总和；与此同时，美团酒店的间夜量首次全年持续超过携程系酒店间夜量的总和（见图 3-12）。

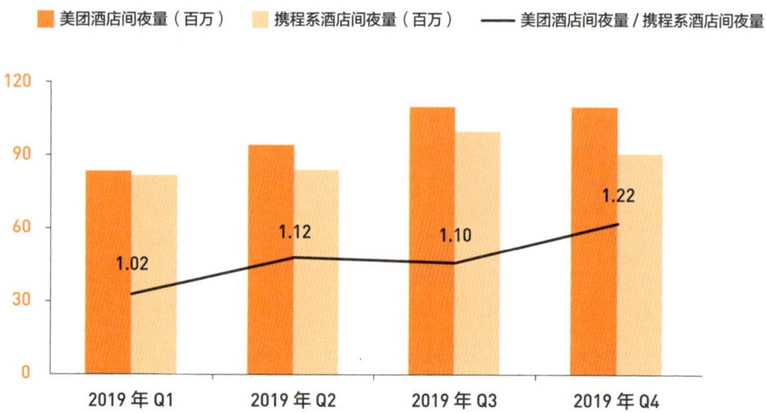

图 3-12　2019 年美团酒店与携程系酒店的间夜量对比

资料来源：Trustdata：2019—2020 年中国在线酒店预订行业发展分析报告。

对此，梁宁感慨道："美团在 2012 年就发现了本地人在本地预订酒店这个机会，直到 2015 年才有能力去做这件事情。经过了 3 年，携程旅行网也没有打过来，为什么？这就是携程旅行网的边界。我们能做的是努力观察强大对手的边界，在他的边界之外寻找破局点。"

综上所述，美团酒旅的错位竞争，就是错开了携程旅行网占据优势的一线城市、异地需求的主流价值网，选择从三线、四线城市切入本地住宿需求的新兴价值网（见图 3-13），且新兴价值网正茁壮成长为可与主流价值网分庭抗礼的巨大市场。

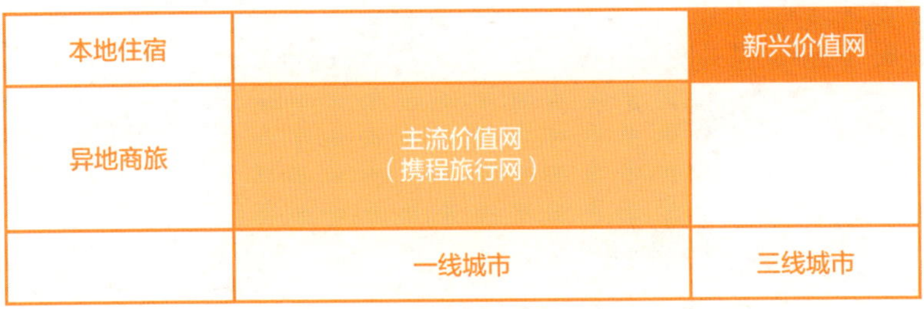

图 3-13　美团的错位竞争

因此，请大家记住一句话：错位竞争不是因为弱小而被迫做出的选择，而是让棋盘变得更大的选择。虽然在初始阶段，新兴价值网的市场相对有限，但是市场会成长，越早进入新兴价值网的企业，在市场成长的过程中，自然也越能占据绝对优势。

错位竞争的实质，就是要求企业找到一个相对独特的立足点，从而避开同类型企业竞争的风口浪尖，树立自身独特的用户吸引力。从方法的可操作性来讲，无论头部企业还是创业企业，在经营者具备一定市场认知能力的基础上都可以有效实施。

第四章

低端颠覆：创业者的“理想后门”

从技术水平相对较低但能满足绝大多数用户需求的低价产品切入，进而成功占据低端市场，就是所谓的低端颠覆式创新。任何初创公司向已占据领先地位的巨头发起正面挑战，都无望获得成功，而低端颠覆式创新将为初创企业带来更大的胜算。

在第二章中，我们介绍了创新的元模型——S 曲线，并且提出在创新的过程中，会出现第一曲线向第二曲线转换的过程。

事实上，创新模式有两种：一种是在原有曲线上的持续改进；另一种是两条曲线转换时期的非连续性创新。本章甚至是本书重点讨论的是非连续性创新，但在讲解非连续性创新之前，我们先要了解什么是连续性创新。

连续性创新

连续性创新是指任何产业、技术、产品、企业，沿着 S 曲线的周期，进行持续性改善、渐进式增长的创新。我们经常听到的延续性创新、渐进性创新和累积性创新等，其实讲的都是连续性创新的概念。

我们以技术为例深入理解一下 S 曲线。在技术领域，有关 S 曲线应用的学术论文非常多，大量的论文[1]都验证了同一个结论——任何技术的发展都不能逃脱 S 曲线的宿命（见图 4-1）。

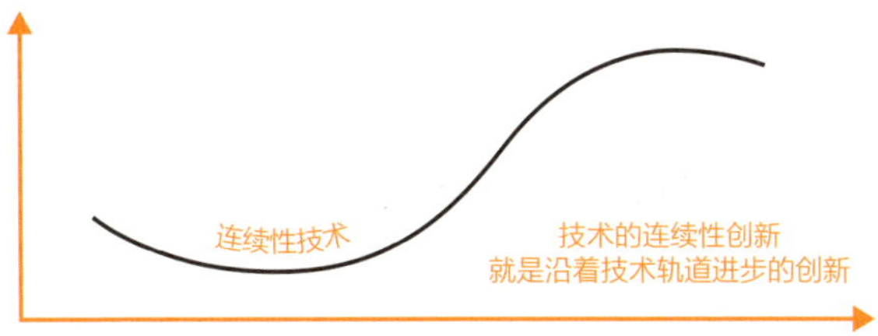

图 4-1 技术发展的 S 曲线

[1] Obert Ayres. "Barriers and Breakthroughs:an 'Expanding Frontiers' Model of the Technology-Industry Life Cycle," *Technovation* 7, 1998.

Constant, "log-jams and Forced Inventions" (p. 245), and of "Anomaly-induced" *Technical Change* (pp. 5, 244).

Arthur, "On the Evolution of Complexity," in Complexity, G. Cowan, D. Pines, D. Melzer, eds., Addison-Wesley, Reading, MA, 1994; also Arthur, "Why do Things Become More Complex?" *Scientific American*, May1993.

技术的连续性创新完全符合 S 曲线，它是建立在现有的知识、市场和技术基础设施之上的渐进式创新，并且具有以下 3 个特征。

1. 沿着技术曲线持续改善原有的产品性能

连续性创新是在原有技术主要框架不变的情况下，以效果优化为目的的局部修复或改进。

2. 定位于主流市场的主流消费者

在连续性创新的过程中，企业对原有技术的发展，会基于主流市场迅速地商业化；在获取利益的同时留住顾客，并不断改进技术，让技术起到持续创造商业价值的作用。因此，连续性创新的品牌知名度往往会越来越大，企业的毛利率也会越来越高。

3. 更好

“更好”（Better）是连续性创新的关键词，“更高、更快、更强” 的奥运精神便是其最好的阐释。当你在表达这方面的意思时，其实说的就是连续性创新。以“更高”为例，所谓“更高”是相对而言的概念，前提是有一个既定的标准，沿着这个标准更进一步。比如，原本你的跳高最高纪录是 1.5 米，下次跳了 1.6 米，比此前的成绩提高了 0.1 米，这就是典型的连续性创新。互联网上流行过两个励志的公式。

1.01 的 365 次方和 0.99 的 365 次方的对比（见图 4-2）。公式的意思是，每天多做一点点，一年后积少成多就可以实现质的飞跃，但一年中的每天都少做一点点，一年后会跌入谷底。这里讲的 1.01 的 365 次方，涉及的就是连续性创新的概念。

$$1.01^{365}=37.8$$

$$0.99^{365}=0.03$$

图 4-2　连续性创新效果对比

连续性创新非常重要，大多数人在大多数时间里，都是在进行连续性创新。事实上，企业创造的绝大部分利润，都来自于连续性创新。而在稳定、确定性很高的环境中，最有效的增长策略是连续性创新。

例如，英特尔公司上一次重大的产品创新，可以追溯到 1985 年的 386 芯片，这是一次革命性的进步，使个人计算机的运算速度能够赶上大型计算机的运算速度。此后，英特尔便依靠其在微处理器领域更新换代的连续性创新，成为全球最大的个人计算机零件和 CPU 制造商。

无独有偶，微软公司从 1985 年推出操作系统 Windows 1.0 以来，随着计算机硬件和软件的不断升级，微软也一直在不断升级、完善 Windows 操作系统，推出了我们熟知的 Windows 95、 Windows 98、Windows 2000、 Windows XP、 Windows Vista、 Windows 7、Windows 8、

Windows 10 等，目前微软仍然是桌面操作系统领域的霸主，其地位无人能撼动。

大家十分熟悉的苹果公司也是如此，2007 年 1 月 9 日，乔布斯在 WWDC07 上推出了第一代 iPhone，苹果公司依靠每年对 iPhone 的持续升级，截至 2019 年一季度，全球 iPhone 的销量已经超过 9 亿台。

综上所述，当企业的产品和技术处于竞争基础稳固、相对稳定且可确定的预测程度高的市场环境中，或者说处于连续性周期时，企业的最佳选择就是连续性创新策略。

需要提醒大家的是，我们不重点介绍连续性创新，并不是因为它不重要，而是因为它太重要了，以至于主流商学院和大多数经管图书都聚焦在这个课题上，所以我们不讲。

混沌学园讲什么？我们讲的是两条 S 曲线的转换期（见图 4–3），即我们强调的是非连续性创新。

所谓的非连续性创新是一个时间概念，即从第一曲线转向第二曲线时，跨越非连续性的过程。此外，当我们强调非连续性创新时，容易让大家误解连续性创新不重要。事实并非如此，一旦非连续创新转换完成，紧接着还是连续性创新。

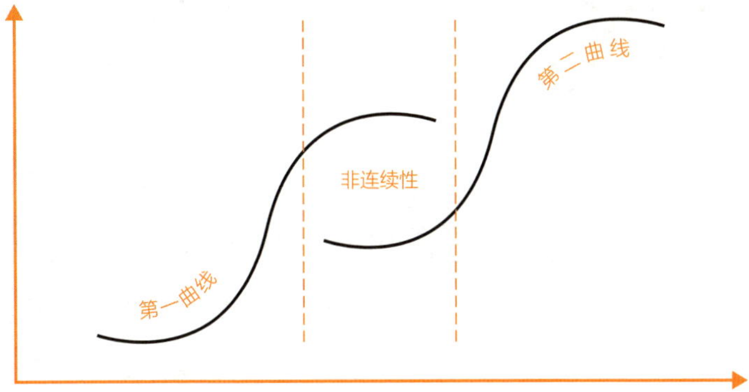

图 4-3 S 形增长曲线的转换期

两种第二曲线

在第三章中我们提到，同为创新大师的克里斯坦森把熊彼特的创新理论付诸实践，提供了一个绝佳的初创企业与巨头错位竞争的增长模型——新兴价值网，这是分析克里斯坦森创新理论的起点。克里斯坦森的价值网理论可以简化为两个层面：供给侧的技术和需求侧的市场。从本章开始，我们将以技术为例，介绍连续性创新和非连续性创新。

前文说过，技术的连续性创新的特征是：沿着技术曲线持续改善原有的产品性能，使产品在既有价值观和 KPI 的标准下变得更好，并且定位于主流市场的主流消费者。同时，技术的连续性创新必将面临 S 曲线的窘境和必然趋势，也就是会出现“极限点”[1]。

布莱恩在《技术的本质》一书中提出了这样一个观点，技术是由组成技术的最小单元——模块组成的，但是在发展的过程中，为了让技术可以应对各种不同的场景，开发者会不断地加入新的模块。随着模块数量的不断增加，整个技术的系统也会越来越复杂，从而逐渐陷入崩溃状态，我们称之为遏制不住的复杂化，即技术发展曲线的极限点。

克里斯坦森发现：同时存在两种不同性质的第二曲线，这是他

---

[1] 极限点在本书第六章中将重点介绍。

在创业与创新领域的重大突破与贡献（见图 4–4）。

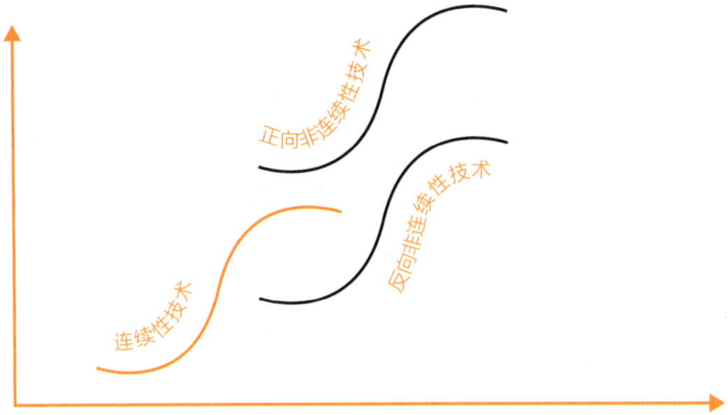

图 4-4　两种不同性质的第二曲线示意图

我们从图 4–4 中可以看出，在原有连续性技术的基础上，可能产生两种不同的非连续性技术：第一种是在原 S 曲线上方，表示比原有技术更好的突破性技术，比如从常规动力到核动力的飞跃，我们称之为“正向非连续性技术”；第二种是在原 S 曲线下方，起始阶段比原有技术更低，但发展潜力巨大，随着新技术的进步，对原有技术形成破坏性的打击，因此可称之为“反向非连续性技术”或“低端破坏性创新”。比如，从马车到火车的转换，初期的火车运行速度远不如马车，但如今的高铁的运行速度已超过 200 千米 / 时，而马车作为交通工具早已退出了历史舞台。

在对比这两种非连续性创新之后，克里斯坦森在《创新者的窘境》中指出：“实际上，成熟企业在应对各种类型的延续性创新时，可以做到锐意进取、积极创新、认真听取客户意见，但它们似乎无法成功解决的问题，是在轨线图上的下行视野和向下游市场流动的问题。为新产品找到新的应用领域和新的市场，似乎是这些企业在刚刚进入市场时所普遍具备的，但在时过境迁后又明显丧失了的一种能力。这些领先企业似乎被它们的客户牵绊住了手脚，从而在破坏性技术出现时，给了具有攻击性的新兴企业颠覆它们领先地位的可乘之机。”

也就是说，成熟企业在面临正向非连续性（突破性技术创新）时似乎总是能够引领行业潮流，但在面对反向非连续性（低端破坏性创新）时往往丧失其行业领先地位。所以在克里斯坦森看来，新兴公司要想颠覆行业原有的龙头企业，最佳方法就是采用反向非连续性的低端破坏性创新，他将这种创新称为“颠覆式创新”（Disruptive Innovation）。这是一个经典的创新理论，也是唯一一门我连续讲了 9 年的课，它揭示了企业在发展过程中如宿命般的“创新者的窘境”。

初创企业的机会：颠覆式创新

在企业创新层面，克里斯坦森是世界上富有预见性和洞察力的商业分析师之一，乔布斯深受他的影响。在《史蒂夫·乔布斯传》中，关于商业的书只出现了一本，那就是克里斯坦森的《创新者的窘境》。

除了乔布斯，克里斯坦森还深深地影响了另一位“狂人”，全球最大的电商平台之一亚马逊的创始人杰夫·贝索斯（Jeff Bezos）。在他的个人传记《一网打尽：贝索斯与亚马逊时代》一书中，作者布拉德·斯通(Brad Stone)这样描述道：“亚马逊遵从克里斯坦森的指导去做Kindle，就好像依照菜谱做菜一样。”我们从这种描述中，不难看出贝索斯对克里斯坦森理论的重视程度。

颠覆式创新产品在主流市场注重的性能方面，通常弱于现有的成熟产品，但它们拥有一些边缘消费者（通常也是新消费者）所看重的其他特性，比如价格更低、操作更简单、更方便消费者携带或使用，等等。

在此，有必要澄清一组概念：“突破性技术”与“颠覆式创新”之间不能直接画上等号。

在《创新者的窘境》出版并获得广泛好评之后，克里斯坦森又创作了其姊妹篇《创新者的解答》[1]。他在书中特意写道：“看到我

[1] 克莱顿·克里斯坦森，迈克尔·雷纳．创新者的解答[M]．李瑜思，林伟，郑欢，译．北京：中信出版社，2010.

们的学生和管理者对连续性创新和颠覆式创新二者区别的解读和评论之后，我们发现了一个有趣的现象：人们在接受新概念、新数据或新思路时，总是不自觉地将之加以变形，以便将其套进自己原有的思维模式当中……很多人将‘颠覆式创新’等同于‘突破性技术’，对此我们深表遗憾，我们研究发现的以及文中所表述的‘颠覆’是另一种不同的含义。因此，我们在此书中用‘破坏性创新’代替‘颠覆式创新’，目的就是防止读者误读这两个概念，将其归入我们认为并不正确的分类中去。”

在我看来，“破坏性创新”这个词也并非十分准确，只是相对于“颠覆式创新”，它的力度更加柔和一些。因为颠覆式创新的提法已经约定俗成，所以我们在后文中一以贯之地使用这一提法。

2013年，奇虎360的创始人周鸿祎写的一篇名为《免费是颠覆式创新》的文章，在网上广为流传，影响很大。在他看来：“颠覆式创新最基本的定义很简单。第一，你能把原来很不方便的服务或者产品做得特别方便。比如，对真正的摄影爱好者来说，手机的像素再高，也比不上胶卷相机。但是，对绝大多数普通人来说，冲洗胶卷很不方便，而且冲洗出来之后才知道拍得好不好。不像手机，即拍即见，而且可以很方便地在互联网上分享，这就是用户体验上的颠覆。第二，把原来很贵的东西变得异常便宜，或者把原来收费的东西变成免费的，我认为这是商业模式上的颠覆。”简单而言，8个字足以概括：“要么方便，要么便宜。”

尽管周鸿祎对颠覆式创新的定义稍显片面，但足够经典，充分体现了颠覆式创新的理论精髓。克里斯坦森对此的论述如下：“当需要制造出更好的产品、找到更优质的客户、卖出更高的价格时，领先企业采取渐进性创新战略，总能胜人一筹；而当面临挑战，需要将更简单、更便利、更廉价的产品销售给新客户群或低端客户群时，新兴企业采用破坏性创新战略，往往更容易获胜。”虽然这和周鸿祎的表述略有不同，但道理相同。

为了验证这一观点，克里斯坦森在《创新者的窘境》中，引用了《磁盘 / 趋势报告》中的一组数据（见图 4-5）。在第一曲线的连续性技术创新中，如果初创企业和领先企业竞争，领先企业获胜的概率为 80%；在正向非连续性的突破性技术创新中，在位企业的胜率也是 67%；而在反向非连续的破坏性创新（颠覆式创新）中，在位企业仅有 33% 的胜率。

竞争胜率

- **连续性技术：** 在位企业的胜率为 80%
- **突破性技术：** 在位企业的胜率为 67%
- **破坏性创新：** 在位企业的胜率为 33%

图 4-5　在不同竞争策略下，在位企业的胜率对比图

对比三者，我们发现，无论在连续性技术创新中还是突破性技术创新中，初创公司很难击败在位企业并获得成功；而在颠覆式创新中，初创企业尚有较高的胜率，所以我说颠覆式创新是上天留给初创企业的“理想后门”。

其实，这个后门就是创业者的机会，我们可以通过低端颠覆的方法，用一些技术水平相对较低但能够满足绝大多数普通用户的需求，而且价格更低的产品切入，从而成功占据低端市场，这就是所谓的低端颠覆式创新，我们简称为“低端颠覆”。

右上角迁移力与低端颠覆

为什么在更高端的连续性技术和突破性技术创新中更占优势的在位企业，却在更低端的破坏性创新中举步维艰，以至于给初创公司留下了“可乘之机”？

克里斯坦森在研究了大量的企业案例之后发现，技术进步带来的高端市场，往往具有良好的增长前景和更高的盈利能力，因此我们经常看到管理良好的在位企业在追求更高端客户的过程中，放弃了它们当前的客户（或者在当前客户市场的竞争力逐渐下降）。在位的优秀企业中，凝聚人力、物力的总是那些计划提高产品性能、冲击高端市场并且能给企业带来更高利润率的提案。

的确，通过进入高端市场提高财务绩效的吸引力如此之大，以至于技术进步的速度超过了市场需求提升的速度，甚至让人们感到在行业发展轨线图的右上角似乎存在一种由巨大的磁石产生的吸引力，克里斯坦森将这种强大的吸引力称为“右上角迁移力”。

如图 4-6 所示，用户的需求不断提升，技术进步的速度在加快，但需求提升速度和技术进步速度的斜率并不相同。最终，技术进步的速度会超过市场需求提升的速度，这是《颠覆式创新》一书的核心观点，也是颠覆式创新的逻辑奇点[1]。

---

[1] 奇点是宇宙大爆炸之前宇宙存在的一种形式，具有一系列奇异的性质。大多数科学家认为，它是宇宙产生之初由爆炸形成宇宙的那个点。

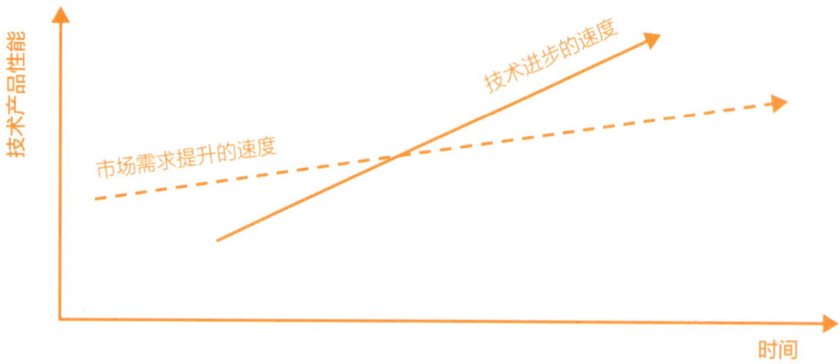

图 4-6 颠覆式创新的逻辑奇点：右上角迁移力示意图

正如英特尔创始人之一的戈登·摩尔（Gordon Moore）提出的“摩尔定律”：“当价格不变时，集成电路上可容纳的元器件的数目，约每隔 18~24 个月便会增加一倍，性能也将提升一倍。”虽然大多数行业的创新还无法做到每隔 18 个月性能就提升一倍，但是在“右上角迁移力”的作用下，供给侧技术进步的速度在逐步提高，终将超过需求侧用户需求进步的速度。

事实上，技术进步的企业并不会满足于固守最初的价值网。相反，它们会利用每一代新产品去满足更高的市场需求，直到产品足以吸引更高价值网内的客户。正是这种不断向上的“右上角迁移力”，使得越来越多的在位企业在“右上角迁移力”的作用下，放弃或弱化了原有市场，转而将大量的人力和物力投入高端市场，这意味着在原有的低端价值网（或大众价值网）中，会出现一个“性能过度”（服务于高端产品的技术与低端市场的需求之间的空当）的竞争真空地带。

比如在汽车行业，很多高端汽车的重要卖点就是百公里加速时间，简单来说就是从起步到加速到100千米/时需要的时间。从理论上讲，汽车的百公里加速时间越短，证明汽车的马力越强，性能更突出。实际上，除了在赛车场驰骋的赛车手，大多数普通用户对这种技术的需求并不大。

不妨再思考一件事情，一家汽车公司的产品研发费用往往会花在什么地方？答案是花在把最后的98%提高到100%。在这一点点的顶尖实力的研发上，通常会耗费大部分的研发费用。事实上，大多数用户对这种性能提升并没有需求。换言之，他用于购买这个产品所花的大部分钱，都用在了购买这些可能永远也用不上的高端性能上。

无疑，“性能过度”能够为创业企业带来巨大的市场机遇点，将会吸引技术和成本结构与低端大众市场更加匹配的新兴企业，采取低端颠覆的方式参与其中，并以此为据点不断地向高端市场发起挑战。

低端颠覆式创新逻辑图如图4-7所示，纵坐标是技术产品性能，横坐标是时间。这里首先有一个市场需求提升的速度，与其相对应的是技术进步的速度。技术进步的速度会超过市场需求提升的速度，在右上角迁移力的作用下，会出现“性能过度”效应。当出现这个效应时，就会出现一个低端或更贴近大众的市场需求。

此时，会有新的技术来满足低端大众的市场需求，当然，这时的新技术不如现有的技术先进，但它会不断地进步。正如之前提到的，技术进步的速度会超过市场需求提升的速度，于是，当新技术的产品性能进步到可以满足高端市场的需求时，新技术对原有技术的低端颠覆就完成了。

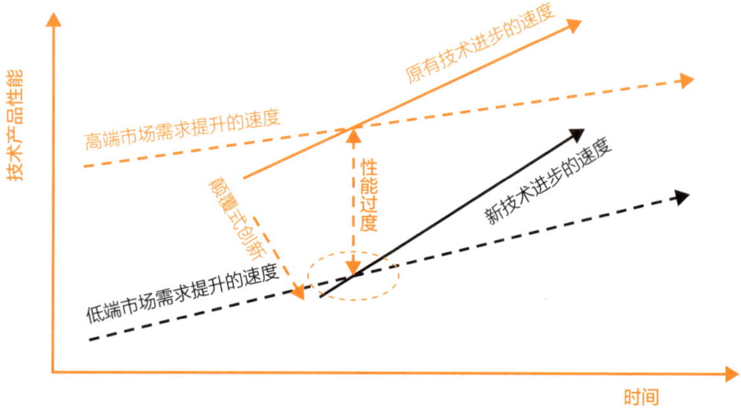

图 4-7 低端颠覆式创新逻辑图

为了便于理解，我们先来看一个小钢厂的低端颠覆的例子。

小钢厂的低端颠覆式创新

在第二次世界大战期间，为了满足巨大的军事需求，北美的钢铁厂大量兴起。由于战后钢铁的需求下降，很多大型综合性钢铁企业（以下简称“大钢厂”）的生产效率明显降低，北美境内出现了很多初创的小型钢铁企业（以下简称“小钢厂”）。

当时全球几乎所有的钢铁都产自大钢厂，它们承包了从铁矿冶炼到产品铸成的全部生产程序。

小钢厂则相反，它们用一种比大钢厂更低端的技术熔炼废弃钢铁，进而生产最终成品。一家大钢厂的建造成本约 80 亿美元，而小钢厂因为无须购置高炉， 建造成本仅需 4 亿美元左右。最重要的是，小钢厂可以较为灵活地承接小批量订单，并通过以低于大钢厂 20% 的成本生产同型号钢品。

钢铁有 4 个不同的市场，最低端的是钢筋市场，毛利率一直徘徊在 7%，整体规模只占钢铁行业总规模的 4%。在钢铁市场的所有等级中，钢筋是最没有投资价值的“鸡肋”。大多数大钢厂对此并不在意，它们将更多的注意力投向了毛利率更高的市场，如钢板和结构钢，而这为小钢厂创造了巨大的市场机遇。

当小钢厂进军钢筋市场时，大钢厂纷纷采取袖手旁观的态度，坐看小钢厂在这个低端市场中大打价格战。不料，小钢厂正因为

20% 的成本优势，在钢筋市场中享有了更高的利润——直到 1979 年，最后一家大钢厂被小钢厂驱逐出北美的钢筋市场。历史价格数据显示，当时的钢筋价格已经暴跌 20%。

切记，技术进步的速度一定会超过市场需求提升的速度。随着技术水平的迅速提升和利润水平的日益摊薄，小钢厂在右上角迁移力的作用下，打起了比钢筋高一个等级的角钢、条钢和棒钢市场的主意。这一市场的毛利率在 12% 左右，市场规模是钢筋市场的 2 倍，占钢铁行业总规模的 8%。

当小钢厂“抢滩”进入角钢、条钢和棒钢市场时，大钢厂却出人意料地将此业务拱手相让。与更高端的钢板和结构钢市场相比，退出低端市场能够提升大钢厂的财务水平，进而获得华尔街的青睐。于是，大钢厂纷纷关闭或重组生产线，生产利润水平更高的产品。

到了 1984 年，故事进入了又一个循环，小钢厂成功地将大钢厂彻底地逐出了角钢、条钢和棒钢市场，这些产品的价格下跌 20%，利润再次摊薄。此时，小钢厂继续向毛利率更高（毛利率 18%，市场占比 22%）的结构钢市场迈进。

在此之前，大多数行业专家并不看好小钢厂，因为结构钢的规格和质量要求都很高，小钢厂根本无法做到。出人意料的事情再次发生，在生存压力之下，小钢厂进行了令人难以想象的颠覆式创新，连铸机技术由此应运而生。凭借 20% 的成本优势，小钢厂顺利进入并占据结构钢市场，到 20 世纪 90 年代中期，价格战再次开始。

当小钢厂中的佼佼者 Nucor 公司成功进军毛利率 23% ~ 30%、占市场总量 55% 的钢板市场之后，循环再度开启。2001 年，在克里斯坦森创作《创新者的解答》一书时，业界巨头伯利恒钢铁公司宣布破产。

纵观小钢厂击垮大钢厂的完整过程（见图 4-8），有一个问题令人费解：大钢厂为什么不狙击小钢厂，反倒是放任其一步步成长，蚕食原有市场？在《创新者的解答》中，克里斯坦森给出的答案是“回不去的低端市场”。在他看来，领先企业的分配流程在本质上无法响应破坏性创新。它们的目光总是投向高端市场，几乎从未考虑过保卫新市场或低端市场，而这些市场恰恰对破坏者极具吸引力。

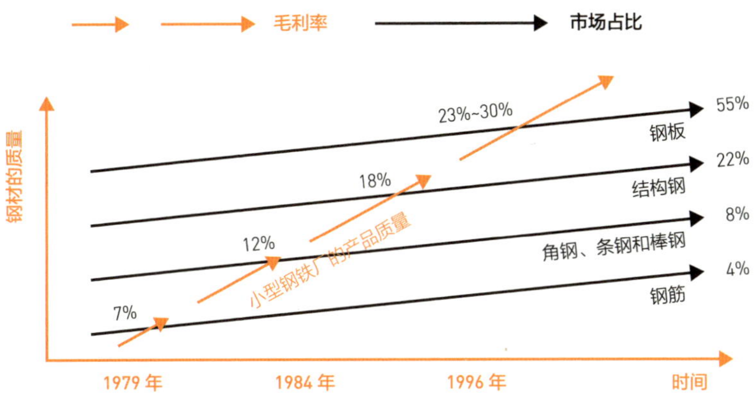

图 4-8 小钢厂打败大钢厂的全过程示意图

在右上角迁移力的作用下，企业的技术和客户会越来越高端，管理也会越来越复杂，再也回不到低端市场的水平。正如司马光在《训俭示康》中所说：“由俭入奢易，由奢入俭难。”这是人性使然，无人能违逆。很多人喜欢在具象世界里分析个案，其实具象的案例背后有必然的规律在推动。如果不把这个规律抽象出来，所有具象分析都是水中月、镜中花。

从小钢厂击垮大钢厂的案例中，我们便能看到右上角迁移力这一规律的力量。当“性能过度”效应出现时，新兴企业便获得了从低端切入的错位竞争机遇。克里斯坦森将这种现象称为“不对称动机”，并将其称为“创新者陷入窘境的核心原因”，同时也是“创新者解决方案的破冰之始”。

从低端切入，不等于永远处于低端

大多数企业的经营者总是以为技术水平越高，能够获取越丰厚的利润，事实并非如此。随着技术的提升，产品质量的确会水涨船高，与此同时，成本和售价也会相对提升。因为技术创新需要大量的成本和投入，这也是突破性技术创新（正向非连续性）通常发生在在位企业的主要原因。

但是对于大多数企业而言，大部分的研发费用都被用于最高端的技术之上，仅有小部分费用会用于低端技术产品的研发。市场推广也是如此，大部分的营销费用都被花在最高端的产品之上。然而，大众真正需要的产品却往往是低端技术产品。产品能力的跃迁和价格的提升，注定了在位企业会逐渐接近高端用户，同时远离低端大众市场。而且这种发展倾向是不可逆的，企业一旦进入高端市场，再想回头基本上是不可能的。所以，当消费者口中出现如“太贵”“太复杂”“太难”等关键词时，便是产品“性能过度”的信号，此时也是低端颠覆式创新的机会点。

结合前面的阐述和案例，我们再来总结一下低端颠覆式创新是如何一步一步完成的。

第一步，在需求端识别未被满足的大众需求（如低端市场和边缘市场），在供给端引入新兴技术和更方便、更便宜的产品。小米的成功便是最好的例证。至今最让大众津津乐道的小米产品，依然是价格低廉、性能一般的红米。

第二步，技术和产品的连续性迭代进步。在此提醒大家，颠覆式创新是一个带有时间特性的市场机会，仅指两条技术曲线交替和转换的时期，具有很大的偶然性。所以一旦转换完成，便又会进入技术固有的发展曲线，即必须采取连续性技术进步（见图 4-9）。

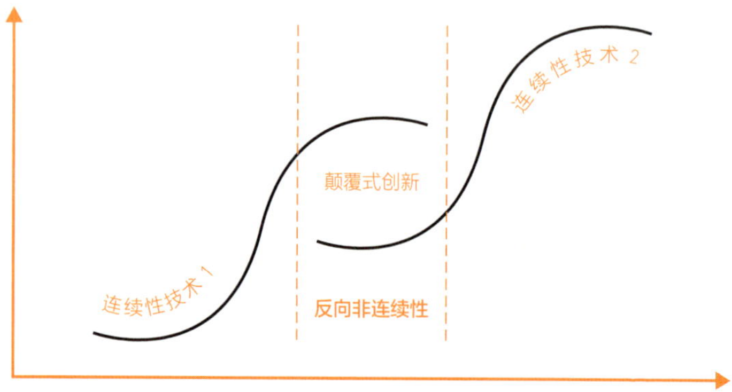

图 4-9　颠覆式创新的时间性

很多企业盛极而衰，正是因为忘记了踏上这重要的一步。切记，从低端切入，不等于永远处于低端。如果新兴企业想获得持久性成功，必须不停地提升自身的技术能力，夯实企业的“护城河”。因此，虽然连续性创新并非本章的主题，但丝毫不影响它在颠覆式创新中的重要作用。

第三步，颠覆发生。当新兴企业的技术快速发展至能够以更低的价格满足高端用户需求时，高端用户便会义无反顾地转投新兴企业的怀抱，颠覆便在此刻完成。克里斯坦森说，技术无所谓颠覆性，需求不存在颠覆性，但是利用技术满足不同需求的组合方式，就具备颠覆性。换句话说，具备颠覆性的并不是技术和需求本身，而是彼此的组合方式。

大家需要注意的是，所谓颠覆，是指新兴企业打败在位企业的结果，而非技术本身。往往是更为低端的技术最后实现了对拥有高端技术的在位企业的逆袭。

日本汽车对美国汽车的颠覆，韩国电子产品对日本电子产品的颠覆，皆是如此。中国的很多知名企业，在发展之初走的也是这条道路，比如 QQ 对 MSN 的颠覆、淘宝对 eBay 的颠覆，以及从三线、四线城市和校园走向全世界的华为……长江后浪推前浪，后浪又把前浪拍死在沙滩上。世事看似无常，实则背后存在某种力量，这个力量的核心逻辑就是右上角迁移力。

这里要提醒大家注意一点：技术进步不是一种线性思维，而是指数思维，它拥有巨大的加速度。在技术诞生之初，它与市场需求之间往往存在明显的差距，这会对在位企业形成一种欺骗，直到技术加速发展击穿“破局点”，继而拉出一条高昂向上的曲线，对后知后觉的在位企业进行无情的颠覆。为了加深印象，我将技术从诞生到破局点的发展区间命名为“欺骗性失望区”（见图 4-10）。

正如比尔·盖茨所言：“我们总是高估在 1 年或 2 年中能够做到的，而低估 5 年或 10 年中能够做到的。这是因为技术的力量也是呈指数级增长，而不是线性增长。所以它始于极微小的增长，随后又以不可思议的速度爆炸式地增长。”

当然，任何理论都有其边界，颠覆式创新的理论适用于技术处于成长期的企业，并且技术进步的速度高于需求增长的速度。一旦技术发展过了极限点或者无论技术如何发展都赶不上需求的发展速度（比如人们对医疗技术的需求）时，就不再适用颠覆式创新的理论。

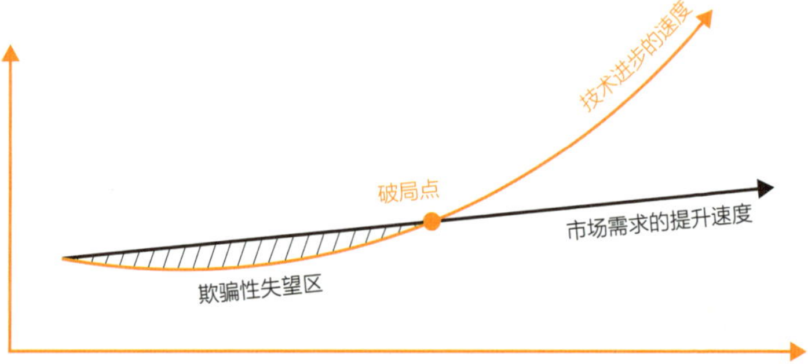

图 4-10 欺骗性失望区示意图

拼多多的低端颠覆式创新

虽然颠覆式创新的理论源自西方，但在国内市场上也不乏以低端颠覆式创新成功地跻身行业龙头的创业企业。其中，如教科书般的低端颠覆式创新的案例就是拼多多的崛起。

1. 低端颠覆式创新

我们常说关于历史的具体故事、主角总在变化，但是具体故事背后的模式（pattern）永远不变。在讲解拼多多的案例之前，我们首先简要回顾一下曾经的电商鼻祖，现在的电商霸主阿里巴巴是如何低端颠覆式创新的。

2003 年，受到“非典”疫情的影响，线下商业的发展受阻，在这种情况下，阿里巴巴推出了线上购物平台——淘宝网，实现了对线下商业的颠覆式创新（见图 4-11）。但是，淘宝巨人是否永远无人能敌？淘宝是否也会遭遇创新者的窘境？

事实上，在淘宝网起步阶段，人们对其最大的诟病就是存在销售假冒伪劣商品现象，当年工商部门甚至与淘宝网之间产生了一场旷日持久的对战。这种情况持续了很久，淘宝网上市之后，加大打击假冒伪劣商品的力度，原来的低价、低质商品在淘宝上越来越难获得流量，而流量的减少，意味着这些店铺基本无法继续生存。在这个过程中，所谓“低端”用户在淘宝网越来越买不到自己想要的便宜东西。

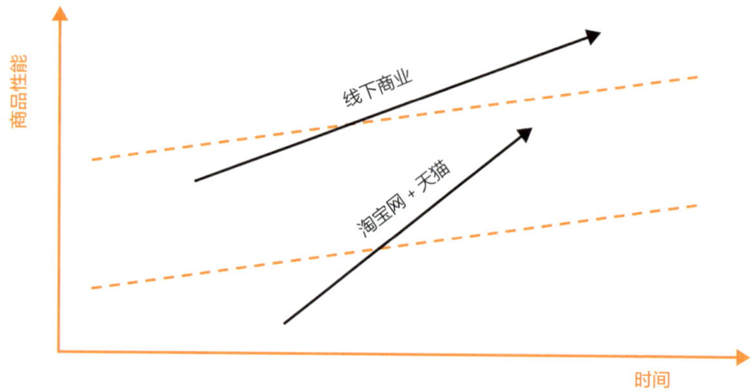

图 4-11　阿里电商的低端颠覆式创新

所以，淘宝网在右上角迁移力的作用下，也遭遇“回不去的低端”的窘境。2008 年淘宝商城上线，实行大品牌入驻策略，淘宝流量向品牌倾斜。2011 年，淘宝商城分拆为独立公司，2012 年改名为“天猫”。

当然，不只是淘宝网，电商巨头京东商城在发展的过程中，也呈现同样的发展曲线。在京东商城以电子产品切入电商领域之初，也推出了拍拍这种销售低端产品的平台，以此吸引消费者。随着企业自身的发展，京东商城最终舍弃了拍拍，开始主营品牌产品。

在过去十几年的时间里，京东和阿里的客单价一直在提升，这种现象背后体现的是用户的持续升级，对平台来说，用户升级又意味着技术升级、产品升级和市场升级。在右上角迁移力的引导下，这种升级属于必然的选择，同时也必然产生某种性能过度。在前文中我们已经讲过，每当出现性能过度时，都会给后来者带来颠覆自己的机会，淘宝网和京东商城将这个机会留给了拼多多（见图 4-12）。

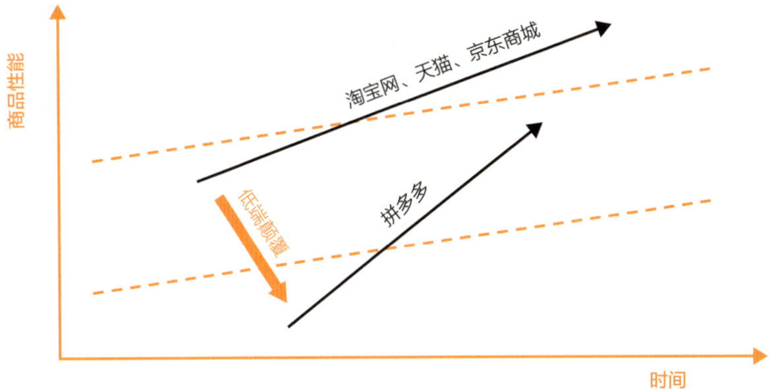

图 4-12　拼多多的低端颠覆式创新

2. 组合式创新

我们再来看看拼多多具体是如何低端颠覆式创新的？事实上，拼多多通过对电商行业基本要素的重新整合，利用组合式创新，实现了对整个行业的低端颠覆式创新。

拼多多的组合式创新在需求方面的新需求，对应的是低消费人群；在供给方面的新供给，对应的是低端供应链；在连接方面的新连接，对应的是微信拼团。其中，微信拼团是当时非常重要的关键单一要素（见图 4-13）。

（1）新买家：低消费人群

历史总是惊人的相似，拼多多的崛起同样起始于低端颠覆式创新，从低端大众市场入手，以价格低廉的产品占据下沉市场。这种方式与 2003 年淘宝网低端颠覆线下零售产业的模式几乎一模一样。

拼多多的组合式创新

- **新需求：**低消费人群
- **新供给：**低端供应链
- **新连接：**微信拼团

图 4-13　拼多多的组合式创新

从低端颠覆式创新的角度来说，拼多多的创新是从需求端，即所谓的低端大众市场开始的。首先，拼多多找到了电商平台的新用户、新买家。我们戏称为五环以外的低消费人群。实际上，这种说法确实也只是一种戏称，因为所谓的五环以外或者说下沉市场，都是一种不准确的描述。

《财经》杂志的记者在采访拼多多创始人黄峥的时候，提出了一个比较尖锐的问题，大致的意思是，拼多多的成功是不是因为抓住了下沉市场？这个问题引起了黄峥极大的反感，他说只有北京五环以内的人才会说这是下沉人群，我们关注的是中国最广大的老百姓，这和快手、今日头条的成长原因类似。

这句话完全说出了拼多多成功的秘密所在，在黄峥的认知中，我们所说的下沉市场，并不是低端市场，而是大众市场。大多数企业深信不疑的所谓消费升级，实际上就是右上角迁移力的来源，在消费升级趋势的引导下，我们开发的技术越来越高端，生产的产品越来越优质，但同时我们距离大众市场人群也越来越远。

黄峥说过这样一句话：“消费升级不是让上海人去过巴黎人的生活，而是让安徽安庆的人有厨房纸用、有好水果吃。”中国有 6 亿人月收入 1000 元，阿里巴巴活跃用户年花费 8732 元，而拼多多活跃用户年花费 894 元。事实上，拼多多找到的这些电商平台的新用户是低消费用户，也是中国最广大的消费群体。

（2）新卖家：低端供应链

找到新用户之后，为了匹配大众市场的需求，拼多多又开始寻找新的卖家，即网店商家。在前文中我们提到，淘宝网和京东商城曾经都淘汰过自己的低端供应链，而拼多多的新卖家就是从这些低端供应链中挑选出来的。

2015 年 5 月，淘宝打假，淘汰了一大批低端商家；2015 年 7 月，京东商城舍弃了拍拍，淘汰了平台上的低端商家。而 2015 年 9 月，在中国最大的两个电商平台向右上角迁移的同时，拼多多上线了。梁宁评价道，拼多多成建制地接收了这些被淘宝网和京东商城“抛弃”的商家。这些新卖家多为低端供应链，产品质量较差，但价格非常低廉。同时，它们已经积累了大量的电商运营经验，非常了解低消费用户，他们中间很大一部分人之所以将产品的价格压到极低，就是为了从低端的供应链直接匹配到低消费用户。

（3）新连接：微信拼团

在找到了新用户和新卖家之后，拼多多欠的“东风”就是打通需求端和供给端的新连接，而拼多多选择的新连接的方式就是“微信拼团”。虽然从形式上来看，拼团在当时已经不再是新兴的消费方式，但在微信流量的充分赋能下，这种旧的方式在移动互联网时代也焕发了新的力量，成功地将低消费用户与低端供应链连接在了一起。

拼多多之所以会选择微信作为自己的引流平台，也是有其内在原因的。2018 年，微信的月活跃用户达到 9.3 亿，而淘宝网的月活跃用户是 5.5 亿，二者相差 3.8 亿。这个差值意味着什么呢？这说明在国内有大约 4 亿微信用户，很少在淘宝网上购买商品。在黄峥看来，这无疑是一个巨大的用户市场，就像在上海建立浦东新区，路、桥等基础设施都完善了，人口也迁移过去了，但还没有建设商场。

其实，当时也有很多企业或个体已经在微信平台上开始进行电商经营，但大多数人只是在微信平台上构建一个购物网页，并没有真正地发挥微信的引流作用。只有黄峥关注到了微信作为流量平台的强大力量，通过好友拼团的方式，充分利用微信的社交关系，最终实现了拼多多的崛起。

拼多多在微信上做电商是典型的“低端技术”，在起步阶段，它仅仅是一个简单的微信 H5 页面，没有传统电商 App 的搜索、购物车、收藏、社交等复杂功能。拼多多的微信 H5 页面只适合做最简单的购物流程：看见一个商品，喜欢就直接下单付款，然后分享晒单。事实上，对于低消费用户来说，100M 大小的电商 App 的性能齐全的操作界面是“性能过度”，既麻烦，又复杂。

在发展初期，拼多多就是凭借一个简单的 H5 页面，用单一的商品和极致优惠的价格，成功地吸引用户进行主动分享和拼团。在这个过程中，拼多多没有任何额外的功能，它不提供流量、用户和商家，仅提供微信中交易的 H5 工具。

如图 4-14 所示，拼多多的用户流量大多是由主动用户提供的：主动用户用拼多多开团，他将开团信息分享到朋友圈里和微信群里，其他好友作为被动用户参与拼团。这里主动用户既用拼多多买东西，又提供了流量，而商品管理和发货等服务由商家提供。

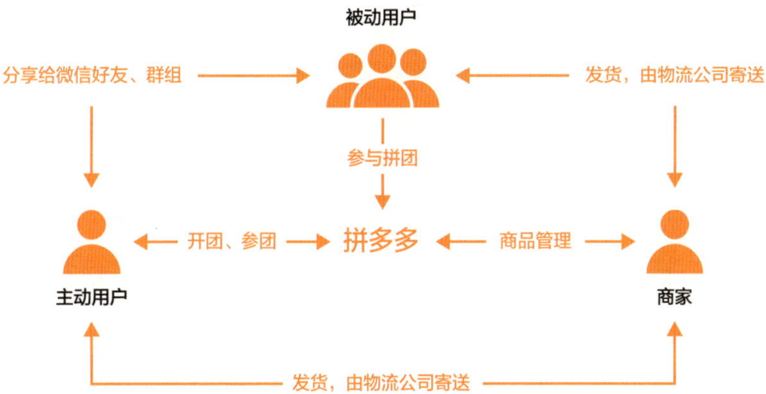

图 4-14　拼多多微信拼团流程示意图

极简的微信拼团方式（甚至是单品拼团），为拼多多创造了极大的经营优势——极低的获客成本。

事实上，拼多多早期客单价在 20 元左右，而同期的京东商城和淘宝网的客单价在 200 元左右。拼多多之所以能够在极低客单价的基础上，依然保持盈利，最重要的原因就是极低的获客成本。

传统的电商平台在经营的过程中，大量的资本被用于获取新客，因为只有具备一定的流量基础，店铺才能获取充足的收益，平台才能赚取足够的佣金用于继续发展。而拼多多利用微信拼团，把原本应该由平台去做的流量获取任务，寄托在了用户身上。通过这种方式，早期拼多多的获客成本仅为 1 元，即便到了上市之前，它的获客成本也只有 61 元，而对比传统电商 300 ~ 400 元的获客成本，出现了十倍好要素。

由于供给端提供的产品已经在价格方面形成了极致的竞争力，所以在宣传推广方面，拼多多也无须投入过多；而营销成本的降低，也让拼多多愿意降低商家的佣金；优惠的佣金为商家创造了更大的利润空间，所以在极低价格的基础上，他们依然愿意包邮，并且接受小量的散单；而消费者因为极致优惠的价格，所以降低了对其他方面的体验需求，即便物流的速度较慢也可以接受，所以商家可以选择价格相对较低的物流公司来合作，进一步降低了成本。

拼多多的低端颠覆式创新，实际上是利用低端市场用户的低端需求、低端供应链以及使用低端技术的连接平台的组合式创新实现的。凭借低端颠覆式的力量，2018 年，拼多多的用户日均使用时长和日均打开次数都已经超过淘宝网，而淘宝网和拼多多重合用户占比从 2017 年的 17.7% 上升到 2018 年的 44%。

3. 右上角迁移力

当然，拼多多的低端颠覆式创新只是一个起点。在拼多多上市之后，它也如当年淘宝网一样，遭到巨大的诟病，即销售假冒伪劣商品的问题。《财经》杂志在专访黄峥的时候，提到这样一个问题：“极低价格需要极低成本，极低成本如何保证品质？”黄峥回答说：“我们正在通过升级供应链和打击假货提高商品质量。全中国可能没有比我们更努力打假的平台了，过去一年我们的复购率翻了一倍。”

所以在右上角迁移力的作用下，拼多多也在不断地升级供应链，同时上线了具备完善功能的 App，开始吸引大量的知名品牌入驻平台。淘宝网当年走过的“天猫化”道路，拼多多又走了一遍。

2018 年 7 月，拼多多发布两则定向品牌招商公告，涉及服饰、美妆、箱包、食品、数码家电、家具、建材等品类，覆盖了几乎所有叫得上名字的主流品牌。8 月拼多多 App 改版，网页正中央位置出现“品牌馆”，与普通店铺区分开来。同年 9 月，拼多多主动关闭了涉嫌违法违规的店铺 5500 多家，下架问题商品超过 770 万件，前置拦截疑似假冒伪劣商品链接超过 300 万个。

淘宝网曾经经历了平台升级的过程，而作为先驱者的淘宝网能做到，身为后来者的拼多多则更不在话下，这可能就是市场看好拼多多的逻辑。

4. 反颠覆式创新

虽然拼多多凭借“天猫化”的路径完成了平台的升级迭代，但“天猫化的拼多多”是唯一的选择吗？答案当然是否定的，因为“天猫化的拼多多”在右上角迁移力的作用下，会和淘宝网一样走向性能过度的右上角，从而为其他企业留下低端颠覆自己的机会。

《财经》杂志在采访黄峥的时候提到这样一个问题：“你们会做天猫模式吗？这个模式对打击假货比较有效。”黄峥回答：“我们不会做天猫模式，不是现在不做，以后也不会做。对我们来说，这个模式行不通。我得想一个办法来做所谓的品牌升级，应该是不一样的。”

实际上，拼多多在右上角迁移力的作用下有几条路径可以选择：第一，沿着右上角迁移力，继续品牌升级；第二，更快实现“天猫化”，达到腾笼换鸟的效果。然而，黄峥选择了第三条路，继续“拼多多化”，选择了“贴地飞行”模式（见图 4-15）。

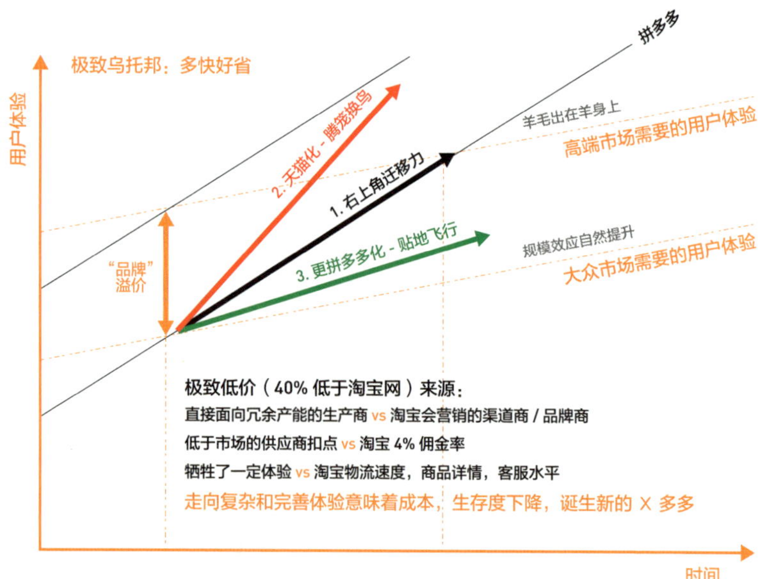

注：平台从用户支出中获取的比例，包括交易佣金、营销费用等。

图 4-15　对拼多多未来的展望

他既没有采用快速天猫化的陡峭趋势，也没有按照克里斯坦森所预言的那样，按照技术进步的速度前行，而是找到了更低的一种进步速度——按照用户需求的进步速度贴地飞行，不给后来者任何低端颠覆的空间。

简单来讲，拼多多平台升级的标准，是想要“为大众人群提供价格低廉的正品好货”。大多数人认为，拼多多的崛起更多的受益于连接端，也就是微信拼团销售模式的赋能，实际上这种认知忽略了拼多多另外一个强大的后手——供应链。

拼多多在利用新需求、新供给和新连接实现了低端颠覆之后，选择了继续进行供给端改革，用技术升级满足低端需求的发展道路。黄峥说过：“供应链升级将是我们在很长时间内的战略重点。拼多多的最终模式是使得上游能做批量定制化生产，但我们现在对上游的投入和整个产业链的赋能都太弱了。”

《周天财经》曾经在一篇名为《击穿圈层壁，拼多多的秘密法则》的文章中提到，“微信拼单谁都能模仿，但供应链这个核心壁垒并不是谁都能建立起来的。深知这一点的拼多多，计划在 2018 年投入 100 亿元的营销资源，去培养 500 个类似河南中牟大蒜这样的原产地，培养 10000 个类似张银杰这样连接农户和互联网平台的新农人，从而让更多商品的交易链被缩短”。

拼多多也确实是这样做的，它通过各种各样的方式（如补贴、扶植等），培养了大量具有商业眼光和头脑的商家，而这些商家原本销售的大多是一些没有品牌、没有认证的简单商品。换句话说，拼多多的供应链升级，批量化地将“假货”变成了正品，这种升级方式与淘宝网舍弃低端商家，引入品牌商家的升级方式，存在本质的区别。

5. 错位竞争

实际上，拼多多之所以一直在向与淘宝网、京东商城等平台不同的方向去发展，很大程度上也是为了形成错位竞争。《财经》杂志的记者曾经问黄峥：“有人认为拼多多可以打掉淘宝网 40% 的单量，你同意吗？”黄峥回应说：“我们与淘宝网是错位竞争，争夺的是同一批用户的不同场景。错位才会长得更快，所以不存在打掉淘宝网多少订单。正如 Facebook 快速长大也并没有影响谷歌的成长，这是两个完全不同的场景。”

因为面对同样的世界，拼多多和淘宝网看到了不同的维度，所以黄峥对竞争的理解也与大多数经营者不同，他曾经提到这样一个观点，“滴滴和美团是在强竞争环境中长大的，但拼多多的成长环境不一样，我们在一个看似没有机会的饱和领域找到了新的商业突破，因此不需要浪费大量的资源进行过度竞争。阿里与京东、滴滴与美团，它们是帝国式竞争，有明确的地盘界限。但我觉得，我们这一代人的思路不该是这样的。拼多多和淘宝更像是两个不同的维度在慢慢融合，拼多多既用支付宝也用菜鸟。”用一句话来总结黄峥的经营思路，那就是“他们争的是地盘，我要的是错位”。

在现实中，拼多多经常会被拿来和阿里进行对比，但黄铮始终认为：“我们并不想做第二个阿里，拼多多的存在本来就是一种模式，而我们正处在这种模式开创的早期。你可以说我 low，说我初级，但你无法忽视我。”

其实不只是拼多多，美团在电商领域也已经对阿里巴巴造成了非常大的冲击，而今日头条加上抖音，在内容方面也已经对腾讯造成了巨大的冲击。这些新兴企业的崛起告诉我们，BAT 这三座大山并不是无法撼动的，任何企业的发展都会受到右上角迁移力的影响，而这就是市场留给后来者的“理想后门”。只要时代在发展，后来者一定都有机会，就像黄峥一样。

第五章

组织心智：你所拥有的，往往会变成制约你的

企业转型难在何处？不在于具体招式，而在于看不见、摸不着的心智模式。它无时无刻不在影响着企业，并且一旦形成，就难以改变。能够实现心智模式自我突破的企业可谓少之又少。一旦突破，企业便会迎来天翻地覆的全新局面。

我们在前文提到，企业战略的首要目标是持续且高速增长，而根据克里斯坦森和熊彼特的理论，第二曲线创新能够产生十倍速增长，但问题是第一曲线领先者几乎无法跨越到新曲线，因为从第一曲线过渡到第二曲线，中间需要经历一个难以跨越的非连续性鸿沟，我们称之为“创新者的窘境”。对大多数的在位企业来说，想要跨越创新者的窘境，实际上成功的概率很小，这就是“人类思维的阿喀琉斯之踵”[1]。

[1] 阿喀琉斯之踵（Achilles' Heel），原指阿喀琉斯的脚后跟，因是其身体唯一一处没有在冥河中浸泡过的地方，从而成为他唯一的弱点。阿喀琉斯是古希腊神话中的英雄，荷马史诗《伊利亚特》中的主人公。在特洛伊战争中，阿喀琉斯被毒箭射中脚踝而丧命。现引申为致命的弱点，要害。

价值网络与组织心智

前麦肯锡资深合伙人，被誉为熊彼特“破坏性创造”理论的集大成者的理查德·福斯特（Richard Foster），在《创新：进攻者的优势》[1]一书中曾经提到“一旦遭遇非连续性，原来的领军企业十个大概会有七个会被取代”。

现实中并不缺乏这样的案例，诺基亚于 1998 年取代摩托罗拉成为全球功能手机销售量第一名，在此后的 14 年里，诺基亚成为全球手机之王，巅峰时期的市值超过千亿美元，但在智能机时代却插草卖身[2]。

而在 PC 时代堪称“门户网站之父”的雅虎，在移动互联网时代也风光不再，逐渐没落，从市值 1000 亿美元的互联网的拓荒者到 48 亿美元被贱卖。

再来看看百度，百度牢牢占据着 PC 时代搜索方面的头把交椅，并逐渐发展成为全球最大的中文搜索引擎。当移动互联网时代到来之后，随着众多以人工智能（AI）算法推荐为主的内容平台崛起，百度却没能成功地跨越到新的曲线，而是在原有的曲线上开始走下坡路。

---

[1] 理查德·福斯特．创新：进攻者的优势 [M]. 孙玉杰，王宇峰，韩丽华，译．北京：北京联合出版公司，2017.

[2] 2013 年 9 月 3 日上午，微软宣布将以约 71.7 亿美元的价格收购诺基亚手机业务。

为什么领先的创新者总是遭遇窘境？通常的结论是公司技术能力不足或是管理出了问题，也有很多人会把主要的原因归结于“英雄”式创业公司的出现引领了时代的变化，使得在位企业失去了发展的先机。

但是，几乎所有的在位企业从来都不是输给那些新兴的竞争对手，而是输给自己的“既得利益”和“既有思维”，对应地，我们将其拆分成了两个维度：外在利益结构的“价值网络”[1]和内在信念体系的“组织心智”。

所谓价值网，就是在进行组合式创新时，将技术、产品、市场、资本和组织等相关要素重新组合起来，并形成一张无形的生存之网。它一方面给企业提供了生存所必需的资源，另一方面也将企业禁锢在价值网之中，难以自拔。当企业遭遇非连续性时，企业所拥有的那些资源反而成为进攻自身的价值网。

所谓的组织心智，是指企业内在的思维模式，企业过去成功的经验、模式、文化等这些心智层面的内容。当企业需要从第一曲线跨越到第二曲线时，成熟的组织心智反而会成为限制企业创新的内在阻力。

事实上，价值网和组织心智是一回事，因为所有组织心智必须通过某一个价值网才能实现，而任何一个价值网利益体系背后一定有某种既定的组织心智，所以在本章中我们将其统合为“组织心智”。

[1] 与第三章中的“价值网”概念本质相同。

组织心智自动化

在大多数人看来，生存结构不易改变，而思维模式容易改变。就好像在我们生活的地球上，天、地、日、月、山、川这些生活环境不会因为人类的认知而变化，我们却可以因为学习或交流，而改变自己的思维模式。事实恰恰相反，由于人类的认知禁闭，思维方式一旦形成，几乎无法由内而外地改变。

> 电影《肖申克的救赎》中描述了这样一个片段，有一位老人因犯罪很早就被送进了监狱，在所有被监禁的人当中，他非常适应这种生活，甚至还以犯人的身份担任图书管理员。多年之后，当他出狱回到现实生活，他反而觉得不适应，最终选择结束了自己的生命。

每次看到这里，我总会发出一声叹息。身为人类，最悲剧的事实就是我们以为自己在用思维来认知这个世界，但思维恰恰是禁锢我们的监狱。老人的身体已经离开了监狱，可是他的思想依旧被禁锢在“信念的监狱”里，而思维的禁闭、信念的禁闭是如此的真实，让人难以逃脱。

如同尤瓦尔·赫拉利（Yuval Harari）在《人类简史：从动物到上帝》[1]中所说的：“身为人类，我们不可能脱离想象所建构出的秩序。

[1] 尤瓦尔·赫拉利. 人类简史：从动物到上帝 [M]. 林俊宏. 译, 北京：中信出版社, 2014.

每一次我们以为自己打破了监狱的高墙、迈向自由的前方，其实只是到了另一间更大的监狱，把活动范围稍稍加以扩大。”对个人而言，这种监狱般的束缚就是认知禁锢，而对组织来说，它就是“组织心智”。

组织心智看不见、摸不着，但又无处不在，它影响着企业的一举一动。通常，它隐晦不明、无法言传、深藏不露，但又无所不在，没有它，我们什么也做不了。组织心智一旦成形，就会自动化运转，很难被改变。什么叫自动化？就是你不知道它的存在，却在潜移默化中接受它的影响。

大多数企业都存在明显的组织心智自动化现象。

比如，百度的组织心智是搜索，新浪的组织心智是媒体，联想的组织心智是“贸工技”[1]，盛大的组织心智是运营，而苏宁的组织心智长期停留在线下。正所谓“江山易改，本性难移”，组织心智或者也可以叫“企业的基因”。

被誉为“硅谷风投教父”的红杉美国合伙人迈克尔·莫里茨（Michael Moritz）有一句名言：“一个企业在最初创立的 18 个月中的基因，决定了一个企业的成败。”其实，这说的正是组织心智的重要性。

能够在组织心智层面实现自我突破的企业少之又少。但是，一旦突破，它便会迎来天翻地覆的全新局面。比如，英特尔的自我颠覆，

[1] “贸”是指贸易，即做买卖，如代理、代销、经销等；“工”是指加工、生产，其形式有很多种，既可以是自己加工生产，也可以委托加工、外协加工等；“技”是指技术，即研发，包括开发新技术、新产品等。“贸工技”是指先做生意，实现一定的原始积累，求得生存，然后开发新技术、新产品并进行销售，找到新的利润增长点。

又如 IBM 彻底放弃原有的个人计算机业务，全面拥抱信息技术和业务解决方案。

其实，更多的企业还是在原有组织心智上做加法，典型的例子是阿里巴巴和腾讯。阿里巴巴早期的组织心智是“电商”，后来慢慢转变为“电商 + 金融”，腾讯则在“社交”的组织心智中添加了“投资”的基因。

企业的组织心智一旦形成，极难改变，既然如此，我们为什么还要学习组织心智？答案之一便是简化预测。

企业的决策者经常使用基于连续性假设的预测方式，通常的做法是将过去的数字进行加权平均，或是以过去的趋势作为未来的预测基础。这种简化的预测方式在企业第一曲线昂扬向上时没有问题，但前提是外在环境不变。一旦面临非连续性时刻，原本帮助决策的基于连续性假设的心智模式，往往会变成通往改变之路上最大的障碍。

需要提醒大家的是，即便面对外在环境的变化，企业的决策者所“看到”的资料，还是与现行组织心智模式“相符合”的资料，而不是与此模式相矛盾的资料。通俗地讲，你只能看到你的心智模式想看到的东西。

正因为如此，理查德 · 福斯特在《创造性破坏》一书中给出了这样的论断：“在不连续时期，除非企业的决策者有所变动，从而引进更新或更适当的心智模式，否则仅靠原班领导者绝不可能放弃现行的心智模式。”

这里我们不禁要问，为什么会有组织心智？原因有二：一是客户依赖；二是增长魔咒。接下来，我们将分别讲解。

客户为王的客户依赖

客户依赖的背后是价值网理论，当企业将相关的要素组合在一起形成价值网之后，价值网既给企业提供了生存资源，同时也决定了企业发展的边界。这里谁是企业价值网最主要的决定力量呢？答案是客户。

熊彼特认为，在经济结构处于均衡状态时，即在连续性时期，企业价值网最重要的影响力量来自需求侧的消费者或客户。他们通过手中的资源（钞票）选择商品，进而推动产品技术的走向，即我们经常说的“客户为王”或“消费者为王”。这句话很容易理解，谁给你面包，你就替谁唱赞歌。客户购买了企业的商品，从另外一个角度来讲，客户的资源也流向了企业，而所有的决策都是资源配置做出的决定，所以消费者的购买行为自然而然地对企业产生了重大影响。

企业属于什么价值网，通常取决于自己的核心客户，而一旦企业归属于某种客户价值网之后，通常情况下很难从价值网中逃脱。对企业的经营者来说，虽然公司是他们创办的，也是他们带领公司走上发展正轨的，但真正决定企业发展路径的是价值网，我们只是在价值网右上角迁移力的影响下不断地做出决策而已。

在两条曲线转换的过程中，即在非连续性时期，总有一小部分“创业者”会通过创新打破经济体系暂时的均衡状态，进而产生一种新的均衡，我将此阶段称为“创业者为王”（见图 5-1）。

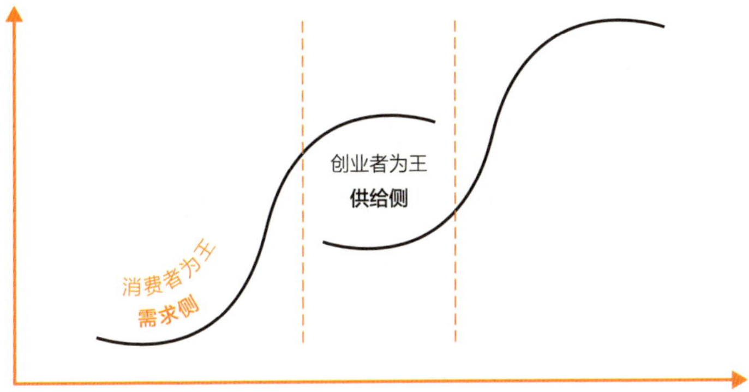

图 5-1 从消费者为王到创业者为王

熊彼特在他的著作中用了很大的篇幅来讴歌创业者，他说只有创业者才有可能把资源从第一曲线里释放出来转移到第二曲线之中。换句话说，在非连续性时期，如果企业依旧以消费者为王，根本不可能从原有曲线中组合出新的资源。在这种情况下，只有创业者、供给侧才拥有颠覆的力量。

关于供给侧的“创业者为王”阶段，我将在第六章中详细阐述，在此不做赘述，让我们回到本章的重点——需求侧的“消费者为王”阶段。我先来拆解一个《创新者的窘境》中的经典案例，这个案例主要围绕 1976—1995 年硬盘行业的颠覆式创新展开。

硬盘行业的同生共死

在选取案例样本之前，克里斯坦森的一位朋友向他提了一个建议："那些研究遗传学的人会尽量避免研究人类，因为人类需要 30 年左右才能繁衍出下一代。他们研究果蝇，因为果蝇朝生夕死，在一天的时间内便完成了生命的全过程。如果你希望了解某些商业现象，那就应该去研究硬盘行业，这一行业是商业领域最接近果蝇的类型。"

的确，在世界商业史上，鲜有行业能像硬盘行业那样，经历如此广泛、快速且残酷的技术变革、市场结构转变以及全球范围纵向整合方面的变化。在书中，克里斯坦森援引了《磁盘 / 趋势报告》公布的大量数据并加以整合、统计，结果表明：从 1976 年到 1995 年的 20 年间，硬盘行业的连续性技术创新发生了 111 次，突破性技术创新发生了 6 次，颠覆式创新发生了 5 次。

令人震惊的是，在经历多达 111 次的连续性技术创新和 6 次突破性技术创新之后，在位企业的竞争成功率竟然高达 100%。换言之，一家失败的在位企业都没有。但在 5 次颠覆式创新发生后，在位企业的竞争成功率变为零，全军覆没，一败涂地。这是一个十分极端的案例，看到这样的数据之后，想必你就能理解为何我将颠覆式创新称为创业者的"理想后门"。

在1975年，计算机行业的主要客户是以IBM为主的大型计算机制造商，占市场总份额的将近70%。它们需求的硬盘驱动器主要规格为14英寸[1]，主要供应商是数据控制公司，占市场总份额的55%～62%。

当时，大型计算机市场的硬盘容量需求每年增长15%，而每年新上市的普通14英寸硬盘的容量在右上角迁移力的作用下，以更快的速度增长，年均增长率达到22%。

1978—1980年间，昆腾公司等几家新兴企业开发了尺寸更小的8英寸硬盘，但容量只有几十兆。大型计算机制造商对这些具有“颠覆性”的硬盘并不感兴趣，因为它们要求硬盘驱动器具有300～400兆的容量。于是，这些8英寸硬盘被销往一个全新的应用领域——微型计算机市场。相对主流的大型计算机市场而言，微型计算机市场属于典型的低端边缘市场，而这在日后成了8英寸硬盘颠覆式创新的舞台。

通过积极的连续性创新，8英寸硬盘以每年超过40%的速度提高容量，到了20世纪80年代中期，8英寸硬盘已经能够满足大型计算机的容量要求，成本却降至14英寸硬盘之下。换言之，它既方便又便宜。

3～4年后，8英寸硬盘开始疯狂蚕食大型计算机市场，14英寸硬盘的知名制造商开始陨落。在这些成熟企业中，有2/3从未推出过8英寸硬盘产品，另有1/3落后2年方才推出。最终，14英寸

[1] 1英寸≈0.0254米。

硬盘制造商全部被硬盘行业淘汰。需要注意的是，被市场淘汰的并非 14 英寸硬盘的生产技术，而是拥有这项技术的公司。

为何原本占据市场半壁江山的数据控制公司没能及时推出具有颠覆性的 8 英寸硬盘产品？答案显而易见，数据控制公司完全具备研发 8 英寸硬盘的技术能力，但是它们之所以在竞争中失利，是因为迟迟没有做出进入 8 英寸硬盘这一新兴价值网的战略决策。

克里斯坦森采访了数据控制公司的相关管理人员，他发现数据控制公司的战略决策实际上受制于它的主要客户 IBM，而当时的 IBM 并不需要 8 英寸硬盘，需要的是容量更大的 14 英寸硬盘。最终的事实证明，对数据控制公司而言，客户依赖是一个致命的错误。

但是，人类容易忘记历史的教训。很快，新的教训又发生在 8 英寸硬盘的制造厂家身上。

1980 年，希捷公司推出了比 8 英寸硬盘体积更小的 5.25 英寸硬盘，但它 10 兆左右的容量丝毫没有引起微型计算机制造商的兴趣，因为它们当时要求供应商提供 60 兆容量的硬盘驱动器。希捷公司以及其他于 1980—1983 年进入 5.25 英寸硬盘市场的企业在无奈之下，只好将产品转销至台式计算机这一应用领域（甚至可以说是它们创造了这一新兴价值网）。

台式计算机的硬盘容量需求的增长率是每年 25% 左右，而技术提升的速度再次在右上角迁移力的作用下，达到新市场需求的近 2 倍。1980—1990 年，5.25 英寸硬盘的容量以每年约 50% 的速度飞速增长。很快，5.25 英寸硬盘容量的增长轨迹与当时主流的微型计算机市场的需求轨迹交汇，将 8 英寸硬盘的制造商淘汰出局。

与此前 8 英寸硬盘颠覆式创新的情形如出一辙，率先生产 5.25 英寸硬盘的企业也是新兴企业；在位企业推出同类型产品的时间平均落后 2 年。到了 1985 年，只有一半的 8 英寸硬盘生产商推出了 5.25 英寸硬盘产品，剩下的一半则彻底失去了同台竞技的机会。

历史总是惊人的相似，8 英寸硬盘制造商颠覆了 14 英寸硬盘制造商，没过多久，自己却被 5.25 英寸硬盘制造商淘汰出局。原因何在？是管理水平下降，还是技术进步不足？两者皆非，这一结局看似偶然，实属历史的必然，背后暗藏着“市场选择”（客户依赖）的神奇力量。

绝大多数的在位企业都秉持“客户为王”的惯性思维，它们会将主要资源聚焦于主营业务，保持对旗舰产品的高度关注，坚持“优质客户至上”的理念，经常性地进行市场调查，力图使客户完全满意，将第一曲线做大做强，并在第一曲线的“黑洞效应”[1]之下，忽视甚至扼杀第二曲线创新。

这就是“市场选择”的力量，甚至成为在位企业的宿命， 我们希望每位创业者对此都能时刻保持警醒。客户确实是企业最宝贵的资源，但在某些时候，它也会成为企业最主要的禁锢力量。原因就

[1] 经济学中的“黑洞效应”，是指企业的一种自我强化效应。企业的第一曲线会像黑洞一样，产生非常强的吞噬和自我复制能力，把它势力所及的大量资源吸引过去，形成一个正向加速循环的旋涡。

在于，企业所在的价值网根本不由企业自身决定，而是取决于市场资源的配置，并受到客户手中资金的严重制约。

历史的车轮持续向前。1984 年，西班牙新兴企业 Rodime 公司率先成功地研发出 3.5 英寸硬盘。希捷公司并没有对这一新型号产品充耳不闻。1985 年年初，希捷公司的销售人员便向台式计算机市场的主要客户展示了尚在研制中的 3.5 英寸硬盘样机。不出所料，客户的反应较为冷淡，这让希捷公司的管理层直接取消了这一项目计划。

希捷公司的表现绝非个例。到 1988 年，在 5.25 英寸硬盘的主要制造商中，仅有 35% 推出了 3.5 英寸硬盘，而剩下的 65%，大多错过了新兴的笔记本电脑价值网。

与希捷公司形成鲜明反差的是昆腾公司。1984 年，昆腾公司的几名员工敏锐地察觉到 3.5 英寸硬盘和笔记本电脑市场的无穷潜力。这几名员工决定离开昆腾公司，创立一家新公司来验证他们的判断。

昆腾公司并没有就此放手让他们离开，而是决定出资为这些员工成立一家分公司，并持有分公司 80% 的股份。这无疑是一个极为睿智的决定，到了 1987 年，昆腾公司主打的 8 英寸和 5.25 英寸硬盘在市场上已基本销声匿迹，于是它收购了分公司剩余的 20% 股份，重组为一家 3.5 英寸硬盘制造商，后来还成功地完成了从 3.5 英寸硬盘过渡到 2.5 英寸硬盘的连续性创新。到 1994 年，新昆腾公司成了世界上销量最大的硬盘制造商。

从硬盘行业的案例中，我们发现了一个十分诡异的企业与客户

"同生共死"的价值网之谜（见图 5–2）——14 英寸硬盘制造商与大型计算机同生共死，8 英寸硬盘制造商与微型计算机同生共死，5.25 英寸硬盘制造商与台式计算机同生共死……我们鲜少见过同生共死的爱情，但在价值网里，企业与客户同生共死的现象比比皆是。

这是一个发人深省的商业故事，如同米缸里的老鼠在装满米的

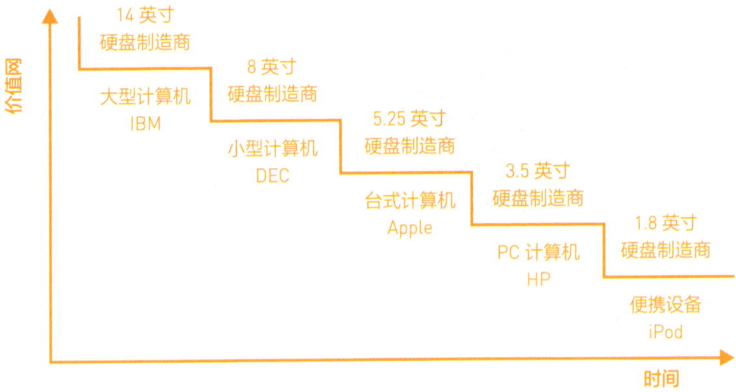

图 5-2　诡异的价值网之谜：与客户同生共死

米缸里吃喝玩乐，随着米越吃越少，直到有一天老鼠再也跳不出米缸，只好继续生活在米缸中。最后，老鼠突然发现米缸里一粒米都没有了，只能活活地饿死在缸里，这是一个极好的隐喻（见图 5–3）。

有时候让客户满意就像一个巨大的陷阱，企业被牢牢禁锢，无法自拔。一旦客户的情况发生巨大的变化，企业只能无奈地与其共赴死地。假如你的企业 30% 的订单来自一家大客户，客户发展顺风顺水时自然合作愉快，如果客户遭遇较大的危机，就会产生极为严

重的连锁反应，那么你的企业很有可能成为米缸里的老鼠。就个人而言，我们是不是也活在某一个米缸里而浑然不觉呢？

新锐历史学家尤瓦尔·赫拉利在《人类简史：从动物到上帝》

图 5-3 米缸里的老鼠

一书中，记录了这样的故事。

> 从进化的角度来看，小麦是地球上最成功的植物。小麦的秘诀就在于操纵智人，为其所用。从种植小麦开始，人类从早到晚只忙这件事就已经焦头烂额。小麦不喜欢石头，人类就只能把田地里的石头捡干净搬出去，让自己腰酸背痛；小麦不喜欢与其他植物分享水和养分，人类就要除草；小麦渴了，人类就要为它浇灌；而人类的身体适合爬果树、追瞪羚，并不适应田间劳作，因此在人类的身上出现了腰椎间盘突出、关节炎和疝气等疾病。
>
> 为了收割自己辛勤耕种的小麦，人类必须驻扎下来，从而形成

村落，随之人口迅速增长，更加依赖小麦这种食物。从此，人类再也离不开小麦，再也不可能从农业生活退回到采集生活。与其说人类征服了小麦，不如说小麦奴役了人类。

将尤瓦尔·赫拉利的观点套用在商业领域，便能得出一个结论："与其说我们拥有客户，不如说我们被客户拥有。"企业拥有何种价值网，通常取决于核心客户。在通常的商业规则下，企业绝难从价值网中逃脱。由此，克里斯坦森给出了一个听起来并不令人愉快的结论："真正决定企业未来发展方向的是价值网，而非管理者。管理者只不过扮演了一个象征性的角色而已。"

难以破除的增长魔咒

在理解了客户依赖之后，我们来看第二个形成组织心智的原因：增长魔咒。“西方经济学之父”亚当·斯密（Adam Smith）将企业视为等价于“理性人”的组织，而追逐利润是企业的根本，因此“企业的天职是利润最大化”“企业是关于收入和利润的游戏”这种观点，在西方经济理论中有着根深蒂固的地位。[1]

时至今日，这一观点发生了戏剧性的变化。越来越多的上市公司将关注的焦点从企业的收入和利润转向资本的回报。相对于商品市场的表现，它们更加看重自己在资本市场的表现，看重在财务报表或K线图中或红或绿的数字，也就是企业的增长情况。企业的估值不再与企业创造的价值相关，而是与未来的增长水平紧密相连，就像小狗脖子上的绳索一样，企业被勒得喘不过气。

更可怕的是，仅有增长还远远不够，资本市场对“超预期的增长”更加敏感，如果增长低于预期水平，资本市场照样会“用脚投票”[2]。这是一个虚幻的故事，企业经营变成了超预期增长的游戏。

---

[1] 1947年，萨缪尔森的《经济分析基础》一书出版，他在书中首次将经济学的全部问题归纳为一个“最大化问题”。1970年，萨缪尔森在发表的题为《经济分析的最大化原则》的演讲中称：“经济学这个术语的基本含义就是利润最大化，这是这门学问的真正基础。”

[2] 所谓“用脚投票”，原指资本、人才、技术等资源自发地流向能够提供更加优越的公共服务的区域，现被广泛用于诸多领域。

然而，在上市的企业中，只有 10% 的企业能够维持良好的增长势头，只有 2% 的企业长期绩效超过市场绩效。企业若只完成一个关于增长的游戏，那么将会遭遇巨大的窘境。

正如克里斯坦森所言：“企业增长率必须超越社会舆论对其预测的数值，才能使其股价大幅上扬。这是一个沉重的、无法摆脱的负担，这个重担压在了每一个执着于追求股东价值的企业高管头上。”

通用汽车的 CEO 里克·瓦格纳（Rick Wagoner）曾有一句名言：“财务分析告诉我，早点推出一款烂车胜过晚些推出一款好车。”作为通用公司的 CEO，瓦格纳为何说出如此短视的话？原因便在于资本价值网的挟持。

我在斯坦福大学听过 Neflix 公司创始人里德·哈斯廷斯的一堂课。在他看来，“今天美国大公司的一大通病，就是职业经理人的任期太短，而回报与股市息息相关，这便让他们更加关注财务数据，而非产品和创新”。

这就是大企业无法进入小市场的原因所在。在位企业往往无法进入新兴的边缘市场，因为新兴市场的体量太小，无法解决在位企业的增长需求。试想，一家年收入 4000 万元的企业，只需要增加 800 万元的收入就能够实现 20% 的增长，而对一家年收入 40 亿元的在位企业而言，要想实现同样的增长水平，则必须增加 8 亿元的收入，这远不是新兴市场能够提供的。因此，便出现了克里斯坦森笔下“回不去的低端市场”现象。

当企业不断发展壮大时，它们也基本丧失了进入小型新兴市场的能力。而所有的破坏性创新机会，一开始都是小市场。慢慢成长，突然有一天指数级加速，你将再也追赶不上。你最渴望的东西，往往也是最制约你的东西。成于增长，亡于增长。

虽然企业都在极力追寻未来的增长空间，但是你最渴望的往往也是最制约你的，增长也会牢牢地禁锢着企业。在管理层面，哈佛商学院教授、被誉为“颠覆创新之父”的克莱顿·克里斯坦森提出过一个概念—— 增长魔咒。

克里斯坦森曾在《创新者的解答》一书中给出这样的论断：每10 家企业中，大约只有 1 家能够维持良好的增长势头。著名战略报告《失速点》[1]（*Stall Points*）也指出：“1955—1995 年，在 172 家世界 500 强企业里只有 5% 产生了超过通货膨胀率的增长。而一旦企业到达失速点，只有 4% 的企业能够重启增长引擎。”

以上两组数字指向了同一个结论——增长十分重要， 但要保持持续增长则会难上加难，这就是困扰无数企业的“增长魔咒”。如果你对此仍持怀疑态度，不妨看看福斯特在他的另一本著作《创造性破坏》中给出的两组数据。

1917 年，美国的《福布斯》（*Forbes*）杂志第一次提出了百强企业的说法，到 1987 年恰好过去了 70 年。在第一批的 100 家企业中，有 61 家已经销声匿迹，只剩下 18 家还留在百强名单中，包括通用电气、柯达、杜邦、福特汽车、宝洁等世界知名企业。

理查德·福斯特统计了这些企业 70 年来的年均复合增长率，结果令人震惊。大多数企业的投资回报率居然比整个市场的企业平

[1] 企业战略委员会在 1988 年发表于 WashingtonDC:Corporate Strategy Brard。

均投资回报率还低，只有通用电气和柯达两家企业高于平均值（见图 5-4），占到首批百强企业的 2%。当然，后面的故事大家都知道，硕果仅存的这两家企业也都倒在了时光的长河中。

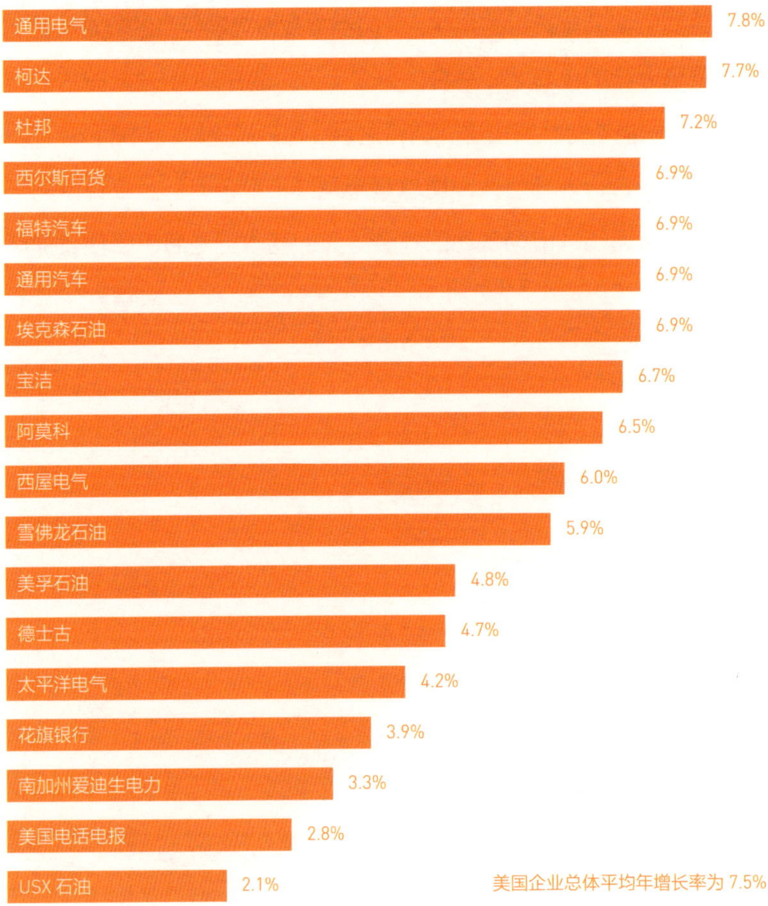

图 5-4　1917—1987 年市场资本化复合年增长率

为了增强结论的客观性，福斯特又提供了另一组数据：于1957年组成标准普尔500指数的最初500家企业，在40年后的1997年，只剩下了74家，其中，只有12家企业的长期表现超过了标准普尔指数本身，占最初500家企业的2.4%。

这些所谓基业长青的企业，一向都被视为美国经济的支柱。然而，能够跑赢大盘的仅有2%左右，少之又少，或称其为“大而不倒”更为恰当。福斯特在得出这一结论之后，留下了这样一句评价：“就长期绩效而言，市场整体表现总是超越‘长青企业’。麦肯锡的研究表明，永远超越市场表现的黄金企业，基本上是海市蜃楼、神话传说。”

建立独立小机构

当我们理解了组织心智的力量，在面临非连续性时，企业应该如何应对组织心智的窘境？

我认为创业家有两个职责：第一，让现有的核心业务曲线发展到极致；第二，带领新组织开辟新的价值网曲线，即“守正”和“出奇”。

“守正”指的是要对第一曲线进行管理，让现有核心业务曲线发展到极致，推迟“极限点”可能出现的时间，即任何一个产品或业务都有它的生命周期，一旦开始生长，它将沿着自己的生命曲线尽力地生长，尽其天年而不中道夭折。从现实来讲，如果你有一个稳定的第一曲线，有现金流、流量池、好口碑，这是好事情，不要去折腾它。与此同时，既不要把第一曲线转型到第二曲线，也不要把第二曲线合并进第一曲线。

“出奇”则是指企业在对待第二曲线创新时，一定要积极进取，带领新组织开辟新的价值网曲线，通过对第二曲线的扶持，为企业赢得全新的增长空间。克里斯坦森认为，一个成熟的机构总是希望在保持主流市场的竞争力的同时，全方位地开发破坏性技术。事实上，有充分的证据证明，这基本上是一条死胡同。当你的主要目光在第一条曲线之上时，在第一曲线上根本无法长出有力量的第二曲线，除非企业成立两个彼此独立的机构（从属于不同的价值网） 来吸引不同的目标客户。原因很简单，克里斯坦森说过："你无法颠覆你自己（You cannot disrupt yourself）。"

需要说明的是，所谓"独立"，是指颠覆式创新组织要与现有组织相区隔，拥有独立的成本结构、销售渠道、决策标准、组织文化和心智模式，并不一定要在不同的地点办公，也不一定是独立的股权公司。最重要的一点是，原有组织中的项目不能与新项目争夺资源。

与此同时，新业务刚出来时，成本结构和市场规模都比较小，需要给新业务足够的时间、空间去成长，所以，还要设立成本结构和市场规模相适应的小型机构，以此应对看起来很小的破坏性机遇，也就是以独立小机构来应对看起来很小的新机遇。

建立独立小机构的道理听起来很简单，执行起来却非常困难。如果仅是设立独立小机构，让内部员工组成的小团队去尝试，即使尝试完成了，也很难获得成功。探索新的方向时，创始人和 CEO 一定要特别关注独立小机构，因为只有它们才能承担得起相应的风险。

克里斯坦森在《创新者的窘境》中说："我们还从来没有发现有哪一家企业能够在没有 CEO 参与的情况下，成功地应对颠覆其主流价值观的变革……如果 CEO 仅仅把成立分支机构视为一种摆脱颠覆式创新威胁的工具，那么几乎可以肯定地说，等待他们的将是失败的命运。"

这一结论在《创新者的解答》一书中并未改变，克里斯坦森写道："在颠覆式创新的管理流程凝聚之前，高管的亲自监管是颠覆性业务获得成功所需的最重要资源之一……感受到面对情况的变化并及时做出反应，这个角色只有CEO才能演好……我们最令人深省的发现之一是，在众多的公司中，那些成功地捕捉到随后的几波浪潮并在行业中成为领头羊的幸运儿，在管理颠覆性业务时，绝大多数仍由企业的创始人操刀，只有少数公司由职业经理人完成。”

我们也看到很多的案例都是这样发生的（建立独立小机构），比如腾讯的微信业务部门并没有设在深圳，而是设在广州，阿里巴巴的淘宝网也是在原来B端的业务之外设立的单独机构，搜狐的搜狗和新浪的微博等皆是如此。

接下来，我们重点讲一下亚马逊是如何用独立小团队进军电子书市场的。

亚马逊进军电子书市场

纸质书在几千年前也是一种高科技产品。几千年后的今天，能否将这项高科技再向前推进一步，是贝索斯一直思索的问题，而数字化阅读正是他找到的答案。接下来考验贝索斯的则是谁来做和如何做，这是亚马逊面临的关键选择。

在《一网打尽：贝索斯与亚马逊时代》中，布拉德·斯通写下了这样一段话："那时，贝索斯和高管们正在激烈地讨论一本书——《创新者的窘境》，这本书大大影响了亚马逊公司的战略。克里斯坦森指出，大公司的失败并不是因为它们想避免颠覆式的变化，而是因为它们不愿意接受大有前途的新市场——新市场可能会破坏它们的传统业务，而且可能无法满足它们短期增长的需求。例如，西尔斯[1]未能成功地从百货商店转换为折扣零售商，IBM 没有及时地把大型机转变为小型机。"

在《创新者的窘境》的影响下，贝索斯坚定了自己打造数字化阅读品牌的决心。他对此寄予厚望，将这项业务命名为"Kindle"（点燃），希望以此点燃大众的阅读热情。贝索斯选中的项目带头人是史蒂夫·凯赛尔（Steve Kessel）。凯赛尔是亚马逊 10 位高管

---

[1] 西尔斯·罗巴克公司的简称，成立于 1886 年，曾是世界最大的私人零售企业，2005 年被凯马特公司并购。

之一，他是一位极富远见的元老级人物，自 1999 年起就与贝索斯进行密切的合作，他当时主管亚马逊的线上图书业务。凯赛尔同样对新业务 Kindle 抱有极大的热情，但他觉得这项业务开始时并不会占用自己太多的时间和精力，反倒可以从传统图书业务中借力，完全可以兼顾。

然而，贝索斯并不这样认为。他从《创新者的窘境》中吸取了教训，坚持认为凯赛尔无法同时管理纸质媒体和数字媒体两个基因完全不同的业务，并对凯赛尔说："你未来的工作就是干掉你现在的生意，你的目标是让所有卖纸质书的人都失业。"大家要牢牢记住这句话，在做出关键决策时，它一定会给你带来巨大的力量。凯赛尔在克里斯坦森理论的指导下，开始组建 Kindle 项目团队。

2004 年，贝索斯解除了凯赛尔在亚马逊线上图书部门的管理职务，让他在加利福尼亚州的硅谷建立了一个子公司，远离亚马逊位于西雅图的总部，并从硬件部门中抽调精兵强将，重新组织了一个团队，命名为"Amazon Lab 126"（亚马逊硬件设备实验室）。

"Amazon Lab 126"和 Kindle 项目，不但在资源、团队、地理位置等方面都与亚马逊原有的组织相隔离，甚至连项目本身都处于严格保密之中。在 2006 年的一次亚马逊全体员工大会上，有位员工站起来问贝索斯："您能告诉我们'Amazon Lab 126'是什么吗？"贝索斯粗略地回答道："它是加利福尼亚北部的一个研发中心，请继续下一个问题。"

这就是 Kindle 诞生的故事，如今的 Kindle 已自成生态，成功地孵化出电子书这个商业领域的新物种，改变了全球数以亿计读者的阅读习惯。在大多数公司里，如果用原有的“老臣”去做新业务，失败的可能性会非常大。大部分企业只是简单重复固有流程而已，不具备创新能力，又缺乏创新训练的人才，很难主导创新业务。因此，你必须找到那些具备创新能力、拥有专业技能并且具有创业精神的人来做新业务，这一点非常重要。

想想我们自己和自己所在的公司，有没有可能被隐含的组织心智禁锢？我相信一定有。但只要我们敢于直面它，把无意识的集体信念有意识化，就能从禁锢中走出来。

物理学家马克斯·普朗克（Max Planck）有句名言：“科学随着每一次（某个老科学家）的葬礼而进步一点。”我们把这句话转换到商业界：商业上的每一次进步都伴随着某巨头的葬礼。

接下来我讲一个前几年的案例，我非常尊重这家公司，但这家公司是典型的组织心智案例，它就是曾经全球最大的个人计算机（PC）制造商——联想。

浮沉联想

联想是中国最早一批进入 PC 领域的企业，被称为中国的民族企业，也有过辉煌的历史，但在过去很长的时间里，联想的发展一直起起伏伏，不尽如人意（见图 5-5）。

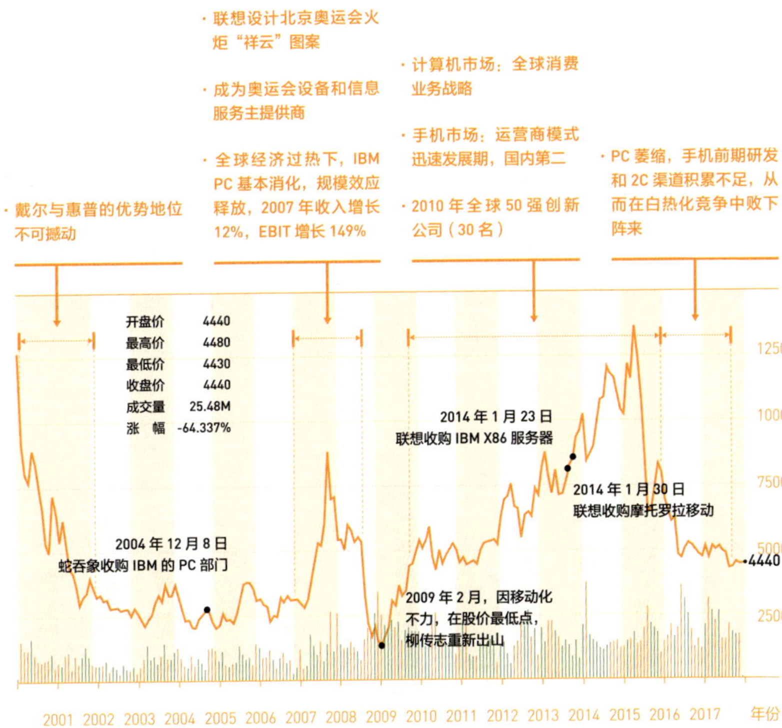

图 5-5　联想的发展历程

回顾联想的历程，2009 年是联想发展的一个重要分界线，当时联想的发展跌入谷底，但也成功触底反弹，迎来了久违的一波持续增长。在 2015 年 5 月 15 日，联想的股价到达历史最高点，但辉煌过后又是持续的走低。2016 年，联想股价一年跌掉了 60%。2018 年股价的下行依然继续，联想市值甚至一度缩水 83%。同年 5 月 4 日，联想被香港恒生指数剔除，当年外媒在报道中称，联想是全球最差的科技股。

从民族英雄企业到逐渐湮灭在互联网浪潮中，联想究竟遭遇了什么？接下来，我们就从价值网的角度分析一下联想的发展困局。

1. 第一曲线 PC 遭遇极限点

首先联想发展的第一曲线是 PC，如图 5-6 所示，这是联想全球 PC 历年的出货量数据，在 2011 年，联想的出货量到达最高点，紧接着一路下滑。之所以会出现这种情况，原因很简单，智能手机的问世改变了人们的网络使用习惯，直接导致了 2012—2017 年全

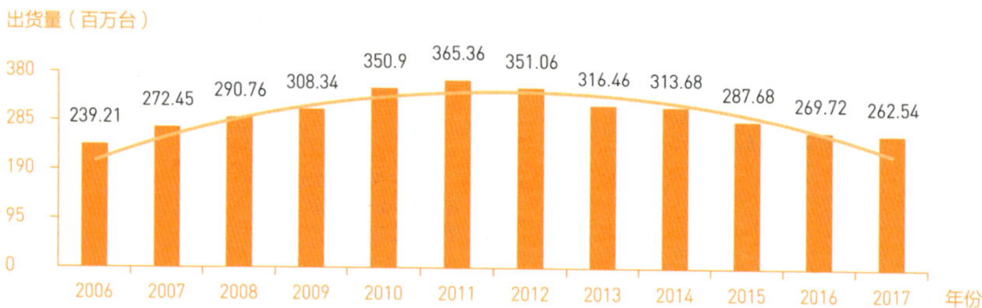

图 5-6 全球 PC 行业出货量变化示意图（2006—2017 年）

球 PC 出货量连续六年下跌。从这个角度来说，2011 年实际上就是全球 PC 出货量的极限点。

但是，在 PC 行业整体衰落的环境之下，联想却实现了持续增长，2013 年销量超过惠普，成为全球 PC 市场的霸主，占据世界 16.7% 的市场份额。极限点的到来虽然会迟到，但从不失约，2014 年联想自己也走到了 PC 业务的极限点。从 2015 年开始，联想 PC 出货量逐年下降，2017 年被惠普反超。

同时遭遇行业极限点和企业极限点，这个时候任何企业的领导者都无力回天。虽然联想的 PC 业务遭遇了不可逆转的困境，但联想始终被股市看好（见图 5-7）。因为在当时，联想的第二曲线已经展现出崛起的潜力，而这个第二曲线就是打败了 PC 的智能手机。

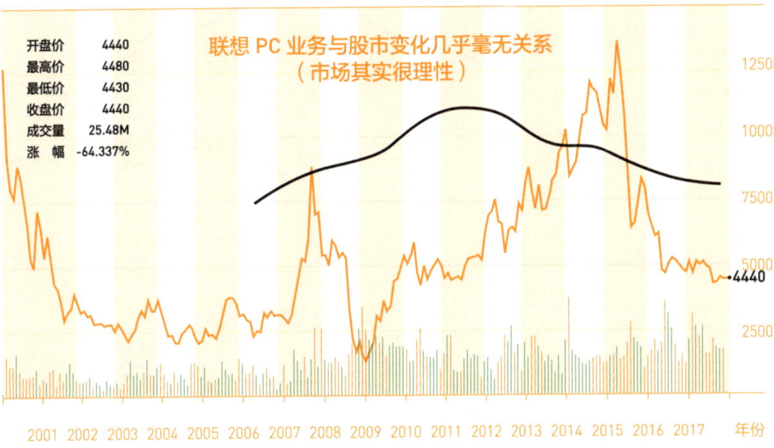

图 5-7 联想 PC 历年出货量与市值变化（2006—2017 年）

2. 第二曲线手机困于组织心智

了解联想的人应该都知道，早在 2009 年，联想就已经进军智能手机业务，到 2013 年联想手机在中国手机市场占有率排在第二位，仅次于三星，是国产手机里当之无愧的第一名。2014 年，联想耗资 29 亿美元收购了摩托罗拉手机。联想在手机领域的气势如虹，也成功地影响了投资者，2011 年联想手机全球出货量 370 万台，2012 年达到 2815 万台，2013 年达到 6646 万台，而到了 2014 年已经达到 9270 万台，所以 2009—2015 年，联想的市值不断攀升（见图 5-8）。

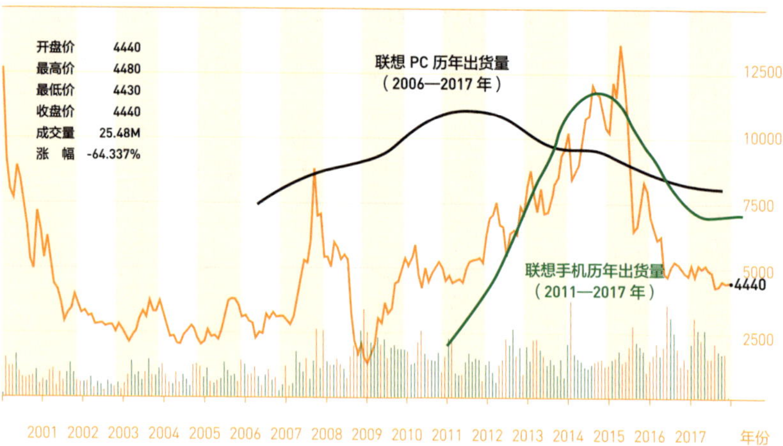

图 5-8 联想手机板块历年出货量和市值变化高度吻合（2011—2017 年）

虽然联想的财务数据非常喜人，但我们一定要看财务数字背后决定性的能力指标。在显性财务指标的利好之下，隐藏着隐性能力指标的不足。联想手机的崛起并不是依靠产品自身，而是依赖渠道，也就是所谓的运营商定制机。

众所周知，在进入移动互联网时代之后，运营商的主要利益来自用户使用的数据流量。但 2011 年，中国移动虽然拥有 7 亿用户，其中 3G 用户只有 7900 万。为了获取更多的收益，当时的中国移动最大的发展需求就是扩展更多的 3G 用户。由于对用户规模化的渴求，运营商非常重视 3G 手机的市场占有率。三大运营商为了发展 3G 用户，通过补贴方式定制了大量低价智能手机，运营商要求什么，手机厂商就生产什么，并形成了“中华酷联”[1] 的手机格局，而联想就是中国移动和中国联通主要的合作企业。

2012 财年，联想手机的出货量增长 1070%，市场份额由 2011 年的第十名一跃成为第二名，仅次于三星。此时联想手机已经成为中国移动和中国联通的最大供应商。2013 年的元旦和春节，中国移动投入巨资补贴，强势推广移动主导的 TD 信号 3G 网络，以扩充市场份额，一下子把联想的低端手机卖断货。2013 年，联想 70% 的手机出货量来自运营商渠道。

在运营商庞大的用户基数下，联想手机的销量在短时间内得到了快速提升，但其兴也勃焉，其亡也忽焉。运营商定制手机，本身就是企业与客户价值网的绑定。在这种情况下，联想手机虽然价格优惠，但质量相对一般，一旦运营商经营模式出现变化，联想也会受到影响。

---

[1] 当时中国内地的四家主流智能手机厂商，包括中兴、华为、酷派和联想。

果不其然，2014 年运营商政策改变，不再为合作企业提供大量补贴，联想的手机业务遭到了致命的打击。当然，联想的管理者并没有轻易放弃，他们也在不断地寻求提升手机产品在开放渠道销售比例的方法。

但是，在这个过程中，联想又做出了一个错误的决策，将手机业务和 PC 业务组合在一起，也就是说将第二曲线合并到了第一曲线。这是一个非常糟糕的举措，原本要变革的对象成为变革的执行者，这种组织结构的调整自然不会发挥任何效果。

结果，联想手机业务不但没有摆脱对客户的依赖，反而进一步提升了运营商渠道的销售比例。当时的联想，已经深陷客户价值网不能自拔（见图 5-9）。结果运营商渠道销售占比从 2012 年的 50% 上升到 2015 年 85%。

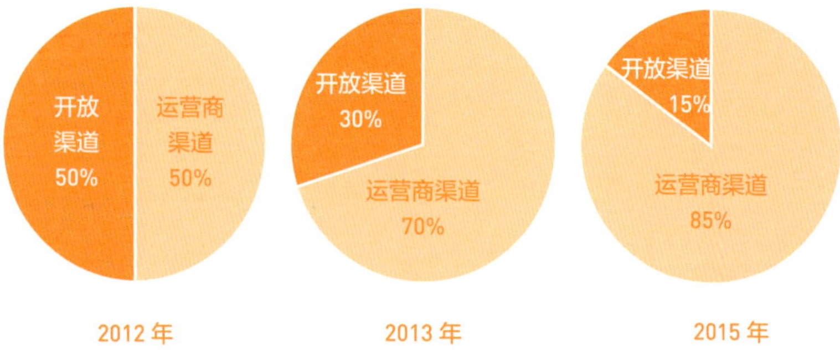

图 5-9　联想手机出货渠道的变化

2017 年，联想移动业务仅占集团整体业务的 16%，反观 PC 业务，依然占据联想营业收入的 70% 和 100% 的利润。也就是说，截至 2017 年，联想仍然是一家 PC 企业，曾经对智能手机这条第二曲线发展的探索宣告失败，企业又重新回归了第一曲线（见图 5-10）。

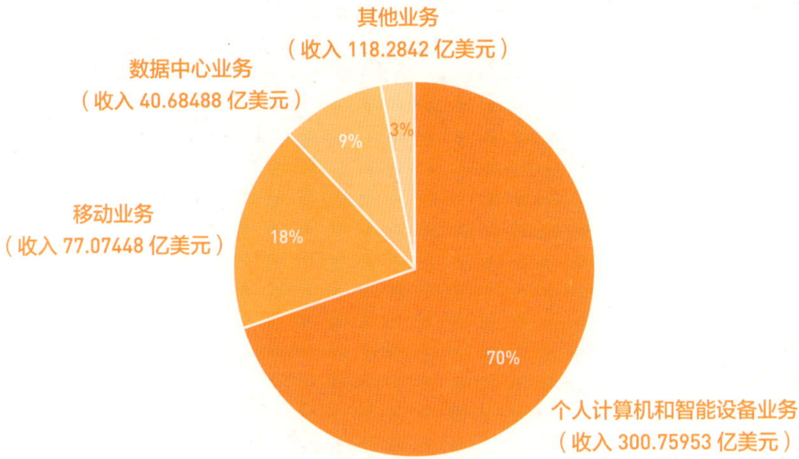

图 5-10　联想四大板块业务在全年营业收入中的占比情况（2017 年）

资料来源：联想年报（2017 年）。

无法果断放弃昨天，才是许多企业走向没落的真正原因。理查德·福斯特在《创造性破坏》中坦言，在不连续时期，除非是企业领导层有所异动，从而引进了更新、更适当的心智模式，否则原班领导者是不可能放弃现行心智模式的。

我们再一次重申，巨头企业的失败不是输给新兴的竞争对手，而是输给自己内部的既得利益和既有思维，所以作为企业管理者一定要了解价值网络和组织心智禁锢力量之大。

第六章

第二曲线：跨越极限点，引领破局增长

与传统认知不同，市场的秘密是用创新企业破坏老旧企业，因为创造性破坏越激烈，整体的回报率反而越高。类似的道理，企业也只有像市场“破坏”过气企业那样去“破坏”自己的过气业务和过气产品，完成从第一曲线向第二曲线的转换，才有可能让基业长青。

在讲解第二曲线之前，我们先要理解一个重要概念——极限点。我们在第二章中重点讲解了“破局点”的概念，而与破局点同样重要的是“极限点”，也正是因为有极限点的存在，我们才不得不开启第二曲线创新。第二曲线是我们创新理论的基础，也是本书最重要的模型。

识别极限点的能力价值千金

我们知道连续性创新很重要，但是连续性创新有一个隐含假设：只要努力，就能持续增长。然而，沿着同一条S曲线的连续性创新，存在一个致命的问题——连续性创新不可能无限持续下去，无论是技术、产品、组织还是企业发展，一定会到达极限点（见图6-1）。如同爬山一定会爬到山顶，这就是极限点，而且极限点往往等于失速点。

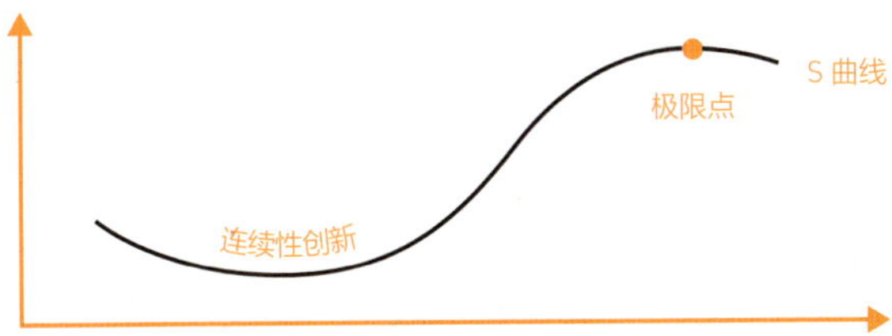

图6-1 连续性创新的“极限点”

在《技术的本质》[1]一书中，“复杂性科学”创始人、熊彼特奖得主布莱恩·阿瑟（Brian Arthur）给出了这样的论断：“在技术发展的过程中，总会遇到极限出现的那一刻。令人沮丧的是，极限点是不可避免的。”布莱恩·阿瑟在书中提到的“限制”和“局限性”，其实就是极限点。布莱恩·阿瑟对极限点的判断令人非常沮丧、

[1] 布莱恩·阿瑟. 技术的本质[M]. 曹东溟，王健，译. 杭州：浙江人民出版社，2018.

伤心，因为到达极限点是一件不可避免的事情。

麦肯锡荣休董事理查德·福斯特在《创新：进攻者的优势》一书中，同样花了大量的篇幅研究企业的极限点。他认为，如果企业处于极限点，无论多么努力，也不可能取得进步。也就是说，企业处于极限点时，即使投入再多的人力、物力和资源，产出率也会不增反降。极限点是任何S曲线都无法逃脱的宿命，我们可以延缓极限点的到来，但无法完全消除极限点。

这本书出版于1986年，那时的人们更偏向于认为技术可以解决极限点的问题。然而更糟糕的是，情况恰恰相反，随着技术水平以一日千里的速度提升，极限点出现的频率越来越快。

全球复杂性学科研究中心、圣塔菲研究所前所长杰弗里·韦斯特（Geoffrey West）在《规模》[1]一书中对此进行了研究，它把这种现象称为“创新或者范式转移周期的加速”。韦斯特认为，这一过程就好比人们不仅是在跑步机上跑步，而且会不停地跳到更快的跑步机上奔跑。

回顾历史，以蒸汽机为代表的第一次工业革命历经大约80年，以电为代表的第二次工业革命历经大约30年，而到了信息时代，几十年的时间我们从互联网、移动互联网到物联网……技术周期已经多次更迭。在过去的工业时代，技术周期较长，出现极限点的情况不太常见，而今天的技术周期越变越短，出现极限点已成为常态。

极限点的存在挑战了经典的战略理论。理查德·福斯特在《创

[1] 杰弗里·韦斯特. 规模：复杂世界的简单法则[M]. 张培，译. 北京：中信出版社，2018.

新：进攻者的优势》中指出，经典战略理论认为企业应该“坚守本业”。企业的成功建立在一组独特的竞争技能上，而这种技能要用许多年才能积累出来。因此，企业应该始终坚持深耕自己的核心专业领域，而不要轻易地转到新的领域。所谓“核心竞争力”“核心战略”等企业惯用词，秉持的都是这一理念。

这种战略在成长性时期和连续性周期之内非常正确，确实能为企业带来较强的市场竞争力。遗憾的是，任何行业都会到达极限点，在企业逼近自己或行业的极限点时，越是坚守本业，便越容易走向末路。为了强化这一观点，福斯特给出了这样的数据：一旦遭遇非连续性，在原来的领军企业中，大概 10 个中有 7 个要被取代。

在这个世界上，物种之间的更迭往往是由于环境发生了变化，并且这种更迭是周期性发生的事情。企业会出现兴亡衰替，也正是因为大周期的存在，其中最大的受害者就是原有的行业巨无霸、“领头羊”。

在很多人的眼中，大企业的第一死因往往是管理出了问题，要么是企业的领导者无能，要么是团队内耗严重。通过大数据研究，以及对每个个案进行总结，你会发现，当环境发生变化，大企业通常坚守原有的核心能力，反而不利于跨越非连续性，因此到达极限点以及由此导致的非连续性断层期，才是大企业的第一死因。相反，小公司跨越非连续性取得成功的概率反而会大于大公司。

诺基亚公司在功能手机时期，连续保持了 14 年的行业领先地位。全世界平均每 6 个人中，就有 1 个人用的是诺基亚手机，但在智能手机时代，诺基亚迅速衰落。

诺基亚由盛转衰的极限点出现在2007年，那一年恰是诺基亚最辉煌的收获之年：市值1500亿美元，当年出货量4亿部，全球市场占有率高达40%，是整个手机历史的顶峰期。迄今为止，没有一家手机厂商能够超越诺基亚在2007年取得的成绩。然而，世间万物盛极而衰，极限点之后便迎来无奈的下滑曲线（见图6-2）。

极限点=失速点

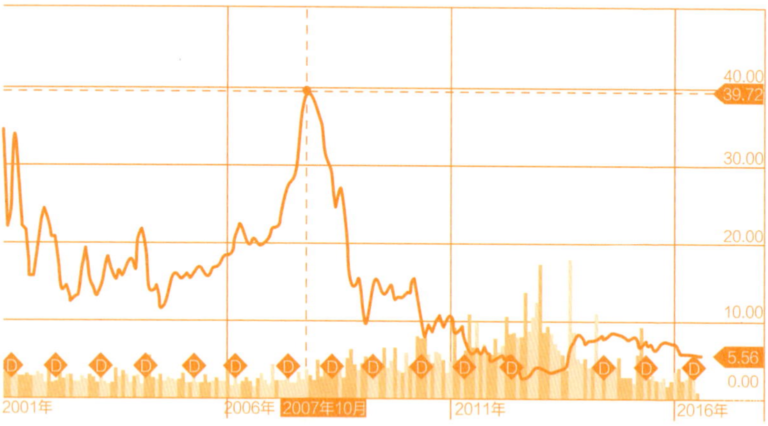

图6-2　2007年10月，诺基亚的市值达到顶峰，此后便断崖式下跌

在坚持了6年之后，诺基亚最终在2013年9月，被迫将手机业务以72亿美元的价格卖给了微软，一代手机霸主在智能手机时代彻底败下阵来，惨淡离场。诺基亚CEO约玛·奥利拉（Jorma Ollila）在同意微软收购诺基亚时感慨道："我们并没有做错什么，但不知为什么，我们输了。"当然，时至今日，诺基亚依靠为其他

企业提供通信设备制造和解决方案，已重新站立起来，这是后话。

从极限点的角度来看，诺基亚手机的败亡实属必然——2007 年，诺基亚公司到达功能手机的极限点。

在诺基亚的案例中，最令人扼腕叹息的并不是老牌手机巨头的衰落，而是当时的诺基亚其实一只脚已经踏入智能手机的领域，当时诺基亚智能手机的出货量约占全世界智能手机出货量的 50%。这其实是一个非常好的转型机会，但诺基亚没有抓住它。

虽然当时诺基亚的智能手机已经占据市场的半壁江山，但是智能手机只占它全部手机出货量的 11%。在内部看来，智能手机只是一个“小玩意儿”，诺基亚根本没有看到它未来的可能性。然后，诺基亚做了一个决定，将智能手机业务合并到功能手机业务中，最后直到诺基亚被卖掉，它的智能手机在其出货量的占比依然没有超过 11%。

复盘回到 2007 年，那一年苹果公司联合创始人史蒂夫 · 乔布斯发布了 iPhone 和 iOS 操作系统，谷歌发布了开源的安卓操作系统。同年 10 月，诺基亚手机的市值到达最高点（极限点），它也是诺基亚的失速点，此后诺基亚的市值便断崖式下跌，再也没有缓过劲来。当出现非连续性时，“第一曲线”用黑洞般的力量，将诺基亚的注意力牢牢控制在原有的功能手机市场上，扼杀了它的第二曲线。

曾任英特尔公司 CEO 的安迪 · 格鲁夫被称为硅谷有史以来最伟大的管理者。他在《只有偏执狂才能生存》一书中，留下了令人深省的一句话：“面临失速点（极限点）的时候，要想管理好企业，简直难于上青天。”

格鲁夫如何识别极限点

既然极限点如此重要，那么如何及时、有效地加以识别？截至目前，最为简洁有效的识别标准是“单一要素十倍速变坏”。如果企业至关重要的某个单一要素出现了十倍速变坏的迹象，这就是企业即将到达极限点的一个信号。下面以英特尔公司从存储器到 CPU 业务的转换为例，与大家分享格鲁夫识别极限点的商业智慧。

> 20 世纪 60 年代末，存储器占计算机成本的 60%，利润十分丰厚。因此，英特尔公司创业之初，做的就是存储器的生意。作为存储器的发明者，英特尔公司在 1969 年的市场占有率高达 100%，几乎没给它的竞争对手留下立足之地。
>
> 然而好景不长，在 20 世纪 70 年代初，日本以举国之力进军存储器市场，通过国家拨款的形式资助了 6 家存储器企业。经过 10 年左右的高速发展，日本企业在存储器的技术层面彻底赶超美国企业。
>
> 1980 年，美国企业生产的最好的存储器产品的次品率，竟然比日本企业生产的最差产品的次品率高出 5 倍左右。1981 年，日本企业推出了革命性的 64 K 芯片，并以低成本和高可靠性迅速占领美国市场。这使英特尔公司的单个存储器的价格，在一年之内就从 28 美元跌至 6 美元，其市场占有率也急剧下降（见图 6-3）。

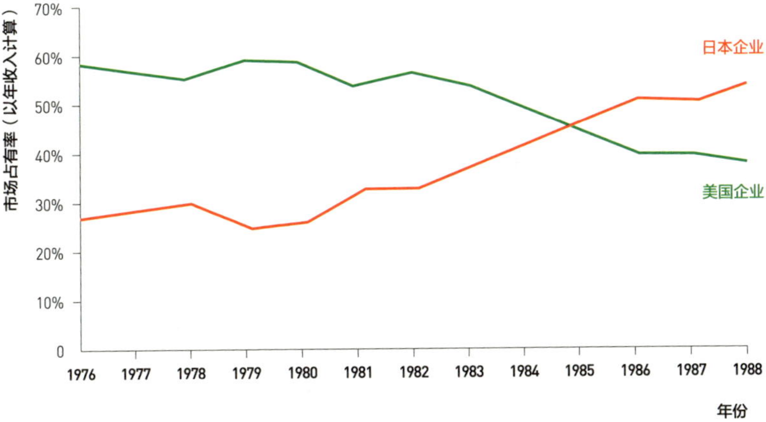

图 6-3　全球存储器市场占有率变化示意图

我们从图 6-3 中可以看出，1981 年之后，美国企业和日本企业的存储器的市场占有率，呈现明显的反向发展态势，日本企业的市场占有率不断上升，而美国企业的恰好相反。1984 年，两线相交产生了美国存储器行业的极限点，英特尔公司也无法置身事外。1985 年，英特尔公司的主营业务收入连续 6 个季度下滑，利润从上一年度的 1.98 亿美元，惨跌到 200 万美元。

1985 年，英特尔进入发展过程中的至暗时刻，面对日本企业的强势来袭，英特尔有两种选择：一种是继续坚持；另一种是另谋出路。在这种两难的境地下，安迪·格鲁夫问出了企业管理学史上最经典的问题。时任英特尔 CEO 的格鲁夫向创始人之一的摩尔提出了这样一个问题："如果我们下台了，公司再任命一个新 CEO，你觉得他会怎么办？"摩尔回答说："他会放弃存储器业务。"格鲁夫说："那我们自己为什么不这么做呢？"

此言既出，摩尔鼓励格鲁夫不妨尝试一下。格鲁夫就此决定，放弃英特尔公司做了十几年的存储器业务，转战中央处理器（central processing unit，CPU）领域。

改变一家企业的主营业务方向谈何容易，中间牵涉太多人的既得利益。举一个简单的例子，数码相机由胶卷巨头柯达公司首先发明，但因为公司多年以来的主营业务一直是胶卷，以至于到了生死关头，柯达公司的高层也始终不能下定决心转换到第二曲线。幸运的是，自诩为"偏执狂"的格鲁夫不顾其他人的反对，开始了壮士断腕式的变革。

格鲁夫在宣布公司转型之后，带领管理层所有成员从英特尔的办公大楼中走出，又重新走了回来。通过这样一个象征性的仪式，格鲁夫向世人宣告了英特尔公司的重生。随后，格鲁夫彻底叫停了存储器业务，裁掉了相关团队中的 7200 多人，占总员工人数的 1/3 左右，率领公司剩下的员工全面转战 CPU 领域。

1984 年之前，在众人的印象中，英特尔就等于存储器。通过在到达极限点之后的妥善应对，格鲁夫将英特尔从破产的边缘拯救了回来，成功地完成了企业再造。到 1992 年之后，英特尔变为处理器的代名词，成为 CPU 行业中当仁不让的领导者。

在到达极限点后进行转型，必然意味着痛苦和残酷。对此，格鲁夫深有感触：“作为能够判断失败临界点（极限点）的最高层管理者，自己最重要的作用是要发现全面失败即将开始的那个最大增长速度。”

为了避免重蹈覆辙，格鲁夫对英特尔公司在 1970—1985 年这段时间的相关数据进行了周密而细致的复盘，他发现，要想在失败临界点（极限点）出现后采取正确的措施以变应变，几乎是一件不可能完成的事情。什么时间才是进行战略转型动作的黄金时刻？格鲁夫认为，就是现有战略依然有效，企业业绩仍在上升，客户和互补企业仍在交口称赞，然而雷达屏幕上却已经出现了值得注意的闪光点的时刻。

在这里，大家要特别注意两类曲线：一类是以财务指标为代表的“显曲线”；另一类是以单一要素（如技术、市场、组织和产品等）为代表的“隐曲线”。对存储器而言，技术是关键的单一要素，当日本企业生产的存储器的性价比已经是美国企业生产的存储器的 10 倍时，美国存储器生产企业的极限点随之到来。如果格鲁夫在 1980 年就注意到“蹑着猫足而至”的隐曲线极限点，及时采取应对措施，或许英特尔公司的至暗时刻就不会出现。

大家需要注意的是，隐曲线会先于财务曲线到达极限点。如果企业仅关注财务曲线，其应对措施往往会出现明显的滞后。一旦财务曲线到达极限点，便意味着技术、市场、组织和产品等要素已经处于崩溃的边缘，此时企业再想变革，早已回天乏术。正如格鲁夫所说：“当变化出现后，从前的管理手段无一奏效，我们失去了对企业的控制，而且不知道如何重新控制它。”这就是不入流的 CEO

总是不停地看企业的财务报表，而顶级 CEO 对此并不在意的原因。

在隐曲线中，当某个单一要素发生十倍速变坏时，就是企业到达极限点的前兆。企业管理者即使要看财务指标，也不要看绝对值，而要看增长速度。当增速放缓时，可能预示着极限点的到来。正因为如此，福斯特才有了这样的感慨："对一个公司的 CEO 来说，识别极限点的能力价值千金。"

关于极限点的论述可能会让很多管理者不太舒服，我们通常认为高管应该鼓舞员工士气，面对极限点，要有亮剑精神、坚忍不拔、扭转乾坤，但面对极限点，与其把资源、能力投入到一件难于上青天的事情，不如在既有的创新中选择一条新路。有时候敢于承认失败，是内心巨大自信的表现，所以，敢于承认失败的格鲁夫，被称为硅谷最伟大的管理者。

市场的创造性破坏

既然保持增长是 CEO 的第一任务，但是企业一定会遭遇增长极限点，那么我们应该如何应对这一宿命，重启增长引擎？

福斯特在《创造性破坏》一书中，将增长划分为不同性质的两类——企业级增长和市场级增长。福斯特通过研究发现，那些被视为经济增长支柱的所谓基业长青的企业，98% 都会被市场远远地甩在后面，市场的长期整体增长，总是超越这些企业级增长，成为最后的赢家。

由此，福斯特抛出了一个很有意思的问题："难道'无知'的资本市场会比这些著名商学院培养出来的企业管理者更'聪明'吗？"为什么市场的整体增长速度会高于个体，甚至高于最优秀的个体？寻找这个问题的答案或许能够给我们带来一些启示。

市场级超过企业级的增长由何而来？西方经济学之父亚当·斯密在其巨著《国富论》[1]中，给出了一个对后世影响深远的答案——看不见的手[2]。换言之，市场其实是"无知"的，没有人刻意地对其

[1] 亚当·斯密. 国富论 [M]. 郭大力，王亚南，译. 南京：译林出版社，2011.

[2] 按照亚当·斯密的论述："每个人都试图用他的资本使其生产品得到最大的价值。一般来说，他并不企图增进公共福利，也不清楚增进的公共福利有多少，他所追求的仅仅是他个人的安乐和利益。但当他这样做的时候，就会有一双'看不见的手'引导他去达到另一个目标，而这个目标绝不是他所追求的东西。由于追逐个人的利益，他经常促进了社会利益，其效果比他真正想促进社会效益时所得到的效果更大。"

进行管控。之所以会产生“市场级增长”，根源是那双“看不见的手”在起作用。市场级增长的秘密就是用创新企业去破坏老旧企业，有效的资本市场会毫不留情地把老旧过时的一切淘汰出局。正是新旧企业之间的非连续性，才成就了市场整体的成功。

同样，通过大量的数据研究和理论分析，福斯特也得出了类似的结论：“市场增长速度超过个体企业增长速度的原因在于，市场基于非连续性的破坏性思维，企业则基于连续性的保护性思维。”市场和企业两种完全不同的底层思维模式带来了两种截然不同的增长方式。

在此基础上，福斯特继续进行了引申：“企业的基石假设是连续性，其焦点在于管理和延续；市场的基石假设是非连续性，其重点则是创新与破坏……资本市场已经反映了市场的指数，可以刺激新企业的创立，允许企业进行有效的运作。但是一旦企业失去了创造绩效的能力，资本市场便迅速且不留情面地将其淘汰出局。当那些留存下来的企业本身已经丧失了能力，根本无法达到投资者期待获得的报酬水平时，资本市场对这些绩效拙劣企业的淘汰速度比绩效杰出的企业要快得多。”

市场具有典型的破坏性思维。当某行业中龙头企业 A 迅猛发展时，整个市场中的资金、人才、消费者等资源将会大量向其倾斜。一旦出现效率更高、发展势头明显超过 A 企业的 B 企业时，市场便会出现“非连续性”变化，市场中的资金、人才、消费者等资源会通过“用脚投票”的方式，向 B 企业聚拢（见图 6-4）。

当市场通过用脚投票的方式选择了 B 企业之后，相对老旧的 A

企业便会由于可用资源的大量、快速流失，被市场毫不留情地淘汰出局。在这里，市场只做了一件事情——破坏了原有的龙头企业。

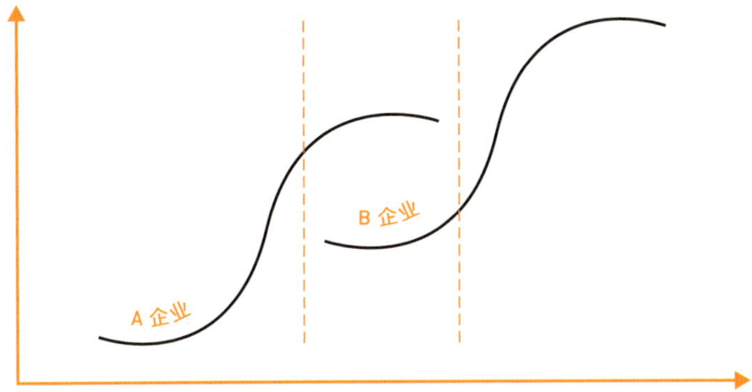

图 6-4 市场的“破坏性”思维

可能在大多数人的固有观念中，只有对行业的保护，才能带来行业的持续增长。然而，理查德·福斯特通过大量的研究给出了一个完全相悖的结论——破坏就是创造。市场创造性破坏越激烈，整体的回报率反而越高。福斯特这个“创造性破坏”的概念来自熊彼特。

熊彼特在 1942 年撰写的《资本主义、社会主义和民主》[1]一书中，将市场的创立及淘汰的过程称为“创造性破坏”（creative destruction）。按照熊彼特的说法：“‘创造性破坏’主要不是通

[1] 约瑟夫·熊彼特．资本主义、社会主义和民主 [M]. 吴良健，译．北京：商务印书馆，1999.

过价格的竞争而是依靠创新的竞争实现的。每一次大规模的创新都淘汰旧的技术和生产体系，并建立起新的生产体系。”

市场的秘密就是用创新企业去破坏老旧企业，有效的资本市场会毫不留情地将老旧过时的一切淘汰出局。正是新旧企业之间的非连续性成就了市场的整体成功。用一句话来概括就是：“想生就生，该死就死。”

大哥吃小弟效应

我们反观企业，企业是由人组成的，不可避免地会拥有人性的弱点。所有企业的创始人都希望自己的企业可以“永续经营”，所以在遭遇非连续性时，企业无法像市场一样淘汰自己。为了基业长青，企业会选择自我保护，让企业苟延残喘地继续发展。

与“无知”的市场不同，企业往往更看重情感因素，对未知风险存在天然的畏惧。尤其是在企业内部面临新旧产业之争，当主营业务与新兴业务发生冲突时，绝大多数企业会选择保护老旧的主营业务，放弃新兴业务，这便是企业的“保护性”思维。此外，当新业务刚刚起步时，从财务报表来看，它的增长曲线通常是低于主营业务的，此时作为一个合格的CEO是大力发展主营业务，还是将预算投入冒险的新业务上去？在大多数情况下，CEO往往会选择主营业务。

不同的选择势必会带来不同的增长结果。在开放的“破坏性思维”的影响下，当新旧企业的市场格局发生冲突时，“无知”的市场会毫不犹豫地将老旧企业淘汰出局，更容易呈现“开放式增长”态势；而“聪明”的企业在面对新旧业务冲突时，往往会选择保护更有感情的老旧业务，放弃充满未知风险的新兴业务，这是一种偏向“封闭”的增长结果。我将企业这种“封闭式增长”称为“大哥吃小弟效应”。

从南开大学毕业后，我进入摩托罗拉公司，从事人力资源管理工作。当时，摩托罗拉就是无线通信的代名词。1973 年，摩托罗拉发明了全球第一款无线移动电话，此后在整个模拟通信时代，它几乎是世界上唯一的手机制造商和顶级无线设备提供商。在模拟手机时代，摩托罗拉占据了近 100% 的市场份额。

模拟手机时代是摩托罗拉公司的“第一曲线”，然而在茁壮向上的增长曲线背后，往往也预示着“极限点”即将来临， 但当时的摩托罗拉公司管理层显然未能察觉。事实上，早在摩托罗拉研发模拟通信系统之时，就已经了解到数字通信将是未来的大趋势。

与诺基亚等手机厂商早早布局数字通信不同，摩托罗拉虽然在市场竞争中拥有绝对优势，却依然将主要精力放在“老大哥”——模拟手机的更新换代上。相较于兵强马壮的“老大哥”，新兴的“数字手机”只是个孱弱的“小弟”，虽然它代表未来，但并未得到摩托罗拉内部的足够重视。因为如果将资源投入“数字手机”，便意味着要将原有的基站全部更换，这将严重影响模拟手机的销售。出于企业固有的“保护性思维”，只能牺牲“小弟”。

正是这种企业内部的“大哥吃小弟效应”，让摩托罗拉将机会拱手让给了后来的数字手机领导者诺基亚。

1993 年，包括中国在内的 40 多个国家的手机通信技术均采用了 GSM 标准，1996 年，数字技术全面替代了模拟技术。此时，摩托罗拉才将自己的 GSM 数字电话投入市场，比其他欧洲厂商整整晚了 4 年。

2000 年，摩托罗拉的市场份额已降至 13%，诺基亚则增至 31%。此后数年，摩托罗拉的市场份额一直徘徊在 15%。

2008 年，摩托罗拉净亏损额高达 41.6 亿美元，手机部门是亏损重灾区，经营性亏损高达 22 亿美元。

故事的结局是，2011 年摩托罗拉将移动业务作价 125 亿美元打包卖给了谷歌。作为老旧企业的典型代表，有着 83 年历史的摩托罗拉至此落下帷幕，被市场无情地淘汰出局。

“大哥吃小弟效应”就像一个魔咒，困扰的绝不仅是曾经的模拟手机领导者摩托罗拉。在数字手机时代加冕为王的诺基亚，没有逃过相同的宿命。诺基亚手机的案例此前已做过详细介绍，在此不再赘述。

归根结底，“大哥吃小弟效应”产生的原因，便在于企业的“保护性思维”，这使它无法跨越自身的非连续性，呈现与市场选择完全相反的表象。

母系统与子系统

从摩托罗拉的案例中我们应该认识到一点——企业和企业的业务不能等同起来看待，业务只是企业的子系统。如果你把产品当成公司的全部，那么你就被业务禁锢了。福斯特在《进攻者的优势》中坦言，“只有攻击自己，才能成为不死鸟。”

同样，美国的投资家、学者纳西姆·尼古拉斯·塔勒布（Nassim Nicholas Taleb）在《反脆弱》[1] 里说：“只有破坏子系统，才能让母系统长存。”如果让子系统长存，结果母系统很快也会面临毁灭，如果让子系统不稳定，母系统才能稳定。企业如此，生命也是如此。

碳云智能科技的创始人王俊是混沌学园创业营 4 期的学员。他曾在课上说了这样一段话，完美地诠释了这个结论：“整个生物界就是这样，细胞的更替成就了个体的延续，个体的死亡成就了种群的延续，种群的灭亡成就了自然的延续。”

对于人体这个母系统而言，细胞属于子系统。人体大概有几十万亿个细胞，每天都有无数个细胞新生，也会有无数个细胞死去。有一种细胞不会自然死亡，它就是“肿瘤细胞”，即人们常说的“癌细胞”。如果肿瘤细胞不死，越长越多，最后人类只能面临死亡。正是因为有了细胞的更替，人类才能存活。

[1] 纳西姆·尼古拉斯·塔勒布．反脆弱 [M]．雨珂，译．北京：中信出版社，2014.

同样，对于种群而言，每一个个体都是其中的子系统。其他物种的平均寿命，大多略高于它的繁殖期。一旦失去了繁殖能力，该个体便会死亡。如果个体不死亡，这套不变的基因程序就会不断地消耗资源，减少整个群体向前发展的机会。人类是一个特例，通过日益先进的生物医疗技术，人类的寿命得以普遍延长，这对整个人类种群来说，其实未必是件好事。

当然，这个母系统也是如此，正如老子在《道德经》中所说："天地不仁，以万物为刍狗。"天地是母系统，而万物是子系统。作为子系统，每个种群之间的更替带来了自然的延续，如果一个种群长生不死，大自然就会崩溃。只有不断地更新子系统，才能让整个大自然和谐发展。

同构到企业、行业和市场，道理也是一样的。所以，福斯特写了这样一句颇有几分悲凉意味的话："并不是基业长青的大公司拉动了经济的增长，而是对过气大公司的破坏推动了经济的增长。"

对于这个观点，腾讯公司原副总裁、"文津图书奖"得主吴军博士也颇为认同。他说过："再大的公司也会过气，拯救它们最好的办法，就是让它们萎缩死掉。"让过气的公司死掉，这对公司可能是件坏事，但对整个产业、地区甚至国家可能都是件好事。当我们更明白什么是母系统、子系统，就能更好地理解第二曲线创新。

第二曲线创新

第二曲线的本质是什么？企业要像市场“破坏”过气企业一样，敢于“破坏”自己的过气业务和过气产品。当过气的 A 产品和新兴的 B 产品之间遭遇非连续性时，企业要毫不犹豫地把资源投向 B 产品，大胆地“破坏”过气的 A 产品，切不可再将资源源源不断地倾注于 A 产品（见图 6-5）。我们把这个过程称为企业的创造性自我破坏。这件事看似容易，但做起来非常难。

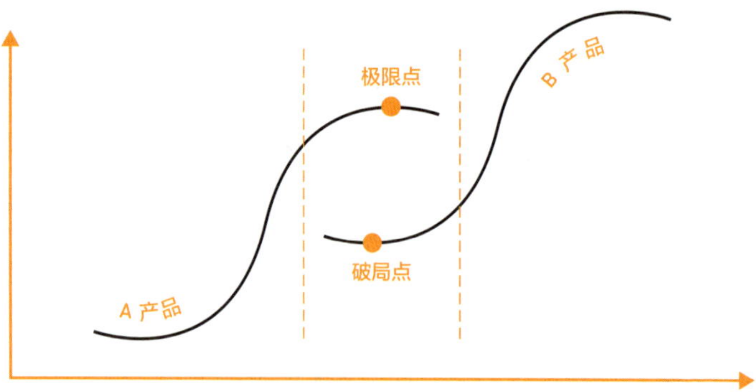

图 6-5　企业内部的创造性破坏

腾讯的起家业务是 PC 端的 QQ，到了移动互联网时代，腾讯又打造了现象级产品微信。QQ 和微信同为即时通信产品，二者之间显然存在非连续性的竞争关系。没有竞争就意味着创新的死亡。

腾讯如何选择呢？它做了一个伟大的决定，将大量的资源、人才、资金、注意力放到了第二曲线上，这才有了现在拥有10亿月活跃用户的微信，由此改变了大部分国民的日常沟通方式。请试想一下，如果腾讯没有微信，腾讯还有今天吗？

阿里巴巴也是如此。阿里巴巴兴起于To B业务，甚至将此块业务单拆赴香港上市。此后，阿里巴巴找到了第二曲线——To C的淘宝网。当C端市场越做越大，越做越好，与B端市场发生了较为激烈的资源竞争时，非连续性由此而生。在此情况下，马云毫不犹豫地选择了淘宝网，为此不惜将举国闻名的阿里巴巴B2B国际事业部全盘打散。请试想一下，如果阿里巴巴没有淘宝网，阿里巴巴还有今天吗？马云非常了不起，除了第二曲线，阿里巴巴还有第三曲线“支付宝”，第四曲线“阿里云”，这就是阿里巴巴成为中国互联网行业领导企业的根本原因。

顶级CEO往往是“无情之人”，越顺着人性，越无法进行创造性的自我破坏，难以踏上第二曲线之旅。很多企业开启第一曲线或者说挖到第一桶金，常常得益于时也、运也，如果没有经历凤凰涅槃的过程，企业很难有长期的生命线。

在熊彼特看来，创新是一种“革命性”变化，只有将“马车经济”变为“火车经济”，才能带来经济的实质性增长。也就是说，在他的眼中，创新不是在同一条曲线里的渐进性改良，而是从第一曲线转换为第二条曲线。沿着同一个经济结构的增长，并不能带来经济的实质性发展，最终会导致零利润、零利息和零增长。

因此，熊彼特给出了进一步的论断：“（第二曲线）创新是经济发展的唯一因素。”而只有经历过从第一曲线向第二曲线转换的企业，才有基业长青的可能性。

第二曲线最佳启动期

回到我们本章开始讨论的问题，如何解决第一曲线极限点的问题？答案是通过第一曲线和第二曲线的转换。那么，新的问题随之而来：“企业应在何时启动第二曲线？”如果启动过早，可能会影响第一曲线的正常发展；如果过晚，则会让企业丧失潜在的发展机会，被后来者颠覆。

因此，追求企业基业长青最后的关键点便在于何时启动第二曲线。对此我的建议是，开启第二曲线的最佳时期需要满足以下几个条件（见图 6-6）。

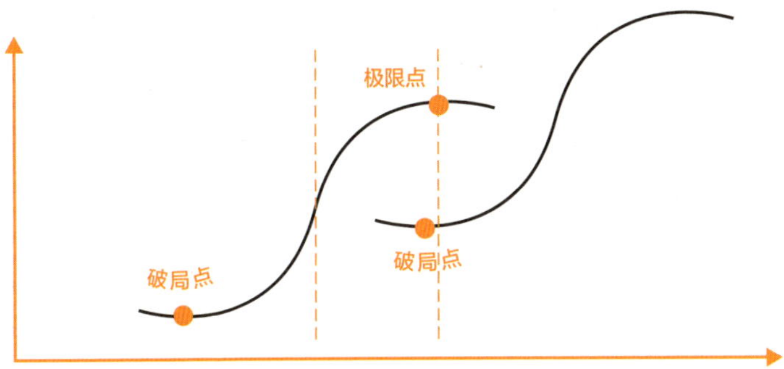

图 6-6　第二曲线的最佳启动期

1. 第一曲线已过“破局点”

如果第一曲线还没有到达“破局点”，此时开启第二曲线只会低水平重复第一曲线。只有当第一曲线已经迈过“破局点”、企业出现明显的增长趋势时，才有可能产生强劲的自增长动力。事实上，启动第二曲线的前提是必须有一个扎实的第一曲线，如果第一曲线的破局点都没有过，何谈第二曲线？

2. 第一曲线还在增长，但增长加速度开始下降

当企业的第一曲线还在增长，但增长的速度已经放缓或者增长的加速度开始下降时，企业就应该考虑启动第二曲线。

3. 不晚于第一曲线达到财务“极限点”

第二曲线开启最迟不能晚于第一曲线的财务“极限点”。原因很简单，第二曲线刚开始的时候，整体趋势是下降的，此时需要企业的投入，也就是说需要第一曲线供给第二曲线，此时第一曲线的现金流、流量池、用户等对第二曲线来说都是至关重要的。所以，一旦第一曲线迈过财务的“极限点”，便意味着企业此时无论如何自救，成功的概率都非常小。第一曲线的“黑洞效应”会让企业沿着既有的下滑路线走向末路。

切记，没有主业支撑的创新就是瞎折腾，而期待基业长青也是痴心妄想。埃森哲卓越绩效研究院全球研究总监保罗·纽恩斯（Paul Nunes）曾与埃森哲互动技术服务前首席执行官提姆·布锐恩（Tim Breene）合著了一本书，书名为《跨越 S 曲线：如何突破业绩增长周期》[1]，书中对“基业长青”这个词进行了全新的诠释和解读。在

---

[1] 保罗 · 纽恩斯，提姆 · 布锐恩．跨越 S 曲线：如何突破业绩增长周期 [M]．崔璐，译．北京：机械工业出版社，2013.

过去，人们往往将“基业长青”解读为固守主业，将一件事做到极致。而在保罗·纽恩斯和提姆·布锐恩看来，这种观点显然站不住脚。他们对基业长青的重新定义是企业一次又一次地跨越第二条曲线（见图 6-7）。

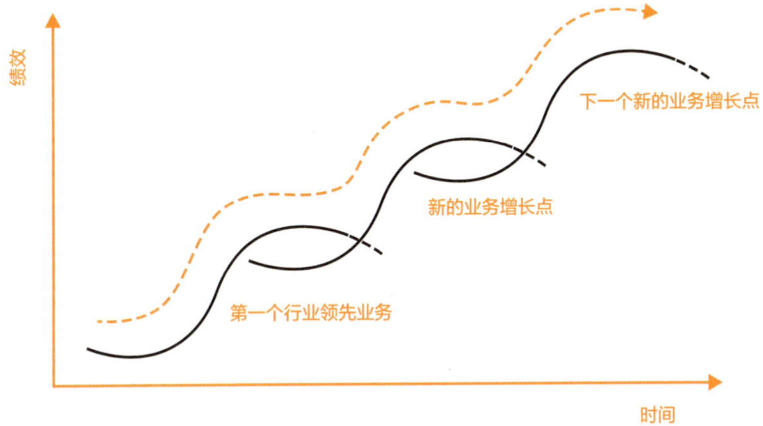

图 6-7　卓越绩效企业之路

对于一直处于增长的态势之中的企业，纽恩斯和布锐恩称之为“卓越绩效企业”。它是如何走上卓越绩效之路的？答案便在于不断攀登和跨越“S 曲线”。在第一个行业领先业务步入“极限点”之前，这家企业便提前启动新的业务增长点；在第二个业务步入“极限点”之前，它又启动了下一个新的业务增长点……如此往复，生生不息。所谓基业长青不是让最初的主业永远长青，而是自我更迭出的基业长青。这便是对基业长青的最佳定义，这也是企业基业长青的必由之路。

Netflix 的第二曲线创新

Netflix 是一家美国的在线影片租赁提供商，成立于 1997 年，主要为用户提供 DVD 产品和相关配送服务，以及线上影视剧的观看权限。截至目前，Netflix 的业务已经从美国本土扩张到了世界市场。2019 年福布斯全球数字经济 100 强榜，Netflix 排在第 46 名，而在 2020 年，Netflix 又在《财富》全球最受赞赏公司榜单排名第 16 位。

从成立至今，Netflix 的发展呈现明显的阶段性特点。1997—2007 年，Netflix 的主营业务是在线 DVD 邮寄，这 10 年间 Netflix 发展得异常迅猛，实现了非常惊人的业绩增长。2002—2006 年，Netflix 的下载数、收入和利润急速增长，2007 年的 DVD 业务更是如日中天，利润高达 6700 万美元（见图 6-8）。

然而，就在销售形势一片大好的 2007 年，Netflix 的创始人小威尔蒙特·里德·哈斯廷斯（Wilmot Reed Hastings, Jr.）做了一个令团队无比沮丧的预测，他预测在 2013 年时，DVD 业务将会到达极限点，届时人们将不再使用 DVD 机观看影片，而是会转向互联网流媒体[1]观看视频。这个预测在当时看起来很荒谬，实际上互联网技术发展的速度远比哈斯廷斯预测的要快，极限点提前 3 年（2010 年）到来了。

---

[1] 流媒体（streaming media）是指将一连串的媒体数据压缩后，经过网上分段发送数据，在网上即时传输影音以供观赏的一种技术与过程。

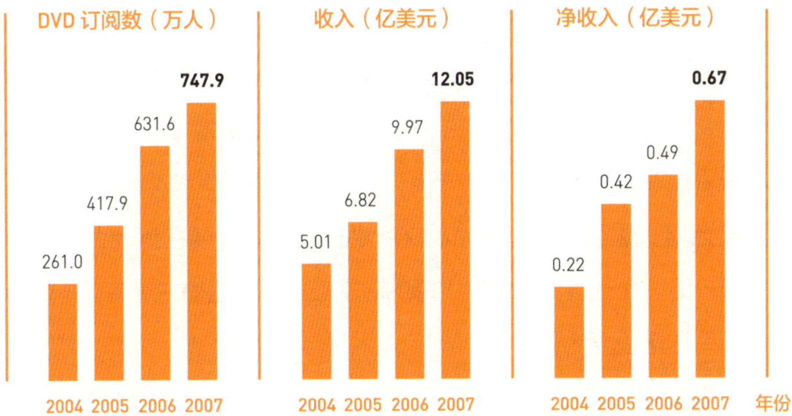

图 6-8　2004—2007 年 Netflix 的经营数据

资料来源：Netflix 年报（2007）。

在企业发展如日中天之时能准确预测出自己即将走向末路，这是顶级 CEO 对极限点的预测。那么，哈斯廷斯是依据什么做出预判的呢？其中的关键信号就是企业发展的增速下降（见表 6-1）。

表 6-1　2004—2007 年 Neflix 的 DVD 租赁业务对比表

时间	DVD 订阅数（万人）	增长率
2004 年	261.0	
2005 年	417.9	60%
2006 年	631.6	51%
2007 年	747.9	18%

如果单纯从盈利的绝对值来看，2004—2007 年，Netflix 依然持续盈利；但如果考虑到盈利增长的速度问题，2005 年的增长率为 60%，2006 的增长率为 51%，2007 年的增长率为 18%，不难看出，增长率是在持续下降的。实际上，这种趋势预示着 DVD 业务已经逐渐接近增长的极限点。正如前文所讲，第二曲线要在第一曲线仍在增长，但增长速度已经开始下降的时期启动。在这里，"增速下降"是一个非常重要的信号。

我们之所以把增长速度作为判断是否开启第二曲线创新的重要标准，而不是以直接的财务指标为参照，是因为财务指标具备一定的滞后性。以 2009—2011 年 Netflix 的财务数据为例（见表 6-2）。2010 年，Netflix 公司的 DVD 业务订阅数达到 2000 万，但在 2011 年急剧下降。然而，如果我们只看净利润，2011 年与 2010 年相比仍是上升的。

表 6-2　2009—2011 年 Netflix 的财务数据

时间	DVD 订阅数（百万人）	净利润（亿美元）	净利润增长率
2009 年	12.268	1.16	40%
2010 年	20	1.60583	38%
2011 年	13.93	2.26126	41%

这充分说明如果只盯着财务指标看，就会得出虚假的结果。因为财务指标存在滞后效应，上一年的收入会体现在当年数据中，当

年的财务指标可能只是攫取了往年的收益而已。因此，在这里我们要牢记两种曲线：显性曲线和隐性曲线。显性曲线指的是财务指标，普通的 CEO 往往对此比较看重，而顶级 CEO 会看隐性曲线——财务指标背后的订阅数与用户数。

当我们回过头来看 Netflix 的发展数据时，我们可以发现，2011 年以后其 DVD 业务的订阅数迅猛下降，下降的速度可谓触目惊心（见图 6-9）。

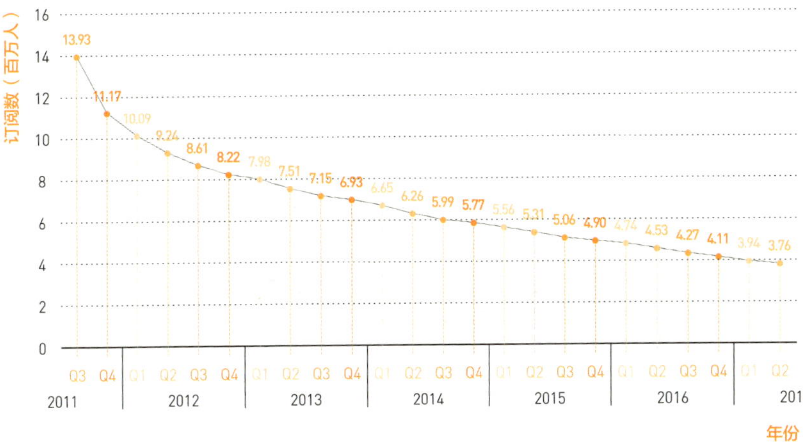

图 6-9　2011—2017 年 Netflix 的 DVD 业务订阅数

资料来源：Netflix 官网。

我们可以想象一下，如果当时没有启动第二曲线创新，找到第二条发展路径，时至今日，Netflix 这家公司可能不复存在。所以，能够在每年增长率 25% 的情况下，提前 3 年判断出极限点的到来，这是一个顶级 CEO 能力的体现。

2007 年，在预判出极限点后，哈斯廷斯做了一个重要的决策，尽管当时 DVD 业务的盈利依然非常可观，但他坚持推出了第一款流媒体产品“Watch Now”，也正是这个决策让 Netflix 在 2010 年取得了转折性的胜利（见图 6-10），在 DVD 业务达到极限点的那一年，流媒体的订阅人数超过 DVD 服务。

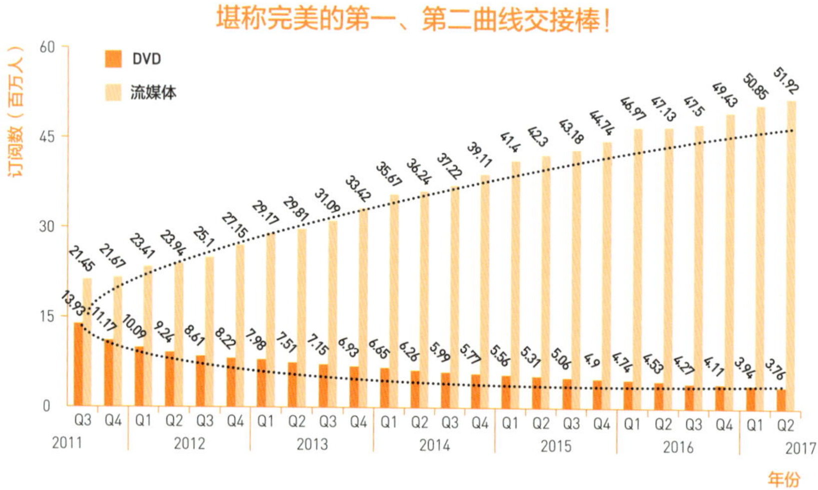

图 6-10　Netflix 第一曲线与第二曲线的交替

资料来源：Netflix 财报。

2010 年，当第一条曲线到达极限点时，第二条曲线的增长超过了第一曲线，堪称第一曲线与第二曲线的完美交替。在局外人看来，虽然哈斯廷斯不过是对企业经营的主要业务进行了阶段性的调整，但这一转变执行起来非常困难，如果哈斯廷斯不具备强大的心力，很难实现这种超前的业务转变。

2007 年，Watch Now 流媒体服务刚推出时，只有 1000 个视频内容，免费包含在 Netflix 每月 5.99 美元的实体 DVD 订阅计划中，凡是订阅用户都可以免费观看这些视频。

事实上，2007 年 Watch Now 发布时，Netflix 的经营已经陷入困境，然而哈斯廷斯不顾一切地推进流媒体计划，将 2007 年 6700 万美元利润中的 4000 万美元投入流媒体技术的研发。

第二曲线就这样在第一曲线订阅服务的终点站上以赠送品的形式产生了。然而，当年的流媒体技术其实非常基础，即使是传输速度最快的宽带也缺乏处理高分辨率视频的能力，这意味着流媒体总体视频质量远不如 DVD，在大家的眼中这只是一个边缘产品。同时，将 4000 万美元投入区区几千个赠送品，市场上更没有人支持他这个疯狂的举动。

当时，人们这样评价他："他看起来像是在押注一匹已经要输了的马。"当我看到这句话的时候，对哈斯廷斯由衷地钦佩。因为敢于承认失败需要巨大的勇气，但在唱衰的声音中，坚持自己认为正确的事情需要更大的勇气。"真理往往掌握在少数人的手中"，所以能够创造历史的人，除了拥有杰出的洞察力和过人的能力，自信与坚持也是不可或缺的品格。

其实，哈斯廷斯的自信心也并不是无根之木，早在 2001 年、2004 年、2006 年的时候，他就已经开始了流媒体服务测试。

2001 年，他投资 100 万美元研发 Streaming；2004 年，又成立独立团队 White Space；2006 年，开始测试免费 Streaming。哈斯廷斯通过对单一要素的持续强化，逐渐把第一曲线中的赠送品成功地最大化为第二曲线。

随着流媒体业务的开展，到了 2011 年，Netflix 同时有了两个业务——DVD 业务和流媒体业务，并且这两个业务之间还存在竞争关系。DVD 业务有利润，但是没未来；流媒体业务有未来，但是当时还处于严重亏损的状态。

在这里，我们可以设身处地地想一想，如果你是 Netflix 的 CEO，你会怎么办呢？答案无外乎两种选择：其一，将两种业务合并；其二，将两个业务线分拆。我相信每个人都会有自己的选择，但当时的哈斯廷斯选择了分拆，并且他选择的分拆方式用“疯狂”二字来形容也不为过。

2011 年，Netflix 宣布将流媒体业务和 DVD 业务拆分为两个不同的订阅包。他把耳熟能详的“Netflix”这个名字赋予了还处在挣扎阶段的流媒体业务，与已经上市的公司联系起来。而原有的主营 DVD 业务则更名为“Qwikster”，相信直到今天很多人都不知道该怎么拼这个名字。

实际上，在 2011 年，DVD 业务的利润仍然显著高于流媒体业务，但是哈斯廷斯仍然坚持加大投资力度在公司的未来业务——流媒体业务上。这样的选择让哈斯廷斯被他的用户和华尔街痛骂，他被杂志评为当年最糟糕的 CEO，Netflix 的股价严重下跌，市值缩水了 80%。但他却说："我不看现在，我看的是未来。"

亚马逊的创始人贝索斯也说过一句类似的话："所有只能产生短期利润的项目都不重要，无论现在赚多少钱；能够产生长期现金流的项目才是重要的，无论现在亏多少钱。"哈斯廷斯也正是在这样的理念下做出了艰难的抉择。所有的创新在一段时间之内都要忍受别人的误解，想要穿过欺骗性恐慌区，需要具备两个能力：第一，脑子一定要想清楚；第二，你要有心力能坚持。

可以说，如果不是哈斯廷斯用尽全部心力支撑下来，今天的 Netflix 早就不复存在，更不会有这教科书般的曲线产生（见图 6-11）。

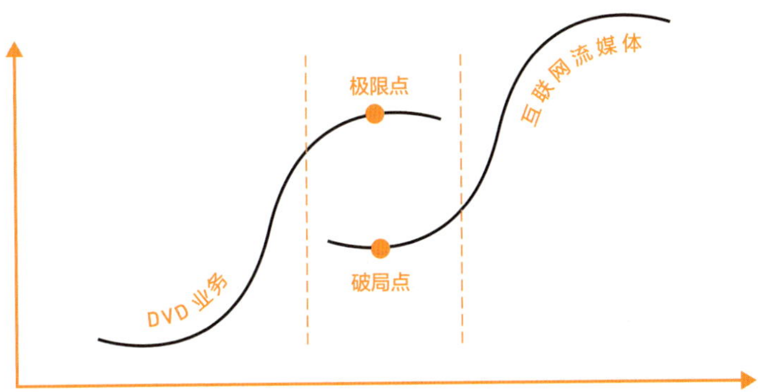

图 6-11　Netflix 的创造性自我破坏

流媒体服务的提出并不是哈斯廷斯对 Netflix 主营业务做出的唯一调整，2013 年，哈斯廷斯又启动了第三曲线——以美剧《纸牌屋》为代表的内容制作。从 Netflix 股票价格变化的趋势不难看出，Netflix 的股价原来长期持平，两次股价上涨都与第二曲线和第三曲线有关系（见图 6-12）。

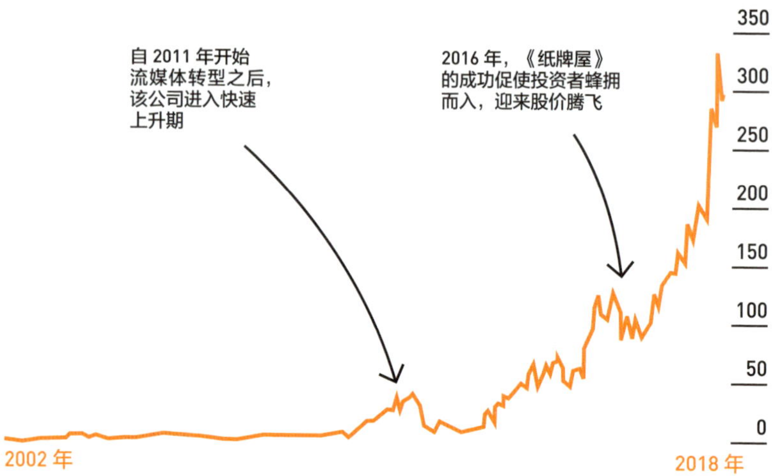

图 6-12　Netflix 的股价变化

资料来源：彭博社。

股市看重的是一家公司的未来长期增长，哈斯廷斯通过提供第二曲线和第三曲线，证实了企业长期发展、持续盈利的能力，所以 Netflix 上市以来实现了指数级的增长。事实上，Netflix 的股票是过去 10 年里，投资回报率第一高的股票。从增长率来看，如果你在 2007 年投入 1 000 美元购买 Netflix 的股票，10 年以后你所持有的股票价值为 51 966 美元。

Netflix 当年的竞争对手也是一个做录像带的巨头企业，如今已然倒下。如果哈斯廷斯不转型流媒体，那么 Netflix 也会面临同样的命运。因此，我们要认识到，当第一曲线面临极限点的时候，再想管理这样的公司已是无力回天。唯一有用的办法就是提前预测，开启第二曲线创新。

克里斯坦森在《创新者的解答》一书里讲过这样一段话："顶级 CEO 有一项长期责任。领导开发一项我们称之为破坏性创新引擎的流程。通过这个流程，企业可以反复成功地启动成长业务。遗憾的是，就我们所知，迄今为止还没有一家企业打造出永不熄火的破坏性创新引擎。对大多数企业来说，破坏、颠覆或者创新，只是一次性的偶发事件。"

虽然几乎没有企业能够万古长青，但这并不意味着打造破坏性创新引擎是不可能完成的任务，在我看来，第二曲线似乎就是这样一种破坏性创新的引擎。下面我们引入美团的创新案例，并借此案例将前面讲解的创新模型融会贯通。

美团的第二曲线创新

美团发家于团购业务，从这个角度来说，它的第一曲线就是团购。2010 年，美团开始提供团购服务，在当时的市场上，提供同样服务的竞争对手数不胜数。随后发生了激烈的行业竞争，那就是当时著名的“千团大战”。在激烈的竞争中，美团成功地杀出了重围。2011 年，在全国的团购业务中，美团只占 13%，但到 2014 年时，美团已经坐拥团购行业的半壁江山，业务占有率超过了 53%（见图 6-13）。

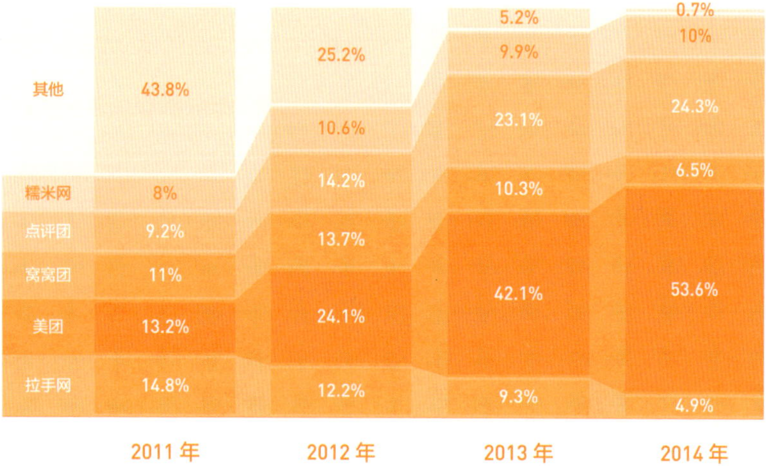

图 6-13　千团大战，美团取胜

资料来源：2014 年团购数据报告。

千团大战，“尸横遍野”，既荒谬又滑稽的是，千团大战结束之时，也是团购行业消失之日。2014—2015 年，整个团购行业遭遇极限点，而美团的业务也在 2015 年开始下滑（见图 6-14 和图 6-15）。

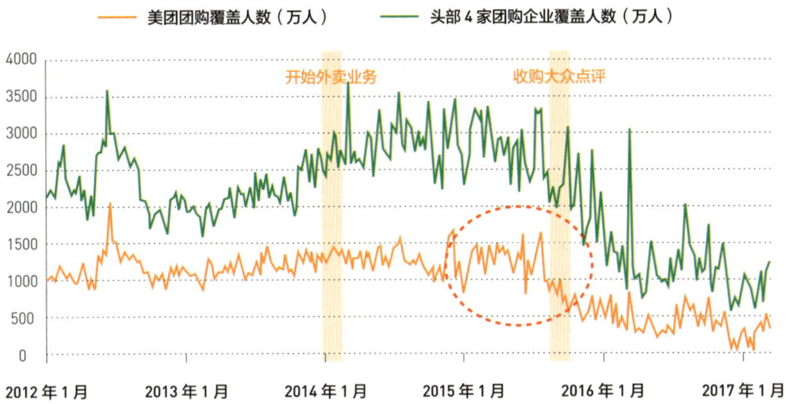

图 6-14　2014—2015 年团购行业遭遇极限点

资料来源：天风证券研究所。

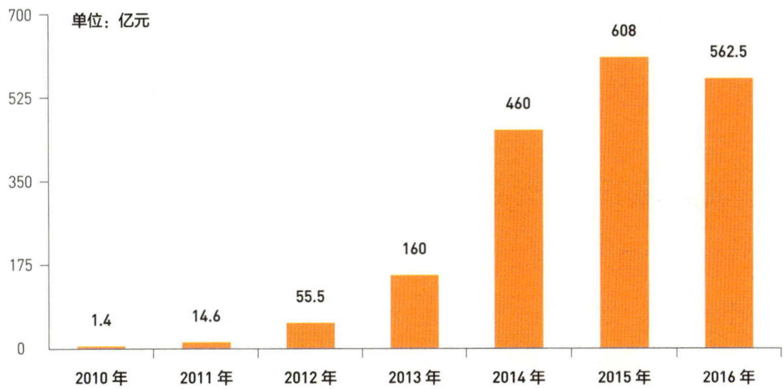

图 6-15　2010—2016 年美团团购业务交易额变化示意图

资料来源：美团财报。

在之前的内容中，我们已经提到，当企业被友商价值网束缚时，经常会陷入竞争的旋涡，忽略自身的极限点。而企业的业务一旦到达极限点，恢复增长的概率微乎其微。幸运的是，美团有一个优秀的领导者——王兴。2012 年，早在团购这条第一曲线达到极限点之前，王兴就已经在考虑第二曲线的发展问题了。下面我们就用 4 个部分详细分析美团的第二曲线创新。

1. 组织：独立团队，业务闭环

2012 年，美团团购市场占有率排到了第一位，在“千团大战”中初步领先。竞争愈演愈烈的同时，王兴也清醒地认识到，O2O 是一个万亿规模的市场，而团购只是 O2O 的一种形式。除了团购，有的公司可能从交易切入，有的公司可能从资讯切入，有的公司可能从搜索切入，有的公司可能从地图切入。于是，王兴开始思考，有没有更好的模式取代团购。他认为，如果要革命，也希望是自己革自己的命。

同年，王兴提出了“T 形战略”，即后来的“钉耙战略”，也就是美团的一横一竖[1]的业务模式。在团购流量的支撑下，在第一战场优势稳固的基础上，美团探索了非常多新的业务形态。

我们知道，在主营业务增长时探索创新，原有组织心智是第一阻碍力量，如果贸然多元化，会严重影响主营业务的发展。所以，在《创新者的窘境》中，克里斯坦森在谈及面对潜在的破坏性创新，

[1] 一横是指平台，一竖是扎进垂直行业。

公司应该如何应对变革时，他提出了以下 3 种方法：

（1）收购另一家流程和价值观与新业务极为匹配的公司。

（2）试图改变当前机构的流程和价值观。

（3）成立一个独立的机构，在机构内针对新问题开发出一套新的流程和价值观。

王兴无疑选择了第三种——分割出独立的小团队，以此寻找破坏性创新。这意味着美团对这些小分队的态度就是，前期让独立的小团队在荒地上生长，先做着，做得好就投入更多的资源。最终的结果是，在新探索的业务中，电影和酒旅都非常成功，但外卖更成功，并成长为之后独立的第二曲线。

2012 年，美团决定成立创新产品部，由王慧文牵头，拉上曾经是“美团的 10 号员工”、后来成为水滴公司创始人兼 CEO 的沈鹏，筹备了 10 人团队，团队由产品经理 + 个别工程师构成，目标就是“做出下一个美团”。

从 2012 年 12 月到 2013 年 6 月，这个部门在进行产品定位时经历了无数次的推倒重来。为了精准地定位商机，他们画出了一张消费者在餐饮消费过程中可能遇到的各种场景全图谱，并根据这个画像去思考在哪些节点可能存在商业机会。这个创新部门像雷达一样不断地扫描，最终他们发现了引领了新餐饮时代的商机——外卖。

2013 年 9 月，美团外卖正式立项，技术部门花了 1 个星期的时间开发产品，然后就在当时美团总部所在的北辰泰岳大厦开始发传单测试。从 10 月到 12 月，美团外卖一直在这个商圈进行试验，前两个月要么没订单，要么一天几十单，第三个月达到了一天 200 单，证明了项目的可行性。

虽然当时和外卖业务表现同样突出的还有其他类型的新开辟业务，但王兴最终还是选择了以外卖作为下一个阶段的主要业务。之所以做出这样的选择，表面的原因是外卖业务确实在所有新兴业务中具有绝对优势，但其实还有更深层次的原因。首先，外卖与团购在某种程度上来说具有一定的同构性，换句话说，外卖业务的核心能力及核心过程与团购业务相对类似，以外卖作为第二曲线，美团可以继续发挥自身的现有优势；其次，王兴判断行业某个关键要素已经产生 5~10 倍的变化，所以行业可能有百倍的爆发，而这个变化就是智能手机的大规模普及。

事实上，在外卖行业刚刚开始发展的那几年，之所以没有实现规模化，关键原因是智能硬件技术的相对不完善，以及普及程度不够。然而这个问题在 2013 年得到解决，外卖 O2O 风口真的来了。

作为商机，外卖业务的发展拥有光明的前景，在美团外卖的测试中，也做出了良好的成绩。即便如此，进入市场之后，美团外卖起步阶段的发展并不是一帆风顺的，因为当时行业内还存在一个先行者——饿了么。

饿了么是中国最早做外卖的团队，成立于 2009 年。2013 年 11 月，美团外卖上线时，饿了么已经在业内处于绝对的领导地位，市场份额超过 50%。而美团的应对策略也非常具有针对性，那就是充分地借鉴对手的先进经验。

用当时创新产品部的管理者，也是美团网创业元老王慧文的话说，“我们非常认真地向饿了么学习……它们做这块业务已经做了 5

年，我们后进场的，当然要认真学习。”这也是美团外卖刚上线的时候，最初的产品形态、业务结构、UI 等设计会和饿了么高度相似的主要原因。

经过第一阶段的快速学习，美团有了独立的团队，加之美团外卖业务闭环成功跑通，同时也确立了增长模型。接下来，一场大战开始了。

2. 竞争：错位竞争，低端颠覆

2014 年，在美团外卖正式进军市场的早期阶段，当时饿了么早已经在行业内建立了广泛的影响力。2013 年年底，饿了么的服务定位于大学生校园市场，并且涵盖了北京、上海、广州、深圳、宁波、杭州、天津、苏州等 12 个城市，在饿了么深耕的区域，订单量大多数已经达到美团的一倍以上[1]。与此同时，2013 年年底，淘宝网也推出了移动餐饮服务平台“淘点点”，目标用户定位于都市白领。

面对具有先发优势的两大强敌的夹攻，美团应该如何选择竞争策略呢？答案是错位竞争 + 低端颠覆。

美团外卖早期的最简化可实行产品（Minimum Viable Product，MVP）始于商圈，但在 2014 年正式进军外卖市场时，美团却选择从校园市场切入，这样就与淘点点的白领市场形成错位竞争的态势。

美团当时发现，白领市场有待培育，校园市场已经被饿了么培育得差不多了。此外，校园市场有限，饿了么并没有独占，所以美团决定先把校园市场收割了，再掉头做白领市场。 他们定下的策略是，稳住现有白领市场，将大部分精力放在校园市场。

---

[1] 数据来源：《过长的战线，让美团处在比饿了么更大的挑战中》。

既然选择了校园市场，那么美团在校园市场如何与饿了么竞争？美团为了避其锋芒，从新兴的边缘价值网领域入手，采用了“农村包围城市”的低端颠覆式创新策略（见图 6-16）。

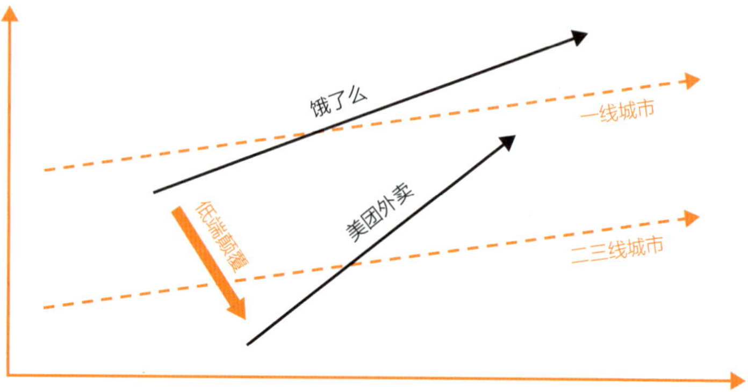

图 6-16　美团的低端颠覆式创新策略

因为凭借在团购时期积累下来的丰富经验以及对市场的先验性洞察，美团判断一线城市虽然大，但最多占全部市场份额的 30%，更多的机会在二三线城市。

这也说明了饿了么对市场的误判，它们认为当时的二三线城市外卖市场还不成熟，所以一直在深耕一线城市。到了 2014 年年初，饿了么已经成立 5 年，虽然占据 50% 的市场份额，但是只布局了 12 个一线城市。相比之下，显然美团看到了更大的棋盘，它预判在中国外卖订单每天可达 1000 万单，在业内我们常说的一句话，“认知越深，世界越宽”就是这个道理。

在饿了么布局的前 12 个城市中，排名第五的是福州。而在团购市场中，福州排在 30 名左右。美团由此反向推导出一个关键性结论：“饿了么起码有 25 个城市没有做好。”于是，2014 年美团决定强行进入并开启了“抢滩战役”，一次性进军了 30 个城市，其中 18 个是饿了么的空白市场。

凭借这种低端颠覆式创新，美团外卖在 2014 年实现了飞速发展，平均 1.5 天开拓一个城市市场，2014 年 2 月，只上线 10 个城市；而到了 6 月，就已经成功进入 60 个城市，在布局城市数量上取得了领先（60∶40）地位；而在业绩上，美团和饿了么的业绩比例大概是 2∶3。

此外，在进军二三线城市市场的过程中，美团又获得了一个关键认知，在具备率先进入者的商圈，第二个进入者获客成本是第一个的 5~10 倍。

于是，美团通过校园招聘的“章鱼计划”，开始大规模扩充地推队伍。2014 年暑假，美团招募了 1500 人，培训 1 个月后，将这 1500 人派往 100 个城市，开始迅速扩张。饿了么发现后，来不及培训新员工，也向这些城市派遣经营团队，但运营节奏和管理惯性被打乱，取得的效果并不理想。

2014 年 6 月，美团和饿了么的日订单量分别约为 10 万单、18 万单，而到 2014 年 10 月，美团和饿了么的日订单量同时达到 100 万单。虽然获得了同一里程碑式的业绩，但饿了么完成这个成就耗费了近 5 年的时间，而美团外卖只用了不到 1 年的时间。同年，美团外卖原计划进入 100 个城市，结果年底进入了 250 个城市，覆盖

2600 个学校园区，在校园市场方面达到了与饿了么持平甚至略微超过的水平。

后来，新经济 100 人创始人李志刚采访美团时，美团外卖产品负责人坦言："我们的优势在于地面部队的执行力，管理经验更丰富，总部政策确实能一层层落实到一线去，执行得更快一些。当时就是这么一点点小小的差距。"

3. 增长：组合创新，单点破局

对美团来说，毫无疑问，团购是其发展的第一曲线，所以很多团购业务运营中留存下来的经营方法也被惯性地沿袭到外卖业务当中。

团购业务增长的基本要素有 3 个——供给、需求和履约，其中最为关键的就是供给端（见图 6-17）。美团团购前期的增长关键在于用供给端拉动需求端，执行"狂拜访、狂上单"的策略。而在外卖业务扩张的初期阶段，这些做团购出身的人，一开始也有惯性思维，以为做外卖市场也需要堆积很多商家，事实并非如此。

团购三要素

1. 供给

2. 需求

3. 履约

图 6-17　团购三要素

2014 年 4 月，成都成为美团外卖开拓校园市场成功的第一个城市市场。在开拓的过程中，并不像美团所想象的那样，需要大量的商家提供产品和服务，反而只招揽了十几个商家就成功地满足了校园用户在外卖方面的需求。至此，美团才发现原来外卖行业需要的不是大量的商家，而是大量的用户。

于是美团外卖调整了影响增长的关键基本要素，把主要的工作从供给端转移到了需求端（见图 6-18），不再一味地追求大量商家的入驻，而是通过发放优惠券和补贴的方式吸引更多的用户。最后，美团将在成都市场摸索出的校园市场经验，总结为“少上商家，多发传单，多做促销”，并以此为指导，开始继续扩大战果，直至突破阈值。

校园市场三要素

1. 供给
2. 需求
3. 履约

图 6-18　校园市场三要素

美团外卖通过分析数据发现，在某个区域当日订单量达到一定比例之后，就能保持自然增长。所以，美团投入资源，打价格战，疯狂抢占用户。2014 年年底，美团在校园市场基本建立胜局。2015 年 1 月，美团开始进军白领市场。

同样的道理，在进军城市白领市场的时候，美团发现外卖业务增长的关键要素又有所区别。白领阶层因为工作性质和时间，在餐饮消费方面最重视的往往是时效性，换句话说，外卖平台能否忠实履约，将产品准时准点地送到消费者的手中，是白领用户们最关注的事情（见图 6-19）。在美团外卖刚刚进军白领市场的时候，其实具有一定的流量优势，但转化率始终保持较低水平的主要原因就是外卖业务履约方面的不稳定性。

白领市场三要素

1. 供给

2. 需求

3. 履约

图 6-19　白领市场三要素

找到这个关键的增长基本要素之后，美团为了解决配送方面的问题，选择了自建配送体系的道路。一方面大力研发配送服务软件，另一方面积极提升配送员的数量。随着平台送餐时效性的问题得到妥善解决，配送速度的大大提升，美团外卖在城市白领市场也开始崭露头角。2018 年，美团和饿了么的骑手人数分别为 280 万、66 万；而到了 2019 年，美团与饿了么的骑手人数分别为 399 万、102 万，差距进一步拉大。

事后，今日资本创始合伙人徐新评价道，其实那时的美团也只是把份额扳平，真正拉开差距还是战略的选择。当时，他们做了一个非常重要的举动，就是通过自建配送系统建立了非常大的壁垒，订单密度达到了一定程度。

看得见的骑手背后是看不见的技术。事实上，美团外卖应用大数据、人工智能（Artificial Intelligence，AI）和基于位置服务（Location Based Services，LBS）技术打造了一个超级大脑——O2O 实时物流配送智能调度系统。该系统针对不同配送场景智能调度，让订单与骑手可以智能匹配，进而确保运力系统处于最优状态。订单的平均配送时长从 2015 年的 41 分钟，2016 年的 32 分钟，提升到 2017 年的 28 分钟。而在骑手薪资稳定提升的前提下，美团平均配送成本也缩减了至少 20%。

餐饮外卖行业的低毛利很大一部分归因于骑手成本过高，骑手成本在整个成本结构中占了九成。美团在技术上的优势带来了相对的运营效率和成本优势。

4. 创新：自我破坏，第二曲线

作为后入者，美团外卖在 2016 年实现对饿了么的弯道超车。根据互联网大数据监测机构 Trustdata《2018 年上半年中国移动互联网行业发展分析报告》，截至 2018 年上半年，美团外卖的交易额已经占到市场总额的 59%。

美团外卖业务，不仅对外超越了饿了么，对内也超越了原本作为第一曲线的团购和到店业务。截至 2017 年，外卖业务作为美团的第二曲线，与第一曲线完成了正式交接（见图 6–20）。随着交接的完成，团购与到店业务逐渐淡出了美团的经营体系，甚至连名称最终都从组织机构图中消失了。2020 年 5 月 20 日，美团市值 1135 亿美元，成为中国第三大互联网上市公司。

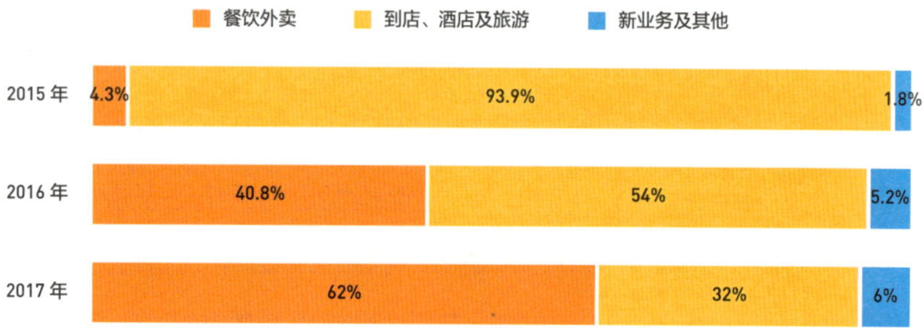

图 6-20　2015—2017 年美团点评收入构成变化示意图

资料来源：美团官网。

当然，美团对于未来发展的探索并没有结束，虽然外卖业务如今正如日中天，但美团早已开始不断地创新推出新的业务，比如美团酒旅、跑腿服务等。美团希望在外卖业务的极限点到来之前，通过创造性破坏找到新的第三曲线。

所以，创新大师给出的论断是，在对这个问题的研究中，我们还从来没有发现有哪一家企业能够在没有 CEO 参与的情况下，成功地应对颠覆其主流价值观的变革。如果 CEO 仅仅把成立分支机构视为一种摆脱破坏性创新威胁的工具，那么几乎可以肯定地说，等待他们的将是失败的命运。

如何持续地产生第二曲线，持续地十倍速增长的相关图书和理论对创新非常有帮助，但目前的确很少。所以，混沌学园将两条曲线转换的非连续性时期的创新作为主要研究的领域，也希望借此帮助更多的创新者、创业者跨越非连续性开启第二曲线，尤其对那些大企业、顶级企业而言，希望它们讨论企业基业长青的策略时，能有不同的选择。

第七章

分形创新：每一步都是上一步的结果

自然界无飞跃，创新也是如此。第二曲线不是从无到有创造出来的，而是从第一曲线中生长出来的。它不是让企业放弃主营业务去布局新业务，而是通过创新加强主营业务，从更多的创新中分形出第二曲线的新业务。

通过前面的学习，我们已经了解第一曲线是连续性创新，开启第二曲线是非连续性创新。或许有人会产生一些疑问："是不是只有大公司，才有资格进行第二曲线创新？""作为小公司，第一条曲线还没有完成，哪有余力去想第二曲线？""第二曲线是不是'多元化战略'的另一种表达？""聚焦主业和探索创新之间如何才能自洽？"以上这些问题，归根结底是同一类问题，即"第一曲线如何变为第二曲线"。

在混沌学园的定义中，与第一曲线相关的关键词是"管理"，而与第二曲线关联的关键词是"创新"。管理的作用是尽可能地拉长第一曲线，而只有第二曲线才能带来十倍速的创新型增长，即德鲁克定义的"创新"。所以，讨论如何从第一曲线如何变为第二曲线，也是探讨管理与创新的转换问题。

在本章中，我们试图用分形创新给出答案。分形创新是成熟公司启动第二曲线的最佳创新战略，它既破除了"第二曲线 = 多元化"的误解，也打破了管理与创新的二元对立，同时也是我个人最喜欢的创新战略。

变异 + 选择 = 新物种

为了更好地回答上述问题，我们不妨将看问题的范围扩大一些，从企业创新到生命进化。分形创新背后的理论是生物学的进化论，我们用同构性[1]方法，将企业创新与生物学进行同构。

公司的创新与生物的进化具有完美的同构性，管理可同构为遗传，创新则对应着变异。遗传就是让基因不断复制，保证物种的长期延续，同样管理是通过流程与制度，让公司可以更好地生存下去。但是遗传和管理都会遭遇极限点，此时为了活下去，从生物学的角度看，解决之道就是变异，而从管理的角度看，解决之道就是创新。扼杀变异是遗传的天职，否则生物个体很快就会灭亡；同样，扼杀创新是管理的天职，否则公司很快就会破产。

那么，应该如何打破存在于生物与企业中两种力量的对立，即第一曲线如何变为第二曲线？从同构的角度分析，这个问题对应着“一个物种如何突然变为另一个物种”的问题。

我们知道，在现实世界中，存在大量演变而来的物种。英国生物学家查尔斯·罗伯特·达尔文（Charles Robert Darwin）在《物种起源》[2]一书中，提出了“自然选择进化论”学说，对“神创造世

[1] 事物的同构性，是指世界上的一切事物都具有相同或相类似的系统结构。

[2] 查尔斯·罗伯特·达尔文. 物种起源 [M]. 周建人，叶笃庄，方宗熙，译. 北京：商务印书馆，1995.

间的所有物体，此后物种保持不变”的“物种不变论”发起了强有力的挑战，也因此受到了当时主流社会的一致质疑。质疑的焦点大多集中于“一个物种如何突然变为另一个物种”，这与“第一曲线如何变为第二曲线”几乎是同构性问题。

达尔文信奉“自然界无飞跃”这一格言。在他看来：一个物种不是通过“革新”“神奇的进步”的方式“突然”变为另一个物种，这是一个自然选择的过程，缓慢而稳定。

新的问题就此产生。既然自然界无飞跃，那么新物种从何而来？

在达尔文之前，生物学家普遍认为，生存竞争的主角是物种，这是一个较大的范围，达尔文却将范围从物种缩小到个体层面。在他看来，生存竞争的主角并非不同的物种，而是同一物种的不同个体之间的竞争。这句话的表面含义并不重要，但背后的含义特别重要。换句话说，最激烈的生存竞争，并不是狼与羊的竞争，而是在同种群里羊与羊的竞争、狼与狼的竞争。同族争抢生存资源的竞争，远比与天敌之间的竞争更加激烈。

在《人类的由来》[1]一书中，达尔文多次谈到变异、获得性遗传和自然选择，相关论述其实都始终围绕同一个主题展开（见图 7–1）。这个主题即

变异 + 选择（自然选择）= 新物种

---

[1] 查尔斯 · 罗伯特 · 达尔文 . 人类的由来 [M]. 潘光旦，胡寿文，译 . 北京：商务印书馆，1983.

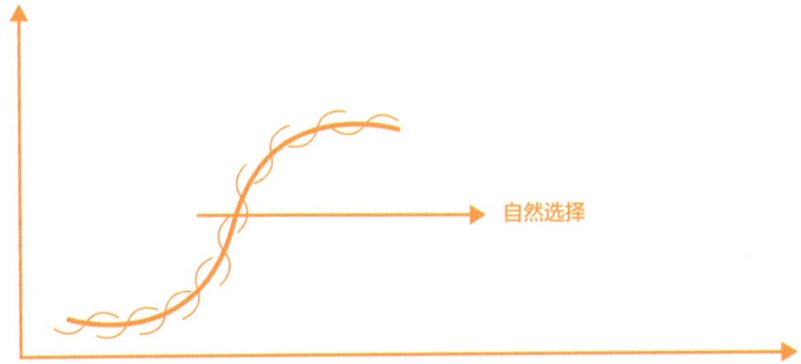

图 7-1 达尔文的自然选择进化论示意图

图 7-1 中的第一曲线，指的是遗传。从大范围来看，任何一个物种从它出现之初直到灭绝，基本架构保持不变，这就是遗传的力量，达尔文称之为“一个共同的始祖”。从小范围来看，物种中的个体在代际繁殖时都会产生变异，表现为第一条曲线生发出无数多样性的小 S 曲线；同时每一个小 S 曲线，在自然选择的作用下，都有可能成长为一条独立的第二曲线，这便是“自然选择进化论”令人惊艳的魅力所在。

不是整个物种突变，而是物种在小范围里一代一代地发生微小的变化。假如遇到环境突然发生变化，通过自然选择，其中某一个变异被强化，新的物种才可能产生，这才是进化的真正奥秘。

第二曲线不是从第一曲线“突然”变成的，而是从第一曲线中无数的小变异里生长出来的，同时它也打破了第一曲线与第二曲线的二元对立。

创新 + 选择 = 第二曲线

让我们将目光从生物学层面回到企业创新层面。自然界无飞跃，创新也是如此。在很多人看来，创新是由某位伟大的天才布局、设计而来的，即所谓的“多元化布局”，往往表现为第一曲线“突然”变为第二曲线，事实绝非如此。

通过此前的推导，我们得出结论：新物种来源于变异和自然选择的共同作用，而创新的本质便是变异，自然选择可以类比为市场选择（见图 7–2）。

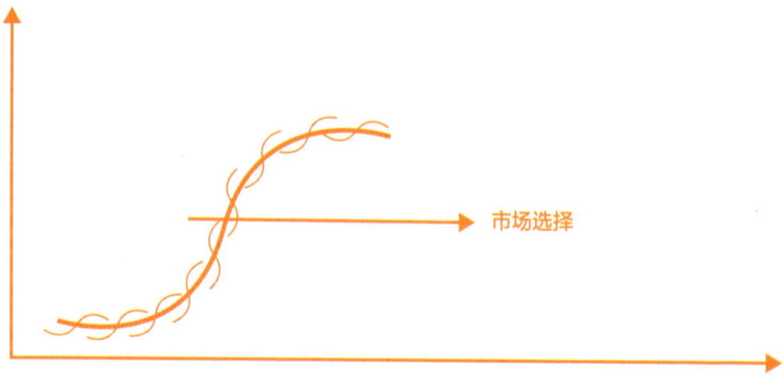

图 7-2 创新的本质示意图

于是，我们得以进一步推导出第二曲线的公式：

创新 + 选择（市场选择）= 第二曲线

这便是进化和创新的“同构性”。

第一曲线是企业的主营业务，其上会产生无数多样性的次级创新，表现为无数的小 S 曲线，所有的小 S 曲线都在促进企业主营业务的增长。需要强调的是，企业的次级创新都是从第一曲线中“生长”出来的。创新源于主营业务日常的不断迭代，当其中某次级创新受到消费者、市场或资本等的青睐时，就有可能成长为独立的第二曲线，所以第二曲线是长出来的，绝对不是遵循多元化理论发展得出的结果。

在这里我们要强调的是，产生新物种除了需要“变异 + 选择”，还有一个重要因素——隔离，所以进化的完整表述为

变异 + 选择 + 隔离 = 新物种

因此从进化同构到创新，我们可以表述为

创新 + 选择 + 隔离 = 第二曲线

而在创新领域，这里的“隔离”往往表现为“独立小机构”，我们在第五章组织心智中已经提及。在本章的最后，我们将用一个案例完整拆解这一个过程。

分形创新

如果说进化和创新具有同构性，那么这种“进化式的创新方式”可否表达为某种简单模型？在市场环境的变化下，其中某种次级创新有机会成长为独立的第二曲线。由于第二曲线源于第一曲线，且形态上具有自相似性，这里在大范围中是两条 S 曲线，但在小范围中，每条 S 曲线又是由很多的小 S 曲线组成的，所以这个模型可以理解为是一种不同层次上的无限分形[1]，因此我将这个过程称为“分形创新”（见图 7-3），分形的概念在本章稍后还会有更深入的阐述。

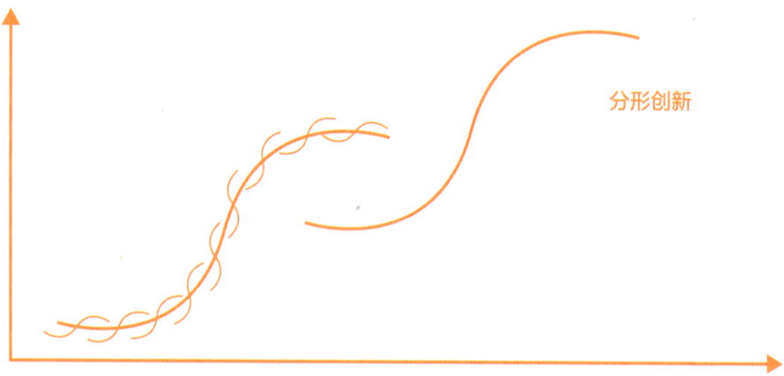

图 7-3　分形创新示意图

[1] 分形通常被定义为“一个粗糙或零碎的几何形状，可以分成数个部分，且每一部分都（至少近似地）是整体缩小后的形状”，即具有自相似的性质。

分形算法具有极强的解释力度和预测能力。那些貌似天才般伟大的创新，其实都源于第一曲线的分形创新。发生在亚马逊公司、阿里巴巴公司和美团公司身上的故事就是很好的例证。

亚马逊公司由杰夫·贝索斯（Jeff Bezos）于1995年创立，起初只是一家网上书店，后来发展成为全球商品品种最多的网上零售商和全球第二大互联网企业。除了平台服务，亚马逊自身还承担了物流环节，身兼服务商和物流提供商两个角色。

为了在营销方面实现更大的价值，亚马逊将自建的物流系统与大数据相结合，进行了许多分形创新，专业的云计算服务（Amazon Web Services，AWS）便是其中之一。亚马逊研发AWS的初衷是降低企业的基础设施费用。由于内部推行的效果十分突出，亚马逊将AWS推向了市场，取得了成功，就连竞争对手苹果公司也要依靠AWS为其提供云服务。

2018年，AWS为亚马逊创造了256.6亿美元的收入，占亚马逊全年营业收入的11%，已成为亚马逊增长的第二曲线。越来越多的亚马逊客户承诺在未来使用AWS，除了苹果公司，知名企业Adobe、Capital One、Intuit、Lyft和Pinterest等都成了AWS的客户。亚马逊公司的一份官方文件显示，截至2018年年底，合同期超过1年的客户承诺的支付金额总计达到193亿美元。

从为主营电商业务服务的分形创新成长为亚马逊的第二曲线，AWS的成功路径完美地诠释了分形创新对企业的重要作用。AWS绝非出自亚马逊某位天才员工的设计与布局，而是从第一曲线电商业务中破土而出的，并在经历市场的选择之后，为亚马逊带来了全新的市场空间和增长活力（见图 7-4）。

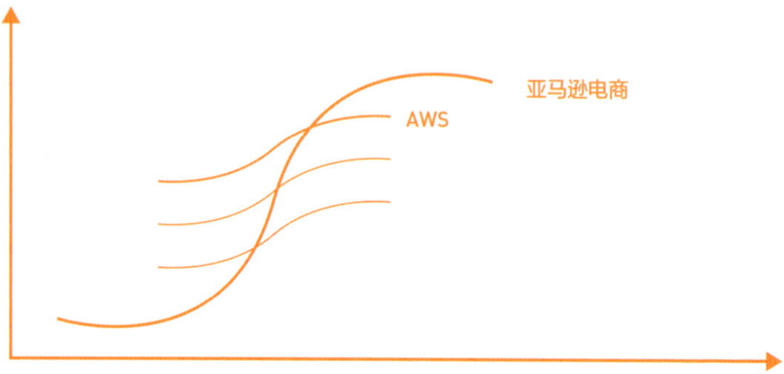

图 7-4　亚马逊的分形创新

看完亚马逊的案例之后，让我们回过头来，看看本土的电商企业阿里巴巴。

> 此前，我们已经分析过淘宝网的成长案例。淘宝网原是阿里巴巴主营业务的一个分形创新，在经历市场的选择之后，它成长为代表阿里巴巴的第二曲线。为了增强消费者对淘宝网的信任，淘宝网又在电商业务上生发出许多新的分形创新。支付宝便是其中的典型代表，它甚至改变了大部分中国人的支付习惯。

在阿里巴巴的第一曲线电商业务中，曾生长出很多类似支付宝的分形创新，其中有些未能经受住市场的选择便消失在人们的视野中，比如“来往”；有些成功地为阿里巴巴带来新的增长空间，比如菜鸟物流，这便是阿里巴巴分形创新的另一个曲线。

让我们再将目光投向新兴的独角兽企业美团，它是新兴企业中分形创新的典范。

美团起家于“千团大战”时期，它的团购业务很快升级为到店业务，夯实了美团当时的主航道（第一曲线）。随着时代的发展和科技的进步，到店业务很快便到达“极限点”。幸运的是，此前美团便已在第一曲线的基础上，生发出了酒旅、外卖、影票等多个分形创新（见图 7-5），其中外卖业务迅速得到市场的认可，成长为美团的第二曲线。美团的转型决心是如此之强，甚至强到连团购这个名称都从公司的组织机构图里消失了。

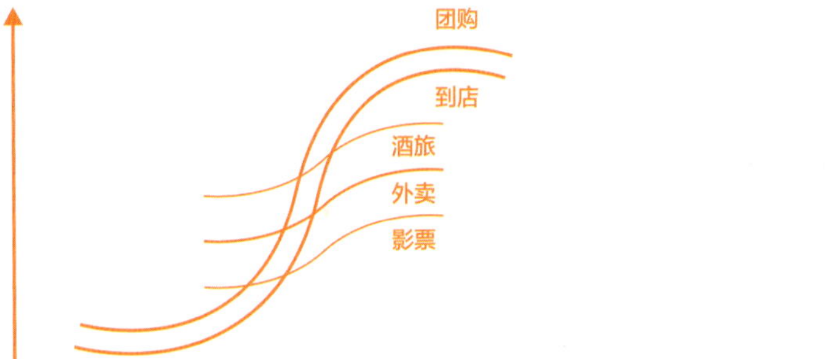

图 7-5　外卖成长为美团的第二曲线

在外卖业务成为第二曲线之后，美团并没有停止创新的脚步。在餐饮 ERP 系统、60 万骑手等分形创新的助力下，美团的主航道由外卖业务成功升级为到家业务（见图 7-6）。

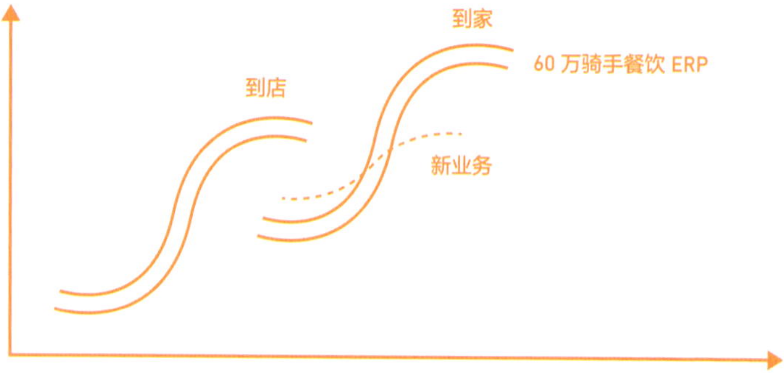

图 7-6　从外卖升级为到家服务

截至 2018 年年底，美团占有中国约 63% 的外卖市场，实现营业收入 652.27 亿元，同比增长 92.25%，平台交易总额、年度交易用户总数、用户年均交易笔数等互联网企业特有指标均保持了强劲的增长态势。

如果说美团在当年的“千团大战”时便已设计好后来的升级路线图，估计没有人会相信。第二曲线不是从无到有创造出来的，而是从第一曲线中生长出来的，这是一个步步为营的生长过程。

分形创新是混沌味道的创新，它既打通了第一曲线和第二曲线的二元对立，也打通了管理和创新的二元对立。每一个第二曲线都不是从无到有创造出来的，而是从第一曲线之中生长出来的，能够创造新的维度，从而超越 S 曲线的增长魔咒。

需要强调的是，所谓第二曲线创新，并不是让企业放弃主营业务去布局新业务。恰好相反，它是在主营业务之中创新，通过创新加强主营业务的发展，从更多的创新中分形出第二曲线。第二曲线是从第一曲线的分形创新中生长而来的，新业务是创新的自然结果。分形不仅仅是简单的创新模型，而是一种极其深刻的数学和哲学思维。事实上，分形创新理论不仅适用于大公司，也适用于小公司；不仅适用于商业领域，也适用于个人成长领域。

至此，我们不禁要问：“在分形创新的背后，是否有一个居于最底层的算法支撑？”言及于此， 我有必要更深入地讲解分形学这一重要概念。

分形算法

分形学，又称分形几何学，由数学家本华·曼德博（Benoit Mandelbrot）于 1973 年在法兰西学院讲课时首次提出，是一门以非规则几何形态为研究对象的几何学。分形学研究的是不规则形态的自相似性。由于不规则现象在自然界普遍存在（如罗马花椰菜、鹦鹉螺的壳、雪花、河流、树叶等），因此分形几何又被称为“描述大自然的几何学”。

分形学中的经典图案——曼德博集合（Mandelbrot Set），它是人类有史以来做出的最奇异、最瑰丽的几何图形（见图 7-7），被形象地称为“上帝的指纹”。在这个简单的图案中，蕴藏着一个

图 7-7　曼德博集合

大千世界，从它出发可以产生无穷无尽的美丽图案。有的像日冕，有的像燃烧的火焰，只要计算的点足够多，不管将图案放大多少倍都能显示出更加复杂的局部图案。

这里局部与整体具有一定的自相似性，从任何一个局部进去，都会发现一个新整体。缩小尺度进去，放大尺度出来，不同的级别里的结构居然是一样的。颇有几分佛教经典《华严经》中“佛土生五色茎，一花一世界，一叶一如来”的味道，美不胜收。

“曼德博集合”出自 $Z \rightleftharpoons Z^2+C$ 的公式，这是一个非线性的迭代反馈公式，我将其称为“分形算法”。在这个公式中，初次计算得出的结果将被代入后续计算中，从而计算出新的结果。循环往复，生生不息，这就是分形创新的底层算法。这个公式的关键点在于，中间的迭代符号意味着通过这个公式无法计算出一个最终的结果。或者可以说，迭代就是一个无穷无尽的过程，原本就不存在最终的结果。常规战略是平面地盘之争，是静态思维，而分形创新是击穿任何一个局部就可以打开新空间、新维度、新世界，是动态思维。别人抢的是地盘，我看到的是新世界。

埃里克·莱斯（Eric Ries）曾在《精益创业》一书中，提出过最简化可行性产品的概念。MVP 提倡的是进行“验证性学习”，先向市场推出极简的 MVP，然后在不断地试验和学习中，迭代优化产品，这与分形算法异曲同工。在分形算法的公式“$Z \rightleftharpoons Z^2+C$”中，$Z$ 就是 MVP 的原型，迭代符号是试验过程，现在的答案是下一次的起点。产品如此，企业如此，人生更是如此。人生永远都是一种 MVP 的状态，我们今天所拥有的一切都可以视为明天 MVP 的起点。

英文中有一个词叫作“Being”，可以翻译为“临在”，这就是分形创新的感觉。在常规的思维里，我们总认为未来是“一”，现在所做的任何事情，都是实现未来的目的。但最终的结果往往是，当你实现一个目标，就会有下一个目标，你永远在追逐，却难以获得幸福。

在分形创新中，过程是生命的“一”，结果并不重要，因为每一步的过程即结果，结果即过程，合二为一，活在当下的感觉油然而生，这种状态非常美妙。如同我十分欣赏的一句话：“只要将眼前的事情做到极致，下一步的美好自然会呈现。”

分形算法就是我的第一性原理，我在主业（课程）中倾注了全部的精力，我的课程更新速度极快。如果大家足够细心，便会发现我在课堂上几乎从不讲传统商学院的相关课程，只讲商业世界最新发生的事件。我的课件无时无刻不在迭代，讲一次变一次，哪怕只隔一个星期，也会生发新的变化。不是我对自己的课程没有自信，也不是因为我过于勤奋，而是课程自己在迭代，生长的速度极快，推着我不停地向前走。从这个意义上看，这便是我人生的分形创新。

在分形算法中，过程本身就是目的，结果反而不那么重要。你只知道从什么时候开始，却无法预测在何处结束，甚至连结束本身可能也并不存在。这不仅是一种算法，也是一种全新的过程哲学。

最后，为了便于完整地理解分形创新，请允许我通过一个案例——字节跳动的分形进化，梳理一下分形创新。

字节跳动的分形进化

从当前来看，未上市的字节跳动已经位居阿里巴巴、腾讯之后，成为中国的第三大互联网企业。字节跳动旗下产品众多，甚至被誉为“App 工厂”。那么，在字节跳动看似难以理解的复杂业务布局背后，有没有简单的规律可以遵循？接下来，我们就以分形创新模型为基础，从变异、选择、隔离和分形 4 个方面来了解一下字节跳动的崛起（见图 7-8）。

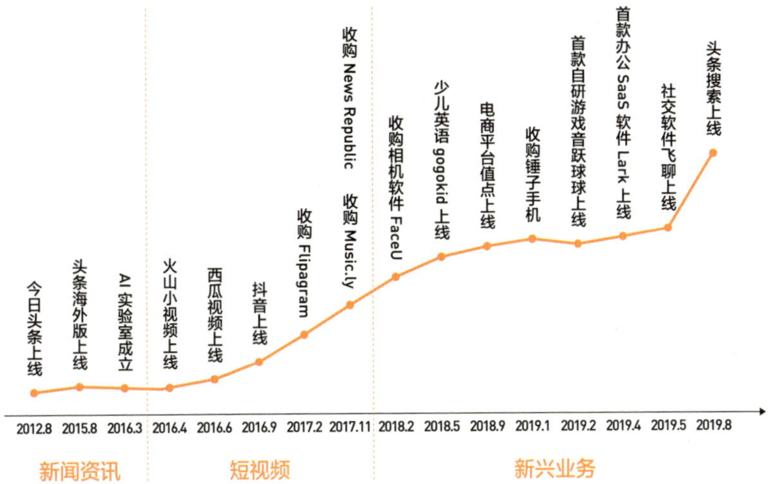

图 7-8　字节跳动的产品时间线

资料来源：易观。

1. 变异：自下而上，多样竞争

在众多的 App 中，字节跳动的第一曲线无疑是 2012 年 8 月上线的今日头条。今日头条的本质是新闻客户端，还是推荐引擎？都不是。今日头条初期是披着新闻客户端外衣的推荐引擎，但它的主航道是包含多种分发方式的通用信息平台。今日头条 CEO 朱文佳说："在我看来，每一种分发方式都有其独特的价值。内容运营分发带来的是'你应该知道'的信息，搜索帮你找到'你想知道'的信息，推荐是'你可能感兴趣'的信息，关注是'你关心的人'发布的信息。从提升社会信息分发效率的角度来说，每一种分发方式都不可或缺。更重要的是，不同的分发方式之间还能产生联动效应。"

为什么主航道选择了通用信息平台呢？其实早在字节跳动的初期，在表述产品原理的时候，字节跳动创业团队就画过一个创作、互动和分发相互驱动、正向循环的增长飞轮（见图 7–9）。

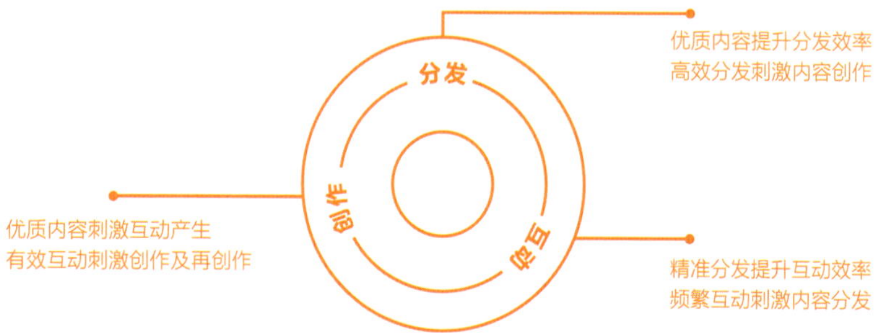

图 7-9　字节跳动创业之初的增长飞轮

字节跳动认为，这个世界上有知识、有创作潜力的人很多，但这些能力因为各种原因没有被发挥出来。所以，只要为他们提供平台和创作工具，给予他们合适的观众和反馈，他们就能为世界带来一份创造和美好。这里的内容包括文字、图片、视频、短视频等；有了优质内容后，字节跳动就一直在不断探索分发方式，这里包括运营、推荐、订阅、搜索、社交等；有了精准的分发，字节继续通过问答、社区、转发、评价、激励等方式，提升互动效率，有效的互动又刺激了创作与再创作，三者形成了正向的增长飞轮。也就是说，在字节跳动的平台上，内容创作者能够闭环完成创作优质内容、提升分发效应、增强互动效应等工作，所以不同类型的内容能够在字节跳动平台上兼容。

从分形创新的角度来说，张一鸣是把通用信息平台作为自己的第一曲线，这条曲线中有创作、有分发、有互动，同时这 3 个业务也可以视作通用信息平台的一级分形。

此外，在通过增长飞轮不断夯实第一曲线的基础上，张一鸣又推出了很多二级分形，在内容与题材方面，分成了新闻、文字、图片、语音、搞笑、体育、汽车、视频等不同的类型；在分发方面，推出了运营、推荐、订阅、社交等功能；在互动方面，出现了问答、社区、转发等不同方式（见图 7-10）。

张一鸣曾坦言，早期做今日头条的时候就还犹豫要不要做一个更综合的东西，比如叫“今日发现”。后来，他觉得这没有必要，就在上面扩充就好了。所以，用分形创新来分析今日头条，就能很清楚地看到产品逻辑，既不是多元化，也不是无章可循的 App 工厂，

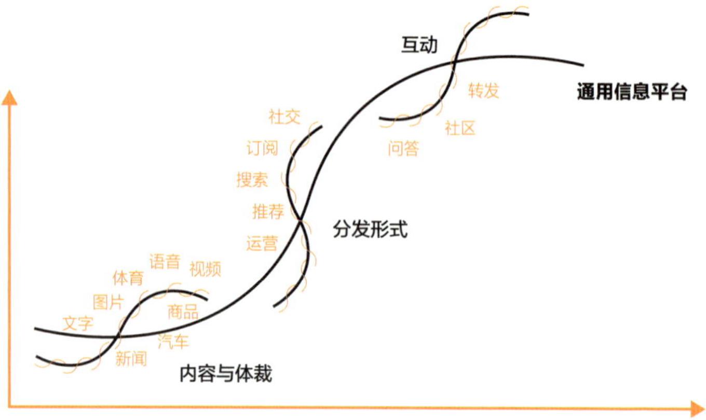

图 7-10　字节跳动的二层分形示意图

所有这些东西都是自下而上长出来的，不变的是字节跳动对第一曲线本质的定义。

2. 选择：一二曲线，自我破坏

随着分形创新的类目逐渐增加，张一鸣又面临一个新的选择：是打造一个超级 App 还是一个 App 矩阵？对大多数经营者而言，为了抓住用户的注意力，他们会尽可能多地把用户需要的功能和内容集中在一个产品之上。但是，张一鸣并没有这样做，他想要做的是一个 App 工厂，所以在今日头条的基础上，他拆分出去很多独立运行的 App，比如懂车帝、西瓜视频、悟空问答都是这样的逻辑，同时为了发力短视频成立了火山和抖音。

字节跳动的风格是如果一个产品在现有产品中出现了令人惊喜的表现，那就把这个产品放大，单独成立一个小团队做一个或者几个小产品，看看能不能有更出色的表现。一旦跑起来了，就能成细分领域巨头，甚至成长为一个“巨无霸”；如果跑了一阵子不行，那就撤了，也没有太大的损失。

任何一个分形创新出来的细分领域发育成熟，张一鸣都会将其拆分出去组成新的 App，而能够独立的标志就是观看人数、阅读时长的倍速增长。在这种逻辑的指导下，在垂直内容领域，今日头条分形出了懂车帝、皮皮虾等 App；在内容体裁方面，分形出了抖音短视频应用；在分发领域，分形出了社交分发的形式，代表产品是抖音、悟空、微头条等软件。

字节跳动的不断分形，使其边界远远超过了一大批与之竞争的互联网公司，也使其成为互联网行业公认的“劲敌”。

3. 隔离：独立机构，资源递增

在企业中，字节跳动充分运用和发挥了集体智慧，促进了新业务的涌现。在管理方面，张一鸣认为与运算方式类似，管理可以简单地划分为两种不同的方式[1]（见图 7-11）。

第一种，把 CEO 当成超级计算机。CEO 做战略设计，提出战略计划并逐层分解战略计划；各级执行分解后的战略计划，在执行的过程中如果遇到情况，往上汇报；CEO 汇总信息，再次定出工作任务。在这个过程中，有审批、有流程，有很多的管理机制。过去很多企业都是采取这样的方式，主要包括建构战略和控制流程。

---

[1] 张一鸣 . 如何应对公司变大之后的管理挑战［J/OL］. 搜狐网，2017.

图 7-11　张一鸣对于管理的两种划分方式

第二种，有更多的人参与决策，让更多的想法自下往上涌现，而不是一个从上到下的战略分解。在这个过程中，需要更多的人基于上下文的信息集合做出判断，而不是根据指令执行。

一般而言，传统的管理是 CEO 决策，自上而下地传达命令，然后执行；而在字节跳动，张一鸣采用的是第二种自下而上的管理方式。在复杂性思维当中，这种管理方法被称为涌现。简单来说，就是给员工更强的自主性与自由度，让员工自主选择新的业务项目。

此外，为了给新物种足够的独立生存条件，今日头条与业务相关的职能部门只保留了 3 个：技术、用户增长和商业化。它们分别负责留存、拉新和变现，这是任何一个移动产品从无到有、从小到大的核心。

每一次新产品立项时，负责人就可以去 3 个部门选择合适的合作者，只要凑齐 3 人就可以组成一个虚拟的项目组。如果虚拟项目组的业绩表现不错，就可以组成稳固的独立团队。如果独立团队继续表现不错，就可以开发独立的 App 甚至成立独立的公司。

从某种程度上讲，这种新物种培养的过程也是公司资源配置的过程。在这个过程中，没有你争我抢式的内斗，而是像生物黏菌一样，以最小消耗建立最优路线的自然聚集。每一步都是资源递进的方式，员工每探索出新资源的时候，企业就会赋予更多的资源。

依循这个法则，字节跳动相信，总会有好的产品跑出来。而张一鸣要做的就是负责方向，以及关注几个核心项目组。

4. 分形：十倍变化，独立成线

分析至此，字节跳动的第二曲线——视频已呼之欲出，我们来看看字节跳动是如何进军视频领域的。

2016 年，字节跳动旗下的王牌产品今日头条开始进军视频领域，头条系三大短视频产品，抖音、火山小视频和西瓜视频密集上线。

为什么选择在 2016 年作为重兵突进的节点呢？截至 2015 年年底，中国手机网民已达 6.2 亿人，网民 Wi-Fi 使用率高达 91.8%，加之 4G 的普及，以及手机屏幕变大、分辨率的提高等客观条件，短视频爆发的基础环境早已具备。

因为抓住了发展的机遇，字节跳动的视频产品一经上线，就取得了巨大的成功。2016 年上半年，今日头条的视频阅读量提升了近 3 倍。根据今日头条算数中心发布的《2016 年移动资讯行业细分报告》，截至 2016 年年底，今日头条短视频的日均播放量达到 12.69 亿，比 2015 年同比增长了 605%；同时，今日头条的用户（与视频产品账号互通）对视频内容的偏爱倾向也开始充分展现。2016 年，用户在视频内容方面的阅读量占总阅读量的 47%，是所有内容类型中占比最高的，同时期，图文内容和组图内容分别只占 42% 和 11%。

美国的著名企业家安迪・格鲁夫说过："每一个战略转折点都会表现出十倍速变化，而每一个十倍速变化都会导致战略转折点。"字节跳动在 2016 年的增长数据完全印证了这句话。

实际上，在字节跳动飞速增长的背后，是创始人张一鸣对市场形势的准确判断。张一鸣抓住了市场环境变化的信息，发现了短视频将是内容创业的下一个风口，从而做出了"短视频是一个前景光明的领域，是一件方向正确的事"这样的判断，最后在 2016 年得出了"全军出击"的结论。

如果从演绎法创业的角度进行解读，2016 年字节跳动增长数据原本只是假设，而发展短视频平台是张一鸣根据假设所制定的发展方向。

然后，张一鸣在 2016 年上线了 3 款不同方向的短视频软件——西瓜、火山和抖音。实际上，这 3 款产品就是字节跳动的 MVP。其中火山是针对低端市场，对标的是快手；抖音对标的是 musical.ly（北美知名短视频社交软件）；西瓜对标的是 YouTube（美国知名视频网站）。之所以选择这 3 个平台作为对标企业，有两个原因：首先，这 3 款产品已经获得成功，并且证明了短视频这个方向的正确性；其次，这 3 款产品代表了短视频领域的 3 个主要模式。当然除了这 3 款产品，字节跳动内部可能还有更多的设置，但其中较为典型的还是这 3 种。

虽然张一鸣的逻辑很清晰，但结果并不理想。这 3 款产品上线之后，前 9 个月数据表现非常糟糕。在这种情况下，对绝大多数经营者来说，可能会得出一个结论，认为短视频并不是当前有潜力的发展领域，或者认为自身没有充分的实力把握短视频红利，然后选择放弃。

但张一鸣不这么认为，他于此时说的一句话，让我深感佩服。他说："逻辑上正确的事情一定是对的，而且有人已经验证过了，我们数据差是我们自己没做好。"在我看来，这句话无疑说明张一鸣是一位顶级 CEO，一个如此年轻便打造出世界级产品的人，必然是具备世界级眼光的。

纪源资本童士豪评价张一鸣时说："抖音的突然崛起不是平白无故的。张一鸣砸钱比谁砸得都多、挖人也敢挖最牛的人。气势和格局比我们想象得更大、更敢拼。"

结果显而易见，抖音在 2018 年 4 月时，用户数量超过快手，成为中国排名第一的短视频平台（见图 7-12）。

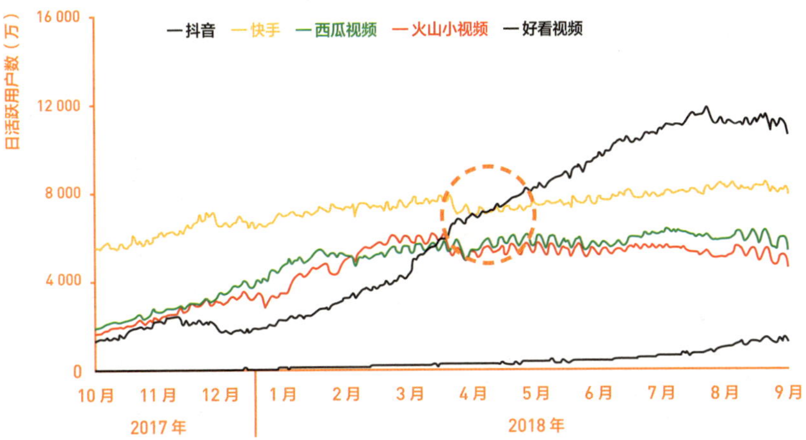

图 7-12 2017 年 10 月至 2018 年 9 月，主流短视频应用日活跃用户数量走势图

在字节跳动公司内部，作为第二曲线的抖音也在 2018 年与作为第一曲线的今日头条实现了交接，从 4 月之后，抖音的数据超越了今日头条（见图 7–13）。

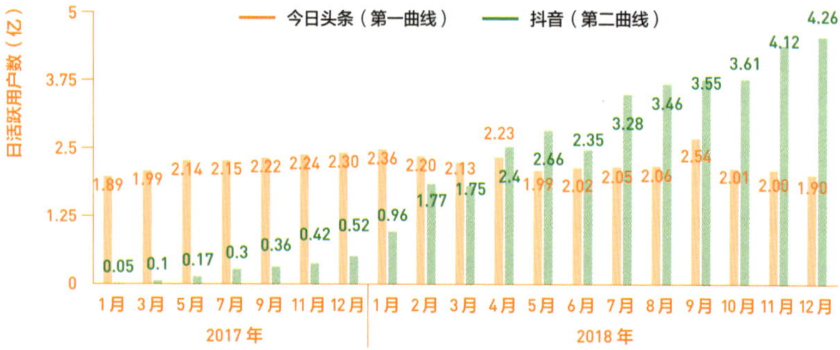

图 7-13　今日头条与抖音的交接情况示意图

资料来源：今日头条 / 抖音年度数据报告。

抖音的发展如此迅速，数据如此亮眼，导致大多数人忽略了一个事实，抖音初创团队的配置并不强悍，甚至可以称得上是草率和简陋。第一次当产品经理的产品经理，第一次负责整体设计的设计师，第一次从头开始写程序的研发应届生，第一次接触互联网行业的运营实习生等。在创建抖音团队的初期，字节跳动考虑的是这样一个不到 10 人的创业小团队，如果失败，不会带来太大的不良影响。

事实上，直到 2017 年年底，抖音依旧小到不足以被巨头重视，只是头条短视频战略中的一步棋。但是伴随着持续的技术优化，它也确实证明了自身在留存方面拥有过人之处，于是资源开始自然地向抖音聚集。

伴随着资源的聚集，抖音的十倍速发展很快到来，2018 年春节后，这个发展速度犹如坐上火箭的短视频 App 就实现了独立商业化。至此，除了股权关系，抖音其实是一个完全独立的互联网公司。

字节跳动是多元化还是专注呢？如果仅看到它的 App 工厂，肯定是多元化的，但在张一鸣的眼中，他们是专注的，其实这些都是同一类产品。字节跳动的早期使命是：在全世界范围内促进信息的创造和流动，这里的信息、创造、流动依然与增长飞轮中的创作、分发、互动紧密相关。

张一鸣认为，提高信息分发效率是今日头条的使命，而一切能够让分发效率变得更高的内容缝隙都应该成为今日头条应该覆盖的领域。这句话说得非常狠，要知道百度的搜索，腾讯的社交，阿里的电商，本质上都是一种信息分发方式。而这句话透露出的信息是：一切需要信息流通的行业都有可能被字节跳动改变。

对比一下， 2018—2019 年用户对于 App 的使用时长，腾讯系从 47.5% 下降为 43.8%，而头条系从 8.2% 上升为 11.3%，成为第二名，这也是历史上第一次出现腾讯系用户使用时长占比下降的现象（见图 7-14）。

我们再来回顾一下字节跳动过去几年的收入情况：2016 年，60 亿元；2017 年，160 亿元；2018 年，500 亿元；2019 年，1400 亿元。

Sensor Tower 的数据显示，抖音和 TikTok 于 2020 年 4 月在全球苹果 App Store 和谷歌 Play Store 获取的金额已经超过 7800 万美元，首次超过 YouTube 的 7600 万美元。这是历史上中国互联网公司第一次在海外取得如此骄人的成绩。2020 年 5 月，TikTok

的全球用户数超过 10 亿，下载量超过 20 亿。字节跳动成为除苹果公司之外，唯一一家在中国和西方用户数都超过 1 亿的科技公司。

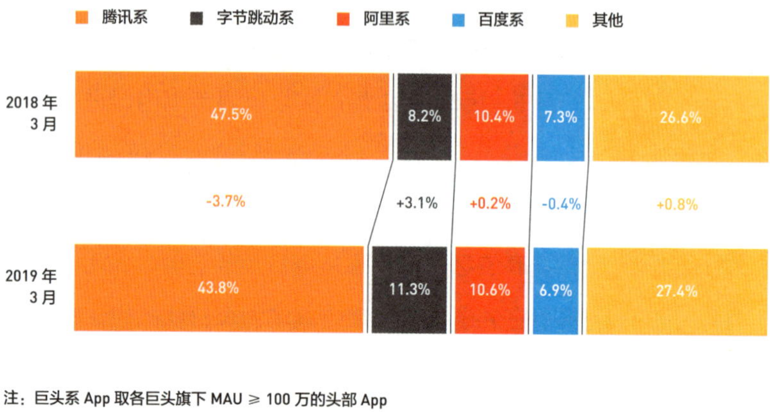

图 7-14　2018—2019 年移动互联网巨头 App 的使用时长占比变化示意图

资料来源：QuestMobile TRUTH 中国移动互联网数据库 2019 年 3 月。

我非常欣赏张一鸣说的一句话：“无法做好选择和判断时，就要离远一步，远到用更重要的原则和更长的时间尺度来衡量，这样就清楚了。”经验很重要，但是经验的背后都是过去的时空，不能穿透经验把其中基本的原则找出来，是无法击穿经验的，而击穿则需要更深刻的洞察、更大的尺度。

对张一鸣来说，这个尺度是什么？答案是生物学。张一鸣谈《普通生物学》对自己的影响时说：“高中的时候参加生物竞赛，看了一本北京大学陈阅增老师写的《普通生物学》，对我影响很大。生物从细胞到生态，物种丰富多样，但其背后的规律非常简洁、优雅。这对于你设计系统或者看待企业经济系统，都会有很多可类比的地方。”

如同分形算法“$Z \Leftarrow Z^2+C$”一样，人从上帝创造万物的思维中跳出来，用简洁的公式表达复杂的万物。这里分形创新的关键是要找到可迁移、自相似的同构性。千万不要认为在某个地方成功了，放到另外的地方就能成功，这根本不是分形。分形创新往往是把核心的能力和流程拎出来，抽象化出另外一件事情，原有业务的区域化、规模化都不叫分形。我们只有找到最小完整单元才能看到本质，也只有这样才能把其中一个最小完整单元成长为第二曲线。

所以，创新不是自上而下的布局，而是在第一曲线中专注地投入多样性和创新，这样做有两个好处：第一，可以拉长、延续第一曲线；第二，其中某一个变异会成长为将来的第二曲线。

第八章

战略杠杆：创新驱动的增长战略

每家企业都希望自己能够面面俱到，但现实中最好的方法是舍九取“一”——找到最具有优势的元素，并将其打造成自己的核心力量。真正的“好战略”，在于集中企业的智慧、资源和行动，从而以己之长，攻人之短，撬动增长的红利，这就是创新驱动的战略杠杆模型。

战略最基本的理念就是以己之长，攻人之短，也可以说是抓住契机，发挥自身优势。标准的现代战略囊括了潜在优势。真正的“好战略”，便在于能够集中企业的智慧、资源和行动，获得优势。如果在适当的时刻将这种集中性力量应用于关键目标，就可以为企业带来一连串可喜的结果。理查德·鲁梅尔特在《好战略，坏战略》一书中将这种力量之源称为“杠杆作用”。

所以，企业围绕最关键的单一要素，组合其他要素，形成战略杠杆模型，就能持续撬动创新增长。我们本章的主题便是如何打造创新驱动的战略杠杆模型。这个模型是本书创新模型的最后一个，也是收官之作。战略杠杆的应用范围极广，我们可以用它来梳理自己的创新增长方案，甚至也可以用这个模型来做自己极简化的商业计划书。

战略杠杆模型

关于杠杆原理，古希腊的哲学家、科学家阿基米德说过这样的豪言壮语："给我一根足够长的杠杆和一个足够牢固的支点，我就可以撬动地球。"在阿基米德的这句名言中，地球隐喻需要解决的问题，无论这个问题有多大，只要找到合适的方法，都能迎刃而解。为了便于理解，我将阿基米德的思想转换为一种更直观的企业"战略杠杆模型"。

在这个模型里有 4 个基本要素，它们分别是：创新红利、核心能力、真北[1]指标以及战略支点（见图 8-1），下面分而论之。

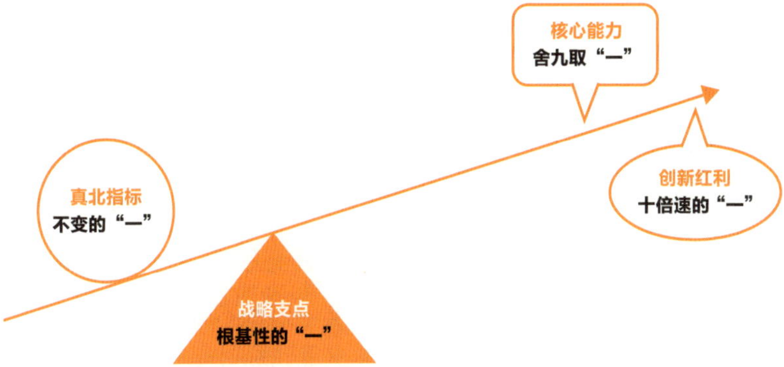

图 8-1　战略杠杆模型示意图

[1] 实际上，真北是一个地理学名词。真北（True North, TN）是指地球的北极点，即北纬 90° 或者所有经度线在北半球交会的地方，又称正北方向，为在地球上任何一点的人指向地球地理北极的方向。

1. 创新红利：十倍速的“一”

通常，创新红利来自外界。尤其是对于初创企业来说，在过去的 20 年里，大多数初创企业的迅速发展往往得益于某种外部机遇，这也是为什么大家经常强调“风口上的猪”“顺势而为”。对企业来说，如何抓住外部机遇？一个非常好的模型就是组合创新里的“供需连模型”，从供给、需求、连接寻找十倍速变化的单一要素。

在战略杠杆模型中，创新红利可能产生于巨大的风口或周期性力量，如技术周期、用户更替和媒介更新等，它们都能提供十倍速的增长杠杆，这就是创新红利。

这就是为什么 TMD[1] 在 2012 年崛起？因为智能手机出货量发生了十倍速变化，我们进入移动互联网时代。如果没有这种力量的加持，可能很难撼动真北目标。

2. 核心能力：舍九取“一”

对初创企业而言，在发展的过程中，通常是先抓住一个外部机遇，然后通过不断的内部提升逐渐形成自身的核心竞争力，并将这些核心竞争力注入创新红利，最终击穿阈值，实现单点破局。

每家企业都希望自己面面俱到，什么能力都具备，但现实中最好的方法是舍九取“一”。因为在现实中根本不可能出现“全能”公司，不只是初创企业，即便是巨头企业也很难完成。从资源分配

---

[1] 互联网企业今日头条、美团、滴滴的简称。与百度、阿里巴巴和腾讯组成的 BAT 相对应。——编者注

的角度来说，企业想要立足于市场，首先要有自身的突出竞争力，而广泛性分散的资源，对于核心能力的建设极为不利。

所以，对企业来说，最简单的做法就是在自身的经营系统中找到最具有优势的元素，然后集中力量将这种舍九取“一”的因素打造成企业的核心力量。

比如乔布斯对产品的偏执世人皆知，无论面对何种选择，他都毫不迟疑地将舍九取“一”的答案定为“产品”。

- 如果问公司和产品哪个更重要？乔布斯会首选产品，因为他创建公司的唯一目的只是产品，公司只不过是手段，目的可以让真正有创造力的人才合作打造产品。
- 如果问技术和产品哪个更重要？乔布斯会首选产品，对他而言，苹果公司最需要的是伟大的产品，而不一定是使用什么新技术，技术都是为产品服务的。
- 如果问管理或产品哪个更重要？乔布斯会首选产品。在他的眼中，苹果公司是世界上最大的创业公司，他讨厌管理和流程。
- 如果问销售或产品哪个更重要？乔布斯会首选产品。他认为苹果公司的产品好，卖出产品是天经地义的事。
- 如果问资本或产品哪个更重要？乔布斯会首选产品，他不在意资本的压力，也不在乎可能对公司股票和财务报表产生的影响。

在乔布斯的理念中，无论从何种角度来说，产品都是一个企业的核心竞争力，技术、管理、销售、资本最终都是要为产品服务的。

此外，需要强调的是所谓取舍，绝不是去伪存真、去错存对，在众多不好的选择中选一个对的，而是在对与对之间选择最适合自己的那一个。《哈佛商业评论》中曾有一篇文章提到，“一个好战略的对立面也应该是一个好战略”，表达的也是这个意思。所以乔布斯主张舍九取“一”之后，不是放弃其他能力，而是以此为参考系，用它来统帅其他能力。

舍九取“一”的“九”可以是技术、产品、营销、管理等，企业一旦选定“一”，就要重点投入，并且它必须能统领一切。就好像阿里巴巴在围绕商家进行经营的同时，也在致力于为用户提供更好的服务，因为服务质量的提升，会为平台带来更多的用户，从而吸引更多的商家入驻。所以，舍与取不是二元对立，而是侧重点不同，二者是统一的。

3. 真北指标：不变的“一”

所谓真北指标，其实就是企业为了实现增长，需要长期坚持的、不变的发展目标，其中包括“真”和“北”两个关键词。

第一，它必须针对真问题，很多创业者在为企业树立目标时就已经出现偏差，他们找到的问题其实并不真实。在这样的目标的指引下，企业投入的人力、物力、精力越多，企业受到的伤害就越大。第二，除了针对真问题，真北目标还应该是一个长线目标，是企业长期不变的“指北针”。按照以上两点确立了真北目标，就能保证目标是真实的，且在较长一段时间内具有有效性。

真北指标与财务指标不同，不是显性曲线的增长 KPI，而是隐性曲线的增长 KPI。对企业来说，仅仅遵循财务指标，就会陷入创新者的窘境和价值网依赖，而将财务指标与真北指标结合在一起，才能有效地避免这些问题出现。

事实上，有了战略杠杆的前 3 个基本要素——创新红利、核心能力和真北指标，就可以组成“增长飞轮”（见图 8-2）。一般情况下，初创公司也许不需要长期战略，但一定需要增长战略，这种战略的具体表达就是“增长飞轮”，而好的增长飞轮通常都有相互强化的“正反馈”特征。

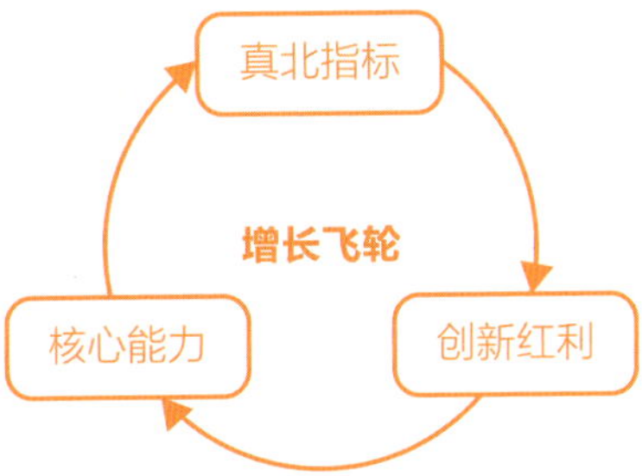

图 8-2　企业的增长飞轮示意图

例如，对苹果公司而言，其增长飞轮的核心能力是产品，真北指标是打动人心的好产品。这里高质量的产品为苹果公司带来了良好的用户口碑；而口碑的积累，又让苹果公司拥有了更多的用户；有了大量的用户，苹果公司就可以生产出更好的产品，从而形成良性循环。在这种循环中，苹果公司得以飞速发展（见图 8-3）。正如乔布斯所说，“我们坚信，如果能打造出好的产品，用户一定会喜欢，如果他们喜欢，他们一定会掏钱买，我们就能赚钱。”

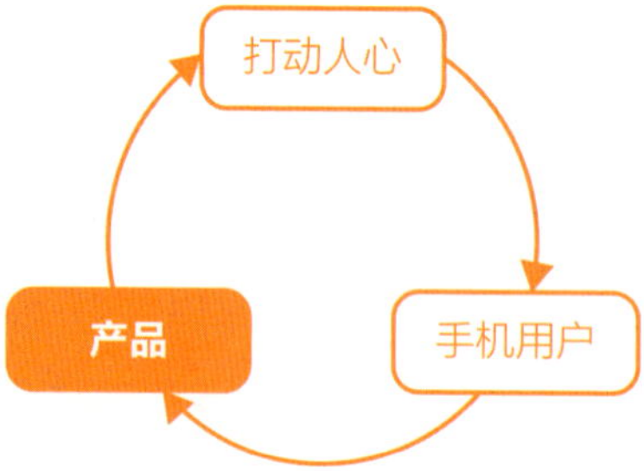

图 8-3　苹果公司的增长飞轮示意图

类似地，Netflix 增长飞轮的核心能力是内容，真北指标是既多又好的优质原创内容。这里 Netflix 优质原创内容越多，吸引的付费用户就越多，收入就会增加，同时这意味着它可以为制作原创内容提供更多的资金（见图 8-4）。

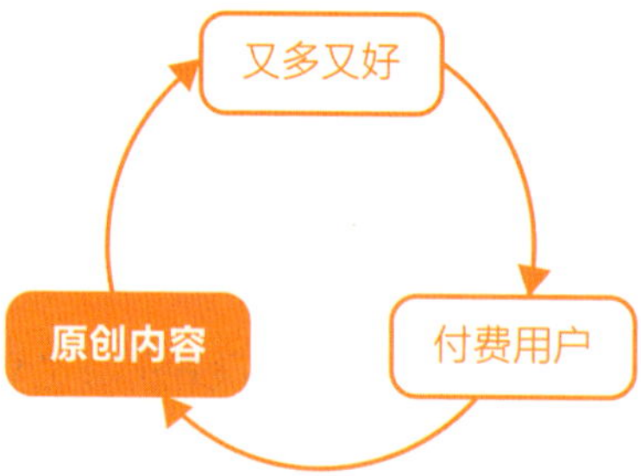

图 8-4　Netflix 的增长飞轮示意图

4. 战略支点：根基性的“一”

我们已经了解初创公司可以没有长期战略，但一定要有增长飞轮。如果增长飞轮只建立在短期的十倍速创新红利上，那么企业的发展将不可持续。所以，有了增长飞轮之后，初创企业发展了 3~5 年时，必须开始考虑长期战略，此时需要把增长建立在长期不变的战略支点之上，即第一性原理，它是企业战略的基石假设，也是企业战略的“定海神针”（见图 8-5）。

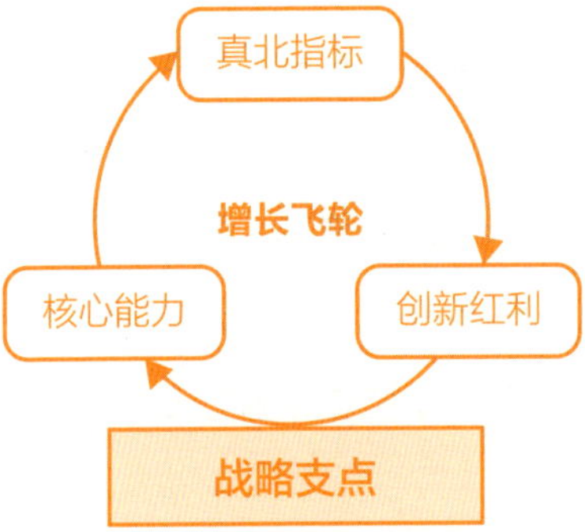

图 8-5　企业创新增长战略简图

战略支点的关键在于牢固，它又被称为根基性的“一”。任何战略都建立在一个基石假设之上，正如一幢高大的建筑，如果失去赖以支撑的地基，整幢建筑就会轰然倒塌。

在组织层面，有些企业会将使命作为自己的战略支点长期不变，比如下文会详细介绍的亚马逊；也有些企业会将第一性原理视为战略支点，比如埃隆·马斯克的特斯拉、“无聊”公司（The Boring Company）、太空探索技术公司（SpaceX）。

当然，如果没有使命或第一性原理，那么不妨找一个基石假设，也能起到同样的作用。

成熟企业创新战略杠杆

至此，我们已经分别讲述了创新战略的 4 个“一”，即十倍速“一”的创新红利，主要应用的是组合创新模型；舍九取“一”的核心能力，主要是通过单点破局的方式突破阈值，击穿破局点；不变的“一”的真北指标，指引着正反馈的增长飞轮，形成三要素合力；根基性的“一”的战略支点作为企业第一性原理推动着企业的长期发展。这 4 个要素也是初创企业成长为成熟企业创新战略的核心要素。

此外，除了以上的增长要素，成熟企业还要增加几个与组织心智相关的要素——组织、价值观和使命。

1. 组织

企业初创期，核心能力往往建立在某个人或某几个核心创始人的身上，当企业步入成熟期，核心能力一定要从个人能力变为组织能力，企业才有发展、做大的可能性。所以通过建立、完善组织，能不断提高、强化企业的核心能力。

2. 价值观

我们定义的价值观是建立在“供需连组合创新”之上的价值观。这与绝大多数人定义的道德价值观不一样，我们的价值观是基于克里斯坦森对企业价值观的定义，即你在决策时，什么是你的“一”？对于亚马逊和美团来说，消费者是“一”；对阿里巴巴来说，商家是“一”；对苹果公司来说，产品是“一”；对于 Netflix 公司来说，内容是“一”；对链家来说，服务是“一”；而对混沌学园来说，好课程是“一”。

3. 使命

当企业发展了几年之后，使命就会慢慢显现。如果说价值观是决策的“一”，使命就是根基的“一”，一旦形成，将贯彻始终。

图 8-6 是完整的企业创新战略杠杆示意图，我们将通过一个案例完整地阐释它。

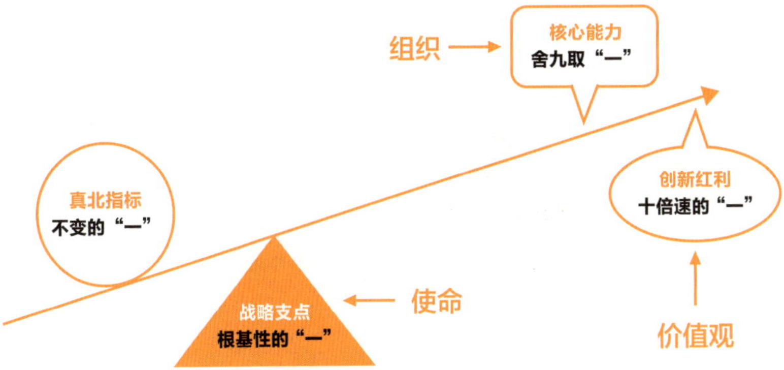

图 8-6　企业创新战略杠杆完整示意图

亚马逊的创新增长战略

在现实中，应用战略杠杆模型实现创新增长的典型企业就是亚马逊，我甚至无法从庞大的商业环境中，找到另外一个可以在应用战略杠杆方面与之媲美的企业。接下来，我们会对亚马逊的经营进行深度剖析，希望能够引起大家的共鸣（见图 8-7）。

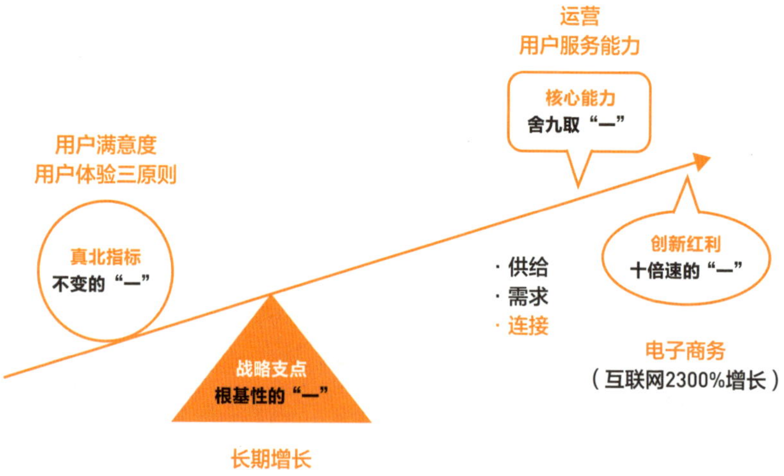

图 8-7　亚马逊战略杠杆示意图

1. 抓住十倍速变化的创新红利

“时来天地皆同力，运去英雄不自由。”任何人要想成功都需借势，需要顺势而为，贝索斯也不例外。

《彭博商业周刊》资深作家布拉德·斯通写的《一网打尽：贝索斯与亚马逊时代》一书记录了贝索斯早期的创业经历。

> 1994年2月，贝索斯在机缘巧合之下，看到了《矩阵新闻》杂志刊登的一连串数字，这些数字让他尤为震惊。“在一张图表中，展示了一串字节，即一套二进制数字，1993年1月到1994年1月，网络传输速度提升了2057个单位。另一个图表展示了一个数据包，即一个单位的数据在同一时间段内，网络传输速度提升了2560个单位。”

这件事改变了贝索斯的一生，他从这一串数据中推断，那年整个网络运行速度大约上升了2300个单位，相当于增长了2300%，即是23倍。显然，这就是前文重点阐述的十倍速变化的单一要素。贝索斯对此颇有感触：“任何事物都不可能增长得那么快，简直超乎寻常，这让我思索良久。什么产业才能在网络的高增长下占有一席之地？”

后来，贝索斯经常在讲话中提到，正是2300%的年增长率才使他不再满足于现状，从而离职创业，投身互联网的大潮。事实上，这一数据并不完全准确，这也成了一个有趣的具有历史意义的注脚——亚马逊创建于一个数学错误的基础之上。

在决定进军互联网之后，贝索斯开始认真思考从哪个角度入手。他很睿智地察觉到，囊括所有物品的“万货商店”计划显然不太务实（至少起初是这样的）。于是，贝索斯列了一个清单，上面写着

20 种产品门类，其中包括计算机软件、办公用品、服装产品和音乐等。最终，贝索斯认定，最佳选择是图书。

所以，亚马逊一开始的破局点是图书电商，其十倍速变化的单一要素显然是互联网的发展。随着互联网行业的进步以及企业的发展，亚马逊的破局点从图书电商逐渐转移到了万货电商，甚至后来连互联网的标签都舍弃了，但同时进一步拉伸了亚马逊战略杠杆的长度。

2. 舍九取“一”，打造核心能力

在战略杠杆不断延长的过程中，亚马逊也在持续使用舍九取“一”的方式，用它打造内部的核心能力。而在现实中，这种核心能力通常表现为企业的经营战略。我们知道所谓的舍九取“一”，是优中选优，所以战略的本质不是选择做什么，而是选择不做什么，因为没有取舍就不需要选择，也就不需要战略。

贝索斯也说过类似的话，“有许多方法将业务集中于一点：以竞争对手为中心、以产品为中心、以技术为中心、以商业模式为中心、以用户为中心等。我很高兴亚马逊选择了以用户为中心”。

贝索斯之所以会做出这样的选择，其根本原因是零售行业发展的根本需求。零售行业想要从消费者手中赚到钱，只有一个办法——满足客户的需求。而贝索斯认为，用户的预期总是在不断变化，对于消费体验的要求也会持续增加，即便我们可以提供优质的产品和全面的服务，但昨天的惊喜很快就会变成今天的平淡。而在当下，这种变化与增长的速度已经越来越快，零售企业要想持续获利，就不能躺在“冠军”的奖杯上，而是应该用更高的标准约束自己，超

越客户不断增长的预期。

从这个角度来讲，我认为亚马逊，尤其早期亚马逊电商，它的核心能力是运营能力，换句话说是用户服务能力，用自己不断提升的高标准来满足用户不断提高的期望值。但就像网络上非常流行的“我知道很多大道理，却依然过不好这一生”，很多事情并不是了解原理就可以顺利实施。

简单来讲，亚马逊的核心能力就是老调常谈的“以用户为中心”的运营能力，大多数人都能够理解，但却很少有人、有企业可以有效地实现。要想做到以用户为中心，你需要把你的运营、商业模式、战略、使命、财务报表等环节都围绕用户展开。为了实现以用户需求为战略支点的经营模式，亚马逊也付出了长时间的努力。

3. 真北指标引领的增长飞轮

如果没有独立的真北指标，你所属的价值网络将束缚住你，你将难以逃脱。如同鱼不知道水的存在，真北指标是指引你跳出价值网的方向感，它让你免于人浮于事、随波逐流，而是遵从不变的方向。

贝索斯说过这样一句话，“我经常被问到一个问题：‘未来十年，会有什么样的变化？’但我很少被问道：‘未来十年，什么是不变的？’我认为第二个问题比第一个问题更重要，因为你需要将你的战略建立在不变的事物上”。对零售行业来说，什么是不变的呢？

关于这个问题，贝索斯有自己的答案：“在瞬息万变的零售业中，客户想要低价、想要更快捷的配送、想要更多的选择，这一点未来 10 年不会变。就算再过 10 年，也不可能有一个客户站出来对我说：‘贝索斯，我真的很爱亚马逊，我非常希望你们的价格再高一点’或者‘我爱亚马逊，我希望你们的配送速度能再慢一点’。”

基于客户的这三大期望，亚马逊提出了运营中的用户体验三原则：无限选择、最低价格和快速配送。这三大原则组成了亚马逊的核心运营能力，贝索斯称之为“飞轮效应”[1]，也就是我们定义的“增长飞轮”（见图 8-8）。

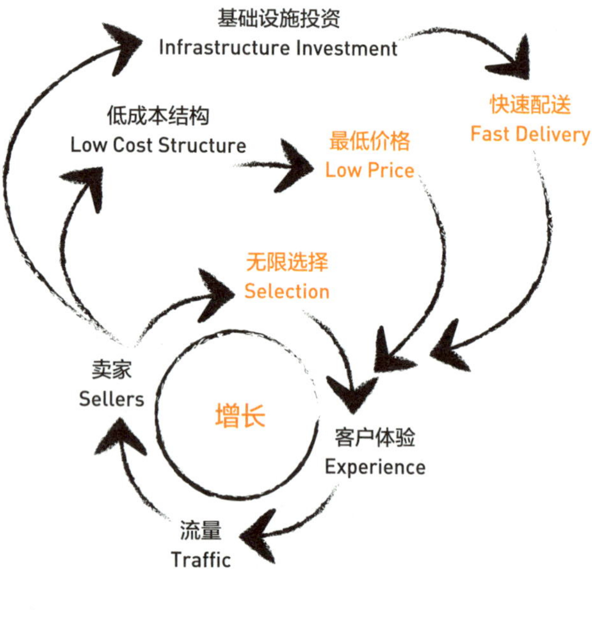

图 8-8　亚马逊的增长飞轮示意图

[1] 飞轮效应（Flywheel Effect）是指一个公司各个业务模块之间会有机地相互推动，就像咬合的齿轮一样。这个齿轮组从静止到转动起来需要花费比较大的力气，但是每一圈的努力都不会白费。一旦有一个齿轮转动起来，整个齿轮组就会跟着飞速转动。

（1）无限选择。它是指给客户无限的选择权，让客户随心所欲地购物，不断提升客户体验。客户体验提升了，自然会为亚马逊带来更多的流量，继而吸引更多的卖家入场，为客户提供更齐全的品类选择和更优质的服务选择，进一步提升客户体验，从而形成正向循环的第一层增长飞轮。

（2）最低价格。大部分客户都比较在意商品或服务的性价比，换句话说，在保证质量的前提下，价格越低，客户体验就越好，买家就越多，能吸引到的卖家就越多。有更多的卖家分摊固定成本，便能有效降低商品或服务的成本，为客户提供最低的价格。这是亚马逊的第二层增长飞轮。

（3）快速配送。快速配送也是同样的道理。物流越快捷、方便，客户的体验越好，就会为网站带来越多的流量和卖家；卖家越多，网站的现金流就越充沛，可用于越多的配送、仓储等基础设施投资，带来更快、更安全的配送服务，进一步提升客户体验。这是亚马逊的第三层增长飞轮。

虽然亚马逊是目前世界上最大的电商平台之一，但在早期发展阶段，亚马逊的利润率始终保持在一个较低的水平，不是因为独特的定价策略，而是因为大量的资本支出。为了实现无限选择、最低价格和快速配送的目标，亚马逊在基础设施方面投入了大量的资金。2002—2013 年，即便是在利润亏损的情况下，亚马逊在仓储方面的投资也始终保持指数级增长（见图 8-9）；作为一家电商公司，亚马逊在技术方面的投入甚至超过了谷歌、英特尔、微软、苹果这些技术型公司。

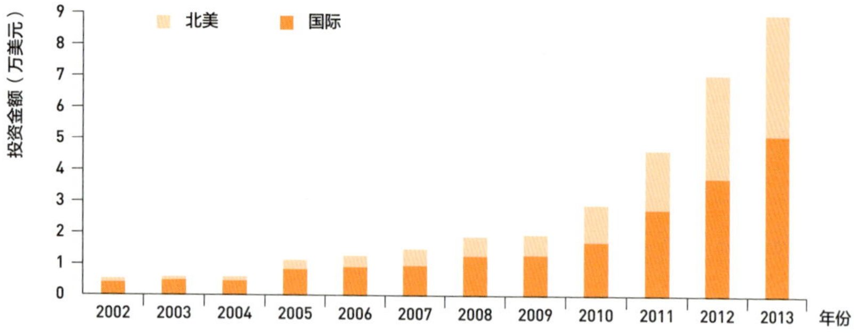

图 8-9　2002—2013 年亚马逊公司仓储投入变化示意图

资料来源：亚马逊公司。

当然，这种忽视盈利的投资行为在当时饱受争议，包括华尔街的媒体们也纷纷唱衰亚马逊，但贝索斯始终坚持这样的发展战略，因为他坚信，抓住了用户满意度这个核心，以用户体验三原则作为正反馈的指标进行运作，就可以实现增长飞轮的良性循环，从而实现持续盈利。

4. 以长期增长为战略支点

贝索斯相信，如果要创新，经营者必须愿意长期被误解，因为常常需要采取一个非共识，但正确的观点才能打败竞争对手。

或许在绝大多数创业者的眼中，公司的 KPI 是利润，公司的天职是利润最大化。这种看法无可厚非，但贝索斯对此有着自己的认知，他更重视的战略支点是长期增长，KPI 是“自由现金流”。

所谓利润，本质上是一个会计周期内（短期）的盈余。销售额不变的前提下，企业花的钱越少，利润越多，财务报表自然也就越好看。换言之，利润是一个较为短期的说法。反观“自由现金流”，它的实质是企业将当期应花的开销扣除之后，还能剩下多少钱可以投入长期增长。从这个角度来说，自由现金流其实是一个长期指标，也是面向未来的一个指标。

如果你用利润作为 KPI，你的隐含价值（战略支点）就是短期增长，而贝索斯把自由现金流作为指标，他的隐含假设就是长期增长，这就是贝索斯的破界创新（见图 8–10）。他说过：“如果你做的每一件事把眼光放到未来 3 年，与你同台竞技的人很多；但是如果你的目光能放到未来 7 年，那么可以与你竞争的就很少了，因为很少有公司愿意做那么长远的打算。”

图 8-10　贝索斯眼中的破界创新

贝索斯的这种经营策略，曾饱受投资人、资本市场和外界的质疑，亚马逊更是创造了连续十几年不盈利或低盈利的纪录（1997—2015年）[1]。即便如此，他依旧说出了那句震撼世界的豪言："我不要利润，我只要增长！"随着每年一封致股东信的发表，贝索斯的这种观点日渐为世人熟知。

> 1997年，贝索斯在致股东的信中提道："如果要在最优化GAAP[2]报表和最大化未来现金流之间做出选择，我们会毫不犹豫地选择后者。"
>
> 到了2004年，他重申了自己一贯的主张："我们最终的财务指标，我们最想达成的长期目标，就是每股自由现金流……一家公司虽然有出色的利润率，但现金流有可能为负值。如果只追求利润增长，企业在某些情况下反而会损害股东们的利益。"
>
> 2008年，贝索斯的说法是："我们首要的业绩目标，仍然是最大限度地挖掘长期自由现金流，并借此获得较高的投资回报。"
>
> 在2009年的致股东信中，贝索斯用上了颇为夸张的表述："在我们452个目标中，'净利润''毛利润''运营利润'等字眼，一次也没有出现过。"

对亚马逊来说，长期增长才是战略基石假设，正如贝索斯所说

---

[1] 从2016年开始，亚马逊的利润突破10亿美元大关，达到23.71亿美元，此前要么不盈利，要么盈利低于10亿美元。

[2] GAAP:Generally Accepted Accounting Principles的缩写，意指一般美国公认会计原则。

的："所有只能产生短期利润的项目都不重要，无论现在赚多少钱；能够产生长期现金流的项目才是重要的，无论现在亏多少钱！"所以，亚马逊连续20年不盈利，而对应的收入却呈现指数级增长（见图8-11和图8-12）。

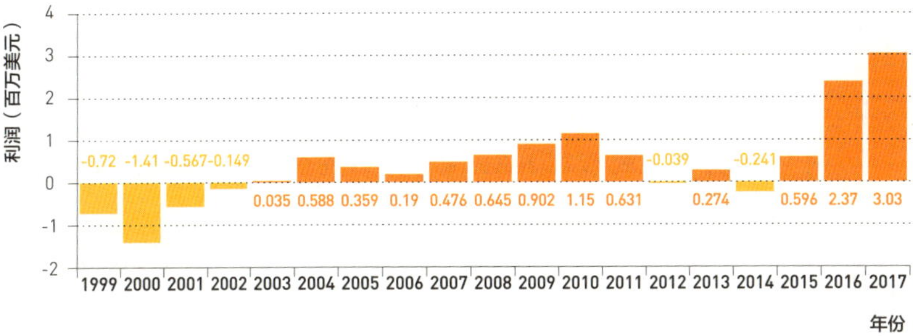

图8-11　亚马逊的盈利水平连续20年在零附近徘徊

资料来源：亚马逊官网。

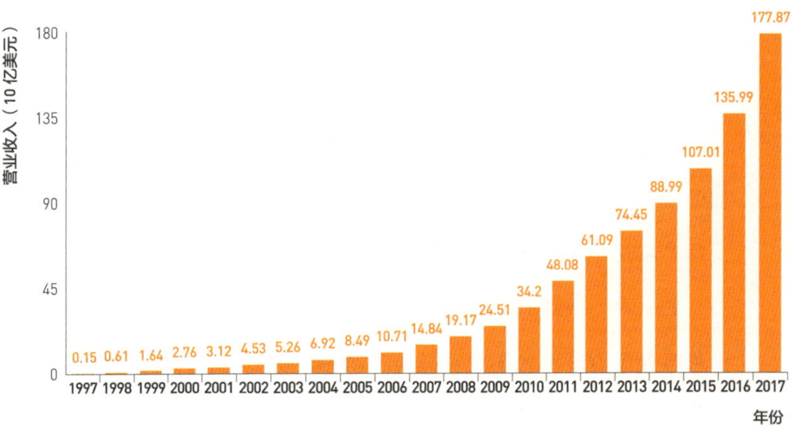

图8-12　亚马逊的收入水平连续20年呈现指数级增长态势

资料来源：亚马逊官网。

5. 以使命作为根驱动力

亚马逊能够在低盈利甚至负盈利的前提下始终保持增长，除了作为战略支点的长期增长目标，更根本的驱动力量是企业的使命。

贝索斯说过："我们的使命是成为世界上最以顾客为中心的公司。"实际上亚马逊也是这样做的，这家公司所有的经营活动都围绕"以客户为中心"这一原则展开。

> 在 1997 年致股东的信中，贝索斯写道："从一开始，我们的关注点便是为客户提供有吸引力的价值。"

从那以后，在每年致股东的信中，贝索斯都会在 1997 年致股东的信上略加调整，这已成惯例。

> 1998 年，贝索斯的说法是："我们力图建立一个全球最以客户为中心的公司。"
>
> 在 1999 年致股东的信中，贝索斯对公司使命略加调整："我们的使命就是，通过这个平台打造全球最大的、用户至上的公司，使用户在这个平台上可以找到他们想要买的任何东西。"
>
> 2003 年，贝索斯在信中详解了亚马逊的定价策略："我们的定价策略并不打算最大限度地提高利润率，而是旨在为客户提供最大的价值，从而创造更大的长期利润。"
>
> 2012 年，他的视角略有不同："我们致力于关注竞争对手，受到他们的启发，实际上以客户为核心是我们企业文化的标志性元素。"

2018 年，在最新一封致股东的信中，贝索斯感慨道："永远保持高标准，是客户的挑剔成就了我们。"

亚马逊用"以用户为中心"的使命统一了外部红利、内部能力以及真北指标，甚至亚马逊的商业模式、营销模式都建立在使命之上。这种以使命为核心的经营展开，与大多数企业的使命建设行为大相径庭（见图 8-13）。

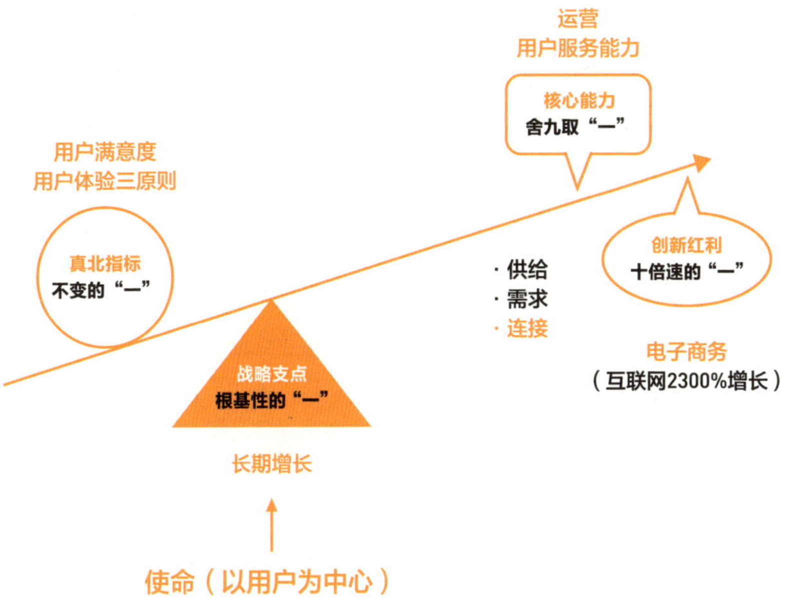

图 8-13 亚马逊"以用户为中心"的公司使命

事实上，业界很多企业都标榜自己“以客户为中心”“客户至上”，但其中不乏一些企业仅将这些使命停留在口头上或者把字挂在墙上。一旦客户利益与企业或股东利益发生冲突，企业便会毫不犹豫地将客户抛诸脑后。但是亚马逊并非如此，它用了20多年的时间来践行自己设定的这一原则，从这个角度来说，贝索斯可能是互联网时代最认真践行使命的企业家之一。

下面的例子或许能让你更深刻地理解亚马逊“以客户为中心”的使命。

> 亚马逊在创立之初走的是直营道路，后来慢慢开放了第三方平台，对自己并不擅长的品类引进第三方参与经营，玩具和婴幼儿用品便是其中两类。在当时，玩具反斗城是全球最大的玩具及婴幼儿用品零售商，在得知亚马逊开放第三方平台之后，玩具反斗城表现出浓厚的合作兴趣，愿意为亚马逊提供最受欢迎玩具的库存，同时放弃网络自治权，换取成为亚马逊的独家玩具及婴幼儿用品供应商的权利。为此，玩具反斗城将每年付给亚马逊5000万美元和通过亚马逊网站获得的销售额的1%。2000年年中，双方签订了为期10年的合作协议。
>
> 很快，玩具反斗城成为儿童玩具网站的泰斗，所有在其官网购物的流量，都会被导回亚马逊的销售页面。2002年，玩具与婴幼儿用品的销售额甚至超过了亚马逊的年初预期。按理说，这是一次皆大欢喜的双赢合作，理应长久顺畅。然而，亚马逊却不这么认为。
>
> 由于双方此前签署的是独家协议，按照协议约定，亚马逊不能

引进其他玩具商，这明显限制了客户的选择空间，“这样未必是件好事”[1]。亚马逊公司有三大原则，其中之一便是“客户要有无限选择权”，这个权利神圣不可侵犯。为了确保客户权益，亚马逊在2003年春天引进了其他玩具商，这一行为引起了玩具反斗城的强烈不满。

2004年5月，玩具反斗城起诉亚马逊违约，并最终胜诉，终止了与亚马逊合作10年的协议，于2006年重启自家独立网站。3年后，亚马逊同意支付玩具反斗城5100万美元的和解费。

玩具反斗城虽然打赢了官司，但此后销量一路下滑，常年存在巨额亏损，最终于2017年9月18日宣告破产；而亚马逊的玩具品类，始终位于其销售榜单的前三名，为亚马逊带来了源源不断的流量和利润。

现在复盘这个案例时，从旁观者的角度来看，你也许会觉得当时贝索斯的决策无比正确，但身处其中，面对企业的长期亏损，通过边缘业务的玩具品类能获得可观的现金收入，这是多么大的诱惑。对创业者而言，左手是客户，右手是利益，当二者发生冲突时，考量的正是价值观。

看完这个案例，你或许就能明白，为何在美国的客户满意度

[1] 当时在亚马逊负责玩具业务的乔利特·凡德·穆勒恩（Jorrit Van de Meulen）于2003年起草了一份备忘录，其中提到“亚马逊实质上把玩具和婴儿商品的控制权让给玩具反斗城，这样未必是件好事”。

指数排名中，截至 2017 年，亚马逊已经连续 8 年排名第一（见图 8-14）。亚马逊就是这样将“以客户为中心”的使命作为不变的战略支点。

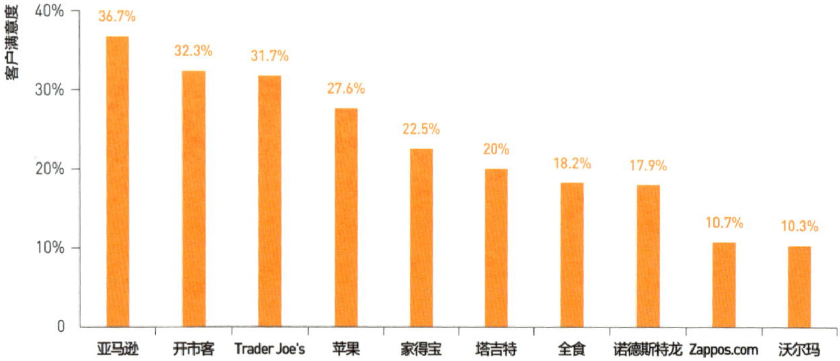

图 8-14　2010—2017 年美国客户满意度指数排名

贝索斯在亚马逊内部有个绰号，叫“空椅子”，这个绰号来源于他在召开亚马逊重要会议（包括董事会）时，总会让人空出一把椅子留给客户。这把椅子有时并不是空的，贝索斯真的会请客户来旁听会议，或者请与客户最接近的一线销售人员来扮演客户，在会上与高层管理者分享客户的真实想法。

以用户为中心，哪个电商公司不说这句话呢？但真正能够持续践行使命的企业寥寥无几。因为对大多数电商企业来说，使命只是一个口号，而不是一个深入根源的坚实基础。使命的最佳状态是什么？不是价值观道德的自我约束，而是与运营模式合一，这样才能在不断的实践中，持续夯实使命的影响力。

亚马逊电子书与 Prime 案例

亚马逊是我非常喜欢的案例，我们再讲一个前文已经提及，但角度不同的案例——亚马逊的电子书。贝索斯说世界上有两种公司：一种是尽可能地说服客户支付一个较高的价格，让自己获得更高的利润；另一种是拼命把价格降到最低，把利润都让给消费者的公司。他觉得这两种公司都能非常成功，但是贝索斯坚定地选择做第二种公司。

贝佐斯不想重复“史蒂夫·乔布斯的错误”——将 iPhone 定价过高，从而使智能手机成为吸引大规模竞争的众矢之的，成为众多手机品类的竞技场。所以，贝索斯在做亚马逊电子书时，一直采用“贴地飞行”的策略，不给竞争对手留出任何空间。

2007 年 11 月 19 日，亚马逊推出了 Kindle 便携式阅读器，用户可以用不高于 10 美元的统一价格，通过 Kindle 阅读很多新书和经典畅销书。

亚马逊与全美六大出版商在电子书方面的合作模式是“批发零售”模式，即一本新书将出版时，六大出版商以折扣价将电子书卖给亚马逊。亚马逊以折扣价买进后，不论买进费用的高低，统一标价 9.99 美元出售给用户。正是基于这种“不图利益，客户至上”的经营理念，亚马逊受到广大电子书用户的一致好评，一度占据了美国电子书市场将近 90% 的份额，基本占据了垄断地位。

用户享受到了切实的利益，六大出版商却着急了，因为亚马逊这么做会严重影响出版商纸质图书的生意。更重要的是，如果亚马逊“控制”了电子书市场，就有了与六大出版商商议定价的资本，甚至可以绕过出版商，直接与作者进行合作。

2010 年，苹果公司打算借用 iBooks [1] 增加 iPad 的销量。长期苦于亚马逊强势“压制”的美国大型出版商，十分欢迎苹果公司的加入，愿意与苹果公司制定能够对电子书市场产生冲击的价格策略，以削弱亚马逊的垄断地位。

很快，苹果公司与全美六大图书出版商中的 5 家 [2] 签署了协议，约定以“代理定价模式”销售电子图书。根据该协议，苹果允许出版商自由设定电子书售价，出版商获得零售价的 70%, 苹果公司则从销售额中固定抽取 30% 作为佣金。通常，这种模式会导致电子书定价过高，许多新书价格为 12.99 美元和 14.99 美元，极大地增加了用户的阅读成本。而这样做，出版商和苹果公司都能获取更多的利润。

苹果 iBooks 的出现，给美国的电子书市场带来了显著的“鲶鱼效应”，也对亚马逊的电子书业务产生了巨大的冲击，亚马逊电子书的市场占有率一度跌至 54%。失去了垄断地位的亚马逊再也无法使出版商压低价格，只得跟随苹果公司的脚步，将 Kindle 上的电子

[1] 基于 iOS 系统的电子书阅读平台。

[2] 西蒙与舒斯特公司、哈珀柯林斯出版集团、阿歇特出版公司、企鹅出版集团和麦克米伦公司。

书价格从 9.99 美元上调至 12.99 美元或 14.99 美元。

2012 年，美国司法部起诉苹果公司和与其合作的 5 家出版公司，指控它们合谋操纵电子书价格，严重地损害了消费者的利益。5 家出版公司先后与司法部达成和解，而苹果公司多次上诉未果，最终被判赔 4.5 亿美元，用户将获得其中 4 亿美元的支付赔偿。这一判决被认为是用户和亚马逊的胜利：电子书用户的阅读成本下降了，亚马逊则重新取得了电子书市场的垄断地位。

消息一出，亚马逊马上发表声明，表示愿意将被苹果公司抬高的电子书价格全部赔偿给消费者，分文不留。于是，市面上传出了这样的新闻："亚马逊将造价为 84.25 美元的 Kindle 以 79 美元的价格出售，每卖出一个 Kindle，亚马逊就要损失超过 5 美元。"[1]

请你假想一件事情，假如你是贝索斯，是选择把钱返回给消费者，还是放入自己的财务报表中？到今天为止，亚马逊在 Kindle 设备上依然是每年有 5 亿美元的损失，但是在电子书、音乐、电影、广告等方面，亚马逊的每年利润是 20 亿美元，并且占据了全美 83.3% 的电子书市场。

贝索斯补贴电子书带来了两个好处：第一，亚马逊在电子书市场长期处于垄断地位；第二，虽然 Kindle 硬件不盈利，但亚马逊可以赚用户后续消费的钱。就这样，亚马逊不仅让利给了消费者，也

---

[1] 载于市场研究公司 HIS isuppli 提供给 Main Street 的独家报道。

将其商业模式和长期战略完美地结合到一起，从而保障了企业的长期利益，使命和商业模式合一才是战略的最高境界。

与电子书案例类似的，是亚马逊 Prime 的会员服务。

> 2005 年，一名亚马逊中层员工提出以收 99 美元年费的方式，为用户提供两天内配送服务 Prime。以当时的物流水平看，从华尔街到公司高管都觉得这一定是疯了。贝索斯力排众议将这个项目坚持了下来。
>
> 时任亚马逊 CFO 的沃伦·简森（Warren Jenson）认为，“免费送货”并不是什么创举，而是想让未来的资产负债表再一次出问题。因此，沃伦·简森让格里利（时任财务部副主管，免费送货的方案建议者）靠边站，并给他降了职。
>
> 理由很简单，听起来也合情合理，假设快递公司单笔订单的成本是 8 美元，而 Prime 会员一年有 20 笔订单，那么亚马逊公司一年的运输成本就会达到 160 美元，这远高于 99 美元的会员费。所以这项服务对亚马逊来说成本太高，没有办法达到盈亏平衡。但是，贝索斯坚定地支持推出这项服务。

现在我们“事后诸葛亮”地认为，亚马逊推出 Prime 的意义非凡。但在当时，在对 Prime 的信心上，贝索斯几乎是在单打独斗。不仅如此，除了当初的快速免费送货服务，后来 Prime 会员超值服务，更是打包赠送用户诸如流媒体、音乐、图书杂志畅读、游戏等一系列服务（见图 8-15）。

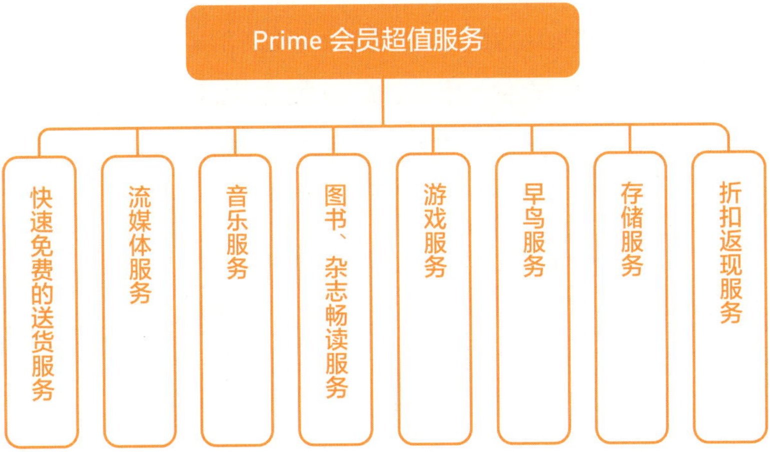

图 8-15 Prime 会员的超值服务

> 2017 年，由亚马逊出品的《海边的曼彻斯特》在奥斯卡金像奖上斩获了最佳男主角和最佳原创剧本奖，另外，它还获得了最佳导演、最佳男配角、最佳女配角、最佳剧情类影片的提名。而贝索斯在内部却开玩笑说："我们获得奥斯卡奖，是为了卖出更多的手纸和狗粮。"

2019 年，Prime 全球会员数已经超过 1 亿，按照每人每年 99 美元的会费计算，这笔收入将近 100 亿美元。然而，迄今为止，这个项目还是亏损的，亚马逊在 Prime 权益上的投入远超过这个数字。

但回头看，99 美元的年费刺激了会员充分利用 Prime 价值的心理，下了更多的订单，相对于亚马逊非 Prime 会员美国用户每年 600 美元的支出，Prime 会员美国用户每年要在亚马逊网站平均花费 1400 美元，并且大量顾客因为这个服务成为亚马逊的拥趸（见

图 8-16）。这也被认为是亚马逊历史上最划算的买卖之一，是战胜 eBay 的关键所在。表面上看是亏损，是投入，实际是把营销费用在了客户身上。而这些，都是贝索斯从竞争对手那里学习到的。

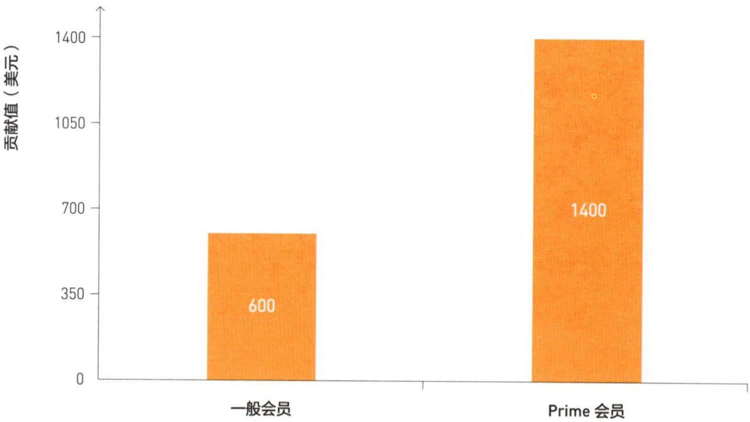

图 8-16　亚马逊公司 Prime 会员和一般会员的贡献值对比示意图

2000 年，沃尔玛 CEO 李·斯科特与贝索斯在会谈时说："我们在市场营销上只花费了 40% 的营销费用，其余的营销费用用在了降低价格上。我们的营销策略就是定价策略，即天天都是低价。"

2001 年年初，开市客（Costco）的 CEO 杰弗里·布罗特曼向贝索斯介绍了自己的经营模式：全是关于客户忠诚度的问题。每个仓库都有大约 4000 件货品，开市客成批购进，只加价 14%，虽然有些可以多加一些。公司也不做广告，从每年的会员费中赚取大部分毛利。低价和会员体系的模式几十年前就有了，但别人看到的只是现象，贝索斯看到了本质，他不是照抄，而是用亚马逊独特的方式去实施，这不仅仅是价值观的自我约束，而是把使命与运营模式合一，达到使命的最佳状态。2017 年 11 月 27 日，贝索斯身价突破千亿美元，成为世界首富。至今，亚马逊的市值一路高歌猛进，屡创新高（见图 8-17）。

亚马逊的使命是“以用户为中心”，这句话是贝索斯二十年

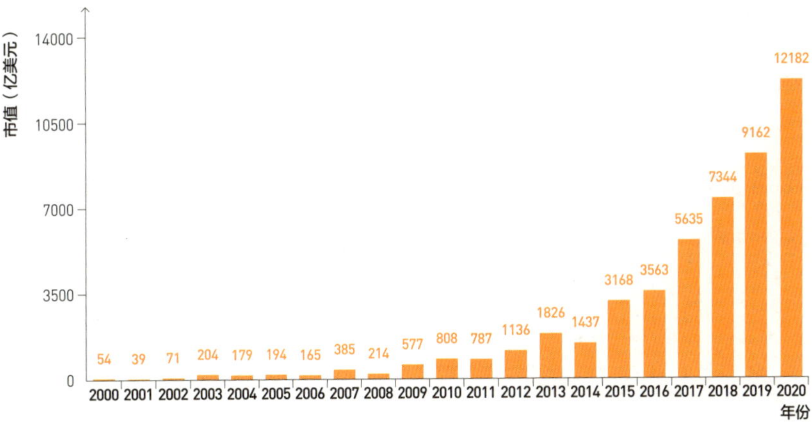

注：2000—2019 年选取的为 12 月 31 日的市值，2000 年选取的为 5 月 29 日的市值

图 8-17　2000—2020 年亚马逊公司的市值变化示意图

如一日坚持的基本原则。这让我想起芒格，他说，在商界和科学界，有条有用的古老法则，它分两步：第一步，找到一个简单、基本的道理；第二步，非常严格地按照这个道理去行事。所以，具体事件和原则冲突的时候，我要选择原则。

这就是本书最后一个模型——战略杠杆模型。它不仅适用于初

创企业在第一曲线击穿破局点，也适用于成熟企业开拓第二曲线；不仅适用于初创小公司，也适用于大公司设计增长战略，撰写商业计划书。

最后，重读一下贝索斯那句令我为之震撼的话："所有只能产生短期利润的项目都不重要，无论现在赚多少钱；能够产生长期现金流的项目才是重要的，无论现在亏多少钱！"所以，今天这个时代，一定要有长线思维。

我讲的案例都是借假修真，其中的事实如何并不重要，重要的是分析的逻辑。在混沌学园，我们学习的是如何思考问题（How to Think），而不是如何做事情（How to Do）。所以，再次提醒大家，我讲的内容可能都是错的，仅仅是帮助你换一种全新的视角来看待这个世界。

后记

走入混沌，是为了走出混沌。

柏拉图在著名的“洞穴隐喻”里说，我们大家都生活在一个洞穴中。你看着墙上的影子，以为那是真实的世界。其实，是火光把洞穴之外的活动，用影子的方式投射到墙上而已。由于你生活在洞穴里，并不能意识到这一切。

所以，柏拉图说，真正的教育不是把墙上被投射出来的光告诉洞穴里的人，而是把洞穴里的人带到洞穴之外，让他自己沐浴在真理的阳光之下。

真理，在洞穴之外，阳光之下。

柏拉图游历各国，在 40 岁的时候回到雅典建立了柏拉图学园。从某种意义上讲，这是西方历史上出现的第一所大学。与所有其他教育机构不一样的是，柏拉图在学园里讲授哲学、数学、物理学等“无用”的学科。

伟大的哲学家、科学家亚里士多德 17 岁加入柏拉图学园，在那里作为学生和学者一直待了 20 年。他按柏拉图“哲学王”的标准培养了伟大的亚历山大。后来，亚历山大把这种思维方式传遍了西方世界。

“教育是真正的转变”，柏拉图的理念深刻地影响了我。 关于什么是教育，柏拉图给了我最坚定的力量。我想，从今以后，我需要改变对自己的定义——我不再只是一名讲者。

过去，我把自己定义为一个老师。我在混沌学园有且只有一个身份，那就是一个教书匠。但是，如果我把自己定义为课堂里的一个老师，讲完之后，人们说“教授，你讲得真好”，这件事情就结束了。换句话说，只要把课讲好，我就没事了。但是，如果你没有真正的收获，我讲得再好，又有什么用？

所以，从今往后，我把自己定义为一个摆渡人，一个传播者。我相信，我讲课讲得好不好并不重要，重要的是大家有没有真正的收获，有没有发生真正的改变。让改变当场发生，这才是一件极其美好的事情。否则我讲得再好，如果听众没有触碰到，所受的教育就是没有用的。

我的书的内容全部来源于我的课程，课程的研发历经 9 年的打磨、沉淀，诚挚地感谢每一位曾参与共建的老师、同学、朋友。只希望你真正习得、发生改变，这是我们向你承诺的交付。

很多人此前都问我，为什么会给混沌学园起“混沌”这样一个奇怪的名字。我想告诉大家，其实，走入混沌，是为了走出混沌。而走出混沌的唯一方式，就是更深刻地理解这个世界。